26
W0251120

Rhea Powers & Gawain

Durch's Feuer

Rhea Powers & Gawain

Durch's Feuer

Partnerschaft als spiritueller Weg

ch. falk verlag

Aus dem Amerikanischen
von Christiane Sautter

© der Originalausgabe *Riding the Dragon*
by Rhea Powers & Gawain Bantle 1994

© der deutschen Ausgabe *Durch's Feuer*
by Ch. Falk Verlag, Seeon 1994

5. Auflage 2002
Titelgestaltung: Gabriele Gries-Huffener

Satz: Plejaden Verlag, Boltersen
Druck: Druckerei & Verlag Steinmeier, Nördlingen

Printed in Germany
ISBN 3-924161-87-9

Widmung

Dies Buch ist
Ruth und Wolfgang Bantle,
Gawains Eltern
in Liebe und Anerkennung gewidmet.

Inhalt

"Dieses Buch beschreibt einen durch und durch neuen, herausfordernden und inspirierenden Weg der gemeinsamen persönlichen Entwicklung durch eine engagierte Beziehung. Konventionelle Vorstellungen bleiben hier auf der Strecke. Das Buch zeigt die unbewußte Dynamik hinter den alltäglichen Konflikten eines Paares auf und vermittelt praktische Übungen, wie man zu reifer Harmonie gelangen kann, wobei auch der transzendentale Aspekt der Partnerschaft anklingt."

Dr. W. Brugh Joy.
Autor der Bücher "Weg der Erfüllung" und "Avalanche"

Vorwort

Wir haben dieses Buch geschrieben, um dich an unseren Erfahrungen mit Partnerschaft teilhaben zu lassen. Wir haben Dinge entdeckt, die zu funktionieren scheinen, andere dagegen klappten nicht. Auch in uns gibt es männliche Anteile, die sich an Dogmen, Anweisungen und Vorschriften klammern, die natürlich möglichst narrensicher sein sollen und stets zu absehbaren Ergebnissen führen. Doch Partnerschaft ist ihrem Wesen nach ein eher weiblich geprägter Prozeß, ein Fluß von Interaktionen, aus dem man keine spezifischen Fakten ableiten kann; sie ist ein nicht faßbares Gewebe zweier miteinander verbundener Seelen.

Die Lebenskraft äußert sich wie ein Kaleidoskop von Energien, die ständigen Veränderungen unterworfen sind. Der Mensch hat viele Möglichkeiten, dieses Kaleidoskop der Energien zu erforschen. Das Leben in einer engagierten Partnerschaft gehört dazu. Wir beschreiben in diesem Buch den Weg, den wir gehen und der uns weitergeführt hat. Wenn dich dieser Weg interessiert oder du ihn gar selbst gehen möchtest, dann wünschen wir dir, daß unsere Beobachtungen deine Reiseerfahrungen vertiefen mögen.

Das in diesem Buch enthaltene Material mag zuweilen schwierig sein. Vielleicht wühlt es dich auf, oder du zeigst andere Reaktionen. Mit dem Material einiger Konzepte mußt du dich möglicherweise auseinandersetzen. Vielleicht entdeckst du, daß du ähnliche Erfahrungen gemacht hast. Unser Ansatz erhebt keinen Anspruch darauf, die ganze Wirklichkeit zu beschreiben. Deshalb bitten wir dich: Nimm es nicht tragisch, wenn wir deiner Meinung nach zu weit gehen. Dieses Buch beschreibt ein Abenteuer im Lande des Bewußtseins. Sei uns herzlich willkommen!

Du kannst die Welt
"Schleier der Seelenbildung" nennen.
Dann wirst du
ihren Sinn begreifen ...

John Keats

Was ist das Manna deines Lebens? Woher erhältst du deine göttliche Nahrung? Wenn es dem Fluß deiner Seele entspricht, in einer Partnerschaft zu leben, dann gehört die Partnerschaft zu deinem Weg des Erwachens. Wie Keats sagt, ist die Welt die Schmiede der Seele, ein Ort, an dem man lernen kann, wer und wie man ist.

Wir nennen dieses Buch *"Durchs Feuer"*, denn wir haben erkannt, daß eine Beziehung die Eigenschaften des Elementes Feuer teilt. Sie kann reinigen. Sie kann transformieren. Sie ist gefährlich, denn wenn wir nicht achtsam und respektvoll mit ihr umgehen, kann sie uns verschlingen. Wir können im Feuerhauch der Leidenschaft verglühen, oder uns am Feuer wärmen und nähren. Dieses Buch handelt vom Mysterium der Partnerschaft – paradoxerweise handelt es auch von der Disziplin, die man braucht, wenn man erkennt, welche Möglichkeiten eine Beziehung beim Erwachen bietet.

Das Mysterium der Feuerkraft ist in der Geschichte des menschlichen Bewußtseins schon immer gewürdigt worden. Der Mythos von Prometheus beschreibt dieses Mysterium ziemlich genau. Der Diebstahl des göttlichen Feuers beschleunigte die Entwicklung der Menschen außerordentlich. Die Menschheit verlangte etwas aus den göttlichen Reichen, um es sich dienstbar zu machen. Doch wenn man Bewußtheit aus dem Land der Götter (dem Unbewußten) in die Welt der Menschen (dem Bewußtsein) bringt, muß man einen Preis dafür bezahlen, und Prometheus bezahlte ihn. Man kann sagen, daß er sich für das Kollektiv opferte. Es ist gut, wenn man weiß, daß jedes Quäntchen Bewußtsein etwas kostet. Wenn du dieses Buch liest, kann dein eigenes, lange verdrängtes Material an die Oberfläche steigen. Dies kann schwierig sein; du mußt dich damit auseinandersetzen, vielleicht tut es sogar weh. Der Mythos sagt uns, daß es schmerzhaft für den Menschen wird, der den Mut hat, das Land der Götter zu betreten und das Licht göttlichen Bewußtseins mit sich zurückzubringen.

Wir haben uns mit dem Material, das für dieses Buch an die Oberfläche kam, auseinandergesetzt, und oft haben auch wir gelitten. Und doch rechtfertigt der Lohn der Reise die schwierigen Wegstrecken, die wir zurücklegen mußten. Dieses Buch beschreibt unsere Reise in eine tiefere Bewußtseinsebene der Partnerschaft. Es zeichnet eine Route durch das Feuer der Beziehung, die zu Transformation führt und die Rückkehr zur Essenz ermöglicht. Wir geben die Fackel des Bewußtseins mit diesen Seiten an dich weiter.

Dieses Buch soll dir das Mysterium der Partnerschaft offenbaren, der Partnerschaft als spirituellem Weg. Richtig, die meisten Menschen haben bereits Vorstellungen davon, was Partnerschaft bedeutet und was das Zusammensein ausmacht, nämlich das Leben eines anderen Menschen zu teilen, Spaß miteinander zu haben, vielleicht zu heiraten, Kinder zu bekommen usw. usw. Doch uns erscheint diese Ausdrucksform von Partnerschaft nebensächlich. Natürlich werden Beziehungen so gelebt und erfahren, doch für uns sind sie nur Schleier, Nebelschwaden, hinter denen der Sinn und die wahren Möglichkeiten einer Beziehung nur darauf warten, entdeckt zu werden.

Durch deine Beziehung kannst du entdecken, wer du wirklich bist. Wenn du am Ende hinter die Erscheinungsformen schaust, wirst du dir selbst begegnen. Auf höherer Ebene ist der Partner nur eine Erweiterung deiner selbst, und seine scheinbare Getrenntheit ist Maya, Illusion, eine oberflächliche Sicht der Wirklichkeit. Wenn du dich der Möglichkeit öffnest, daß ihr beide tatsächlich in rätselhafter, unergründlicher Weise miteinander verbunden seid, daß ihr gegenseitig Erweiterungen und Spiegelungen eurer Essenz seid, dann werden Beziehung, Leben und Welt zu geheimnisvollen Orten des Lernens und Entdeckens; denn alles, was dir geschieht, was sich dir durch das Leben und deinen Partner offenbart, ist Manna für die Entwicklung *deiner* Seele.

Dieses Buch gliedert sich in drei Teile. Zunächst vermitteln wir das Material, die philosophischen Hypothesen, die sich aus unserer eigenen Beziehung und unserer Arbeit mit anderen herauskristallisierten. Dann geben wir dir das Werkzeug mit praktischen Vorschlägen an die Hand, mit dem du diese Beobachtungen auf deine eigene Beziehung anwenden kannst; dieser Teil besteht aus Übungen und Aufgaben. Der dritte Teil, den du hoffentlich als das Herzstück unserer Arbeit erfährst, ist auf allen Seiten dieses Buches gegenwärtig. Seine Aufgabe ist es, die Art und Weise zu ändern, wie du eine Beziehung siehst. Partnerschaft ist nicht etwas, was man tut, sie ist auch keine Sache. Partnerschaft ist ein lebendiges Geheimnis, ein Teil des kosmischen Mysteriendramas, dessen Spiegel wir sind und dem wir Ausdruck geben.

Joseph Campbell senior, ein amerikanischer Professor für Mythologie, bezeichnete das Leben in einer wirklichen Beziehung als "schwere Prüfung"! Wie bitte? Ich habe mich doch nicht für eine schwere Prüfung entschieden! Ich dachte, daß wir gemeinsam der untergehenden Sonne entgegenreiten! Doch eine engagierte Beziehung ist im wahrsten Sinn des Wortes eine schwere Prüfung – eine Disziplin, ein Weg, eine Einweihung in eine neue Entwicklungsebene. Wenn wir uns auf andere wirklich einlassen, lernen wir unser Selbst kennen. Je bewußter wir diese Interaktionen erleben, umso größer die Möglichkeit, dem Griff des unermeßlich Unbewußten etwas Bewußtsein zu entreißen und so dem Göttlichen die Manifestation in dieser Dimension zu erlauben.

Wer von uns zöge nicht die Vorstellungen von romantischer Liebe aus der Jugendzeit vor, in denen das glückliche Paar in einen Sonnenuntergang hineinreitet, der von nun an bis in alle Ewigkeit dauert? Stimmt's? Vielleicht ist es diese Vorliebe, welche die Hand der Hausfrau im Supermarkt vom Einkaufswagen, randvoll gefüllt mit Hamburgern und gefrorenen Orangensäften, zu dem Regal hinlenkt, in dem die romantischen Romane ausliegen, praktischerweise gleich neben der Kasse! Wir denken lieber nicht darüber nach, was nach dem letzten Bild der Filmromanze, in dem der Mann am Ende seine Heißgeliebte oder sie endlich ihren Mann abkriegt, geschehen wird. Statt dessen seufzen wir tief auf, reiben uns mit dem zerknüllten Papiertaschentuch die Augen trocken und gehen nach Hause, um zu bügeln, oder holen unsere Kinder ab.

Keiner nimmt allzu gern zur Kenntnis, daß die wirkliche Arbeit an einer engagierten Beziehung erst beginnt, wenn die Sonnenröte mit dem letzten Bild des Films verblaßt ist. Die mühselige Arbeit der Selbsterkenntnis durch Partnerschaft beginnt gewöhnlich dann, wenn einer der beiden bemerkt, daß der andere mehr Aspekte in sich trägt, als er ursprünglich angenommen hatte. Meist sind dies jene Bereiche, die der beobachtende Partner nicht so schätzt oder die ihn sogar abstoßen. Wenn der Abgrund zwischen der eingebildeten, erwünschten Version des anderen und dem, was sich allmählich als nicht erwünscht herausschält, nicht überbrückt wird, wird sich die Beziehung gewöhnlich auf die eine oder andere Art auflösen. Entweder trennen sich die beiden, oder sie resignieren – die Achtung voreinander schwindet in jedem Fall.

Wenn sich das Paar trennt, halten die beiden nach neuen Partnern Ausschau, wenn sie nicht zynisch reagieren. Ist das Spiel mit den wechselnden Partnern schon zu oft gespielt, entwickelt sich wie von selbst eine ganze Philosophie über Beziehungen und Heirat, die auf die eigenen Enttäuschungen und den nicht gelebten Schmerz zurückgeht. Kommt es nie dazu, daß die Menschen die Mechanismen einer engen Beziehung hinterfragen, – die Anziehung der Gegensätze, Taktiken zu Vermeidung von Schmerz, Projektionen und Schutzbedürfnis vor zu großer Nähe – dann können sie die Möglichkeit, die eine Partnerschaft zur Entdeckung des eigenen Selbst und zum Erwachen bietet, nicht einmal wahrnehmen. Wie schade!

Wir schreiben dieses Buch, um dir eine Orientierungskarte in die Hand zu drücken; sie soll dir die Mechanismen, die Hindernisse und Barrieren, die in Partnerschaften auftauchen, deutlich machen und dir zeigen, wie du sie umgehen kannst. Außerdem wollen wir dich auf die Freuden und Möglichkeiten aufmerksam machen, die du auf dem Wege leicht übersehen könntest. Wir wollen dir einen Kontext geben, in den du deine Erfahrung mit Partnerschaft einordnen kannst, damit du nach und nach die "schwere Prüfung" meisterst und die Möglichkeiten, die die Beziehung dir bietet, voll ausschöpfst, um der Herrschaft über das Mysterium des Menschseins näherzukommen.

Es gibt wenig Orte, wo man in diesem Bereich realistische Antworten erhalten kann, die gleichzeitig die spirituelle menschliche Entwicklung berücksichtigen. Wir leben eine engagierte Beziehung. Außer dem Zeitraum von insgesamt zwei Wochen sind wir in den letzten sechseinhalb Jahren immer zusammen gewesen und haben viele verschiedene Ebenen unserer Beziehung kennengelernt. Da die Partner in einer normalen Beziehung meist verschiedene Berufe ausüben und sich nur am Abend oder an den Wochenenden sehen, verlängert sich die Dauer unserer Erfahrungen dadurch um ein bis zwei Jahrzehnte. Außerdem haben wir in diesen sechseinhalb Jahren mit Tausenden von Leuten gearbeitet, Seminare geleitet und Gruppen in Europa, Südamerika, den Vereinigten Staaten und Australien mit dem Ziel der persönlichen Transformation und des spirituellen Erwachens trainiert.

Durch eigene Erfahrungen und durch vertrauliche Berichte der Gruppenteilnehmer begannen wir, die unbewußten Muster und Mechanismen zu durchschauen, die das Schicksal der meisten Beziehungen zu bestimmen scheinen. Wir sprechen von Erfahrungen, die wir in schmerzlichen und glücklichen Stunden gewannen, mal mit Tränen, mal wütend, mal in lächelndem Erkennen. Unsere Arbeit mit mutigen Menschen dieser Welt, die sich ganz ihrem Erwachen widmen, erbrachte wertvolle Hinweise. Die vielen gemeinsamen Feuerproben und unser ständigen Bemühen, uns den scheinbar chaotischen Mysterien des Lebens bewußt zu stellen, haben uns bewogen, das weiterzugeben, was bei uns gut funktioniert, damit du die Möglichkeit hast, unsere Erkenntnisse nachzuvollziehen und herauszufinden, was dir hilft und was nicht.

Wir schreiben so, als ob das, was wir anführen, die Wahrheit wäre, denn sonst wird es schwierig. Gleichzeitig wissen wir, daß es natürlich nicht "die Wahrheit" ist. Tatsächlich sind wir uns nicht sicher, ob es so etwas wie "die Wahrheit" überhaupt gibt. Wahrheit ist ein dynamischer Prozeß von Veränderung und Entwicklung. Die Wahrheit einer Lebensspanne mag für die nächste Phase nicht mehr zutreffen. Wir bieten dir unsere Wahrheit an diesem Punkte unserer Entwicklung an. Wir beschreiben nicht einfach ein theoretisch psychologisches System; wir haben alles durch eigene Erfahrungen erhärtet. Der Text dieses Buches ist keine theoretische Forschungsarbeit, sondern unsere lebendige Erfahrung des Beziehungsmysteriums. Wenn du unsere "Wahrheit" liest, wirst du vielleicht spüren, was auch für dich richtig ist.

Es ist ganz klar, daß der Weg der engagierten Beziehung nicht für jeden geeignet ist. Wir wissen, daß dies nicht der einzige, nicht der höchste und sicher nicht der beste Weg für jeden ist. Dies ist unser Weg, und wenn es auch dein Weg ist, wird dir dieses Buch vielleicht zugutekommen. Wir schreiben über die Verbindung zwischen Mann und Frau, wenn wir von einer engen Liebesbeziehung sprechen, denn daran orientieren wir uns. Die Mechanismen, die wir aufzeigen, existieren genauso in gleichgeschlechtlichen Liebesbeziehungen zwischen Männern oder Frauen. Fast alles, was wir zur Diskussion stellen, stimmt für jede enge Partnerschaft, auch wenn es sich dabei nicht um eine sexuelle Beziehung handelt. In jedem Falle wirst du entdecken, daß viele der hier erwähnten Prozesse auch in den Beziehungen zu deinen engsten Freunden oder Geschäftskollegen auftreten. Übertrage das, was wir sagen, einfach auf deine jeweilige Situation.

Beziehung! – Wann sind wir eigentlich nicht in Beziehungen eingebunden? Wir beziehen uns auf unsere Umgebung. Wir sind mit der Atemluft verbunden und durch jene Luft mit allen Lebensformen, die durch die Luft existieren. Wir sind mit den Pflanzen verbunden, die der Atemluft den Sauerstoff hinzufügen, mit der Welt der Natur, mit Pflanzen und Tieren, die uns mit der Nahrung versorgen, die wir zum Leben brauchen. Als Menschheit erkennen wir jetzt endlich, daß wir uns nicht länger weigern können, unsere Beziehung zur Umwelt wahrzunehmen; wir könnten sonst mit unserem Untergang bezahlen. Wir werden gezwungen, die wechselseitigen Beziehungen zwischen uns und unserem Planeten und seinen Bodenschätzen anzuerkennen.

Zivilisation gründet sich auf Beziehungen. Wir kaufen das Brot beim Bäcker, der es für uns backt. Er erhält sein Mehl vom Händler, der es heranschafft. Der Händler kauft das Mehl vom Müller, der die

Körner mahlt. Der Müller ersteht das Korn vom Bauern, der es anbaut. Wir sind sehr vielen Menschen zu Dank verpflichtet, die miteinander in Beziehung treten, um den Laib Brot zu produzieren, den wir kaufen und mit dem wir unseren Körper ernähren. Wenn du richtig hinschaust, erhalten Beziehungen unser Leben physisch, emotional, intellektuell und spirituell. Man könnte deshalb sagen, daß Leben aus Beziehungen besteht. Wir sind durch eine Beziehung, durch die sexuelle Vereinigung unserer Eltern, auf die Erde gekommen. Das Leben besteht aus den miteinander verbundenen und voneinander abhängigen Gezeiten vieler Kräfte. Diese Kräfte sind durch Beziehungen miteinander verknüpft. Auf dieser Existenzebene sorgen Beziehungen für unser Leben. Wenn wir mit dem Tode die Dimension dieser Beziehungsformen verlassen, finden wir uns vielleicht auf einer anderen Ebene wieder, in der die Kräfte anders aufeinander eingehen mögen.

Versucht man, Beziehungen abzulehnen, sich zurückzuziehen und jeder Partnerschaft aus dem Weg zu gehen, verursacht man Leid und in unserer zivilisierten Welt letztlich den Tod. Dies ist der äußerste Fall und nur ein Beispiel, doch wenn man darauf aus ist, sein Selbst von allen engen Beziehungen abzuschneiden (wie viele es tun), stirbt etwas in uns selbst, was in engen Beziehungen mit anderen erblühen könnte. Lehnen wir Verbindungen zu anderen ab, erzeugen wir Schmerz, Entfremdung und Isolation, Gefühle, denen wir heute an so vielen Orten des Planeten begegnen. Alle Menschen werden heute mit dem Schmerz konfrontiert, der daraus entsteht, daß wir unsere Verbundenheit leugnen.

Die Menschen merken gerade, daß wir zusammenarbeiten und unsere wechselseitigen Beziehungen respektieren müssen, wenn wir auf diesem Planeten überleben wollen. Da jedes Fleckchen Erde entdeckt und auf Landkarten verzeichnet worden ist, kann man sich nicht mehr in weite, unerforschte Gebiete absetzen, um dem Rest der Zivilisation aus dem Wege zu gehen und das zu tun, wozu man gerade Lust hat. Seine eigenen Angelegenheiten durchzuziehen, ohne sich dabei um die Auswirkungen auf Mitmenschen oder Umwelt zu kümmern, ist ein Luxus, den wir uns nicht länger leisten können. Nur wenn wir zusammenarbeiten und uns aufeinander und auf die Umwelt beziehen, können wir hoffen zu überleben. Es ist vielleicht leichter, dies auf globaler

Ebene zu sehen als im eigenen Leben, doch die Dynamik ist auf beiden Ebenen die gleiche. Wenn wir unsere Verbindungen ignorieren und uns auf Grund alten Leides oder alter Ängste isolieren, berauben wir die andern unserer Energie und mindern gleichzeitig unsere eigene Lebenskraft.

Warum lehnen so viele Menschen die Erfahrung einer bewußten, engen Beziehung ab? Wir glauben, daß sie sich vor dem Leiden in der Partnerschaft fürchten. Menschen tun fast alles, um sich vor emotionalem Schmerz zu schützen. Sie versagen sich das, was sie wollen – Liebe, Zuneigung, Freude und Intimität – um dem emotionalen Leid zu entgehen. Wenn man sich seiner Liebesfähigkeit öffnet, öffnet man sich auch dem Schmerz, denn Öffnen macht verletzlich. Es gibt viele Gründe dafür, warum der Schmerz zu einer tiefen Beziehung gehört, und wir werden diese Gründe im Laufe unserer Ausführungen durchsprechen. Jetzt wollen wir nur festhalten, daß deine verborgenen Schmerzen durch die Erfahrung von Liebe und Innigkeit an die Oberfläche steigen werden.
In der frühen Kindheit entwickelt jeder von uns Strategien, um die Qualen des emotionalen Schmerzes zu vermeiden. Der Versuch, Situationen, Menschen und Ereignissen aus dem Wege zu gehen, die in der Vergangenheit Leid ausgelöst haben – weswegen wir fürchten, daß sie dies auch jetzt und in der Zukunft tun könnten –, macht aus unserem Leben einen Eiertanz. Alle Wunden, die uns in der Kindheit zugefügt wurden, die seelische und manchmal auch körperliche Gewalt, die die meisten von uns als Heranwachsende erlitten haben, statteten uns mit einer Art Radarsystem aus, welches vor allem warnt, was den vergangenen schmerzhaften Ereignissen entspricht. Jedesmal, wenn sich eine Situation anbahnt, die einer früher erlebten leidvollen Erfahrung gleicht, versuchen wir, diese Situation und die damit verbundenen Menschen zu meiden. In einer engagierten Beziehung zeigen sich diese Situationen – Achtung! Rote Lampe! Rote Lampe! Gefahr! Gefahr! – nicht gleich zu Anfang, denn sie tauchen erst auf, wenn du dich bereits eingelassen hast, und dann ist es viel schwieriger, die Gefahr zu umgehen. Dies sind die heiklen Augenblicke einer Partnerschaft. Normalerweise

wärst du "dieser" Erfahrung aus dem Weg gegangen, wenn du sie hättest vermeiden können. Da stehst du nun mit deinem oder deiner Liebsten und ausgerechnet "dieser" Erfahrung, vor der du dich unter allen Umständen drücken wolltest, und plötzlich starrt sie dir ins Angesicht. Hierin liegt sowohl das Geschenk wie das Problem einer engagierten Beziehung, denn letztendlich gibt es nur einen Weg: hindurch!

Wenn du zu erkennen beginnst, daß die schwierigen Augenblicke einer Partnerschaft in Wirklichkeit Wachstumschancen sind, daß sie dir helfen, deine Unbewußtheiten bewußt zu machen, Klarheit zu erhalten und die Erfahrung deiner selbst zu erweitern, ändert sich deine Haltung gegenüber den Schwierigkeiten. Wenngleich du dich wahrscheinlich nie wirklich auf sie freuen wirst, erkennst du in ihnen doch die Herausforderung und beginnst, dir Werkzeuge zu schaffen, die dich nicht nur zum Meister der Beziehung machen, sondern dem Leben selbst näherbringen – dem Mysterium, ein körperlich manifestiertes Geistwesen zu sein.

Wir werden oft über den Schmerz in der Beziehung sprechen – über das Leiden, das mit dem Prozeß des Erwachens verbunden ist. Natürlich gibt es auch viele schöne Augenblicke in einer Partnerschaft, Höhepunkte der Verbundenheit, der Liebe und des Glücks. Doch diese Augenblicke sind nicht problematisch. Wenn alles bestens läuft, braucht man keine Einsichten. Deshalb konzentrieren wir uns auf jene Bereiche der Partnerschaft, die Probleme schaffen und die den Samen der Unbewußtheit in sich bergen. Wenn wir uns so ehrlich und so klar wie möglich auf die Schwierigkeiten konzentrieren, können wir hoffen, in den Fragen der Partnerschaft weiterzukommen. Verdrängen wir jedoch die Schwierigkeiten, bleiben wir im Unbewußten stecken und verstärken so noch die Probleme.

Partnerschaft kann zum Werkzeug werden, zu einem wunderbaren Werkzeug. Wenn es bewußt angewendet wird, kann es dir beim Erwachen helfen. Vielleicht kann es uns sogar zu jenem Bewußtseinszustand verhelfen, den man allgemein "Erleuchtung" nennt. Gleichzeitig ist klar, daß es keine Meisterschaft auf dem Gebiet der Beziehung geben kann, wenn du nicht bereit bist, Leid zu erfahren. Und du wirst nie bereit sein, den emotionalen Schmerz zu durchleiden, der unweigerlich in jeder tiefen Beziehung auf dich wartet, wenn du dich nicht wirklich eingelassen hast.

Engagement (Commitment*)

Wenn du dich nicht wirklich auf die Beziehung zu deinem Partner eingelassen hast, beraubst du dich selbst der Chance, den Segen, die Ekstase und die tiefe Bereicherung echter Partnerschaft zu erfahren. Die Partnerschaft als spirituelle Disziplin, als Weg, zur Wirklichkeit des eigenen wahren Seins aufzuwachen, muß engagiert sein. Engagement bedeutet, daß du bereit bist, den Beziehungsprozeß zu durchleben, was immer auch geschehen mag. Du bleibst also da. Du läufst nicht davon. Du schaust dir an, was hochkommt, sei es schwierig oder schmerzhaft.

Eine engagierte Beziehung kann gesetzlich abgesegnet sein, muß es aber nicht sein. Die Ehe ist von ihrem Wesen her immer als ein Weg zu Gott betrachtet worden; deshalb zählt sie auch zu den kirchlichen Sakramenten. Nicht ohne Grund schließt das traditionelle Ehegelübde "die guten und die schlechten Zeiten" ein. Die Alten wußten, daß die Ehe nur dann als Weg zum Göttlichen dienen konnte, wenn man beieinander blieb.

Wie findest du zu so tiefer Bereitschaft, den Weg zum Erwachen in der Partnerschaft anzutreten? Es gibt verschiedene Möglichkeiten. Manchmal stellt sie sich einfach in dem Augenblick ein, wo sich zwei Menschen begegnen; das ist Gnade. Vielleicht gibt es einen alten Gleichklang – die Erinnerung an ein früheres Versprechen. In anderen Fällen wartet diese Bereitschaft darauf, im Laufe der Zeit entdeckt zu werden. Manchmal muß du einfach ins kalte Wasser springen, obwohl dein Verstand zögert und Fluchtgedanken hegt. Im letzteren Falle handelt es sich dann eher um eine intellektuelle Disziplin: nämlich um die

---

*Anm. des Übers.: Das amerikanische Wort "Commitment" bedeutet nicht nur Engagement, sondern auch Bindung, Festlegung, Verpflichtung, Hingabe und ein völliges Sich-Einlassen.

Bereitschaft, bereit zu sein. Wenn du in dir jedoch nicht den Schimmer einer Bereitschaft entdecken kannst, den Weg zu zweit bis ans Ende durchzuhalten, dann tust du besser daran, ihn gar nicht erst zu beginnen. Begnüge dich mit Zufallsbekanntschaften und gib die Suche nach dem Weg des Erwachens durch Partnerschaft auf. Es gibt andere Gebiete, Techniken oder Übungen, die dir beim Erwachen helfen. Noch einmal: Partnerschaft ist kein Weg für jeden. Sie gelingt nur solchen Menschen, denen es völlig natürlich ist, die Beziehung als einen Weg zum Erwachen anzusehen, als eine Hilfe, bewußter zu werden und geistig zu wachsen. Angenommen, du siehst es so und bist mit jemandem zusammen, der es anders sieht: Verschwende keine Zeit! Mach dich auf die Suche nach jemandem, der deine Bereitschaft für Engagement teilt.

Wozu das Ganze? Deine Bereitschaft erschließt dir den Raum, schwierige und schmerzhafte Situationen zu erleben, ohne davonzulaufen und die Beziehung – zwecks Schmerzvermeidung! – abzubrechen. Dadurch schaffst du die Möglichkeit, durch den Schmerz zu gehen und auf der anderen Seite wieder herauszukommen. Solange du nämlich davonläufst, sobald der Schmerz nur auftaucht, wirst du ihn nie und nimmer los. Einer unserer Freunde bemerkte einmal, daß er nur einen einzigen Kummer in den Ferien gehabt habe: Er hätte sich selbst nicht zu Hause lassen können. Das ist der Punkt! Wenn du dem Schmerz, sobald er an die Oberfläche steigt, nur immer den Rücken zeigst, wirst du ihn notgedrungen in die nächste Beziehung mitschleppen. Die meisten von uns haben das schon ausprobiert. Nach einer Weile bemerkst du, daß du keinen Millimeter weiter bist als da, wo du in deiner letzten Beziehung und in der davor auch schon standest. Lediglich die Gesichter haben sich verändert. So etwas ist immer ziemlich unangenehm. Am Ende müssen wir den gerechten Zorn herunterschlucken, den erhobenen Zeigefinger zurück in unsere Tasche stecken und, wie demütigend es auch sein mag, die Möglichkeit in Betracht ziehen, daß es vielleicht – nur vielleicht! – gar nicht am anderen gelegen hatte, sondern an uns selbst. Es scheint also wichtig zu sein, daß du erkennst: Dein Schmerz ist wirklich nichts anderes als dein Schmerz. Wenn du dahinterkommst, daß dein Schmerz ausschließlich mit dir selbst zu tun hat, daß der andere ihn nicht verursacht, sondern lediglich auslöst oder spiegelt, dann steht das nächste wichtige Element, das dir in der Partnerschaft als Weg zum Erwachen dient, im Raum. Es heißt Verantwortung.

Verantwortung

Nach unseren Erfahrungen ist noch nichts damit gewonnen, sich, wenn auch noch so ernsthaft, auf eine Beziehung einzulassen: Wenn du nicht gleichzeitig die Verantwortung für dein eigenes Leben übernimmst, wird es dir sehr schwerfallen, eine stärkende und erleuchtende Partnerschaft aufrechtzuerhalten. Du mußt akzeptieren, daß du deine Lebensumstände auf einer bestimmten Ebene deiner Ganzheit selbst erschaffst. Es braucht Zeit und Bewußtsein, um die Wahrheit dieser Behauptung zu überprüfen. Wenn du dies noch nicht herausgefunden hast, dann solltest du bereit sein, dich so zu verhalten, "als ob" du der Schöpfer deiner Lebensumstände wärest. Ganz gleich, was geschieht: Du allein gestaltest dein Leben, auch wenn es vollkommen anders zu sein scheint. Damit erkennst du deine göttliche Natur an. Wir meinen damit nicht, daß dein Verstand dein Leben erschafft oder daß du eine mathematische Formel für die Erschaffung physischer Materie kennst: Es handelt sich vielmehr um eine innere psychische Dynamik, die dein Leben genauso manifestiert, wie es ist. Sollte dir diese Erfahrung noch fremd sein, übernimm sie einfach als Hypothese; das wirkt bereits! Als Opfer bist du jedenfalls ohne Kraft.

Ist dir eigentlich schon aufgefallen, wenn die Dinge nicht so liefen, wie du sie gern gehabt hättest, und du dich als Opfer der Umstände fühltest, daß immer nur du allein bei jedem dieser Ereignisse anwesend warst (mit jeweils anderen Leuten um dich herum)? Die Bilder mögen sich aus verschiedenen Einzelheiten zusammensetzen, doch du warst die Konstante. Du warst stets dabei, wenn es wieder einmal knallte! Als du dich erneut mit einem Alkoholiker eingelassen hattest, der dich prompt verprügelte, als die neue Flamme ebenfalls mit deinem Geld durchbrannte, der neue Verehrer natürlich auch verheiratet war und die nächste Geliebte ihre Arbeitsstelle verlor, sobald sie zu dir gezogen war ... Wenn du diese Erfahrungen ein paarmal durchgemacht hast, schöpfst du langsam Verdacht, ob nicht am Ende du etwas mit dem Ausgang der Geschichte zu tun haben könntest (obwohl interessanterweise manche Leute nie drauf kommen). In diesem Buch nehmen wir einfach an, daß du diesen Schritt getan hast.

Die innere weise Dynamik deiner Psyche gestaltet dein Leben genauso, wie es ist. In Weisheit! Sie teilt dir genau das zu, was du in Wahrheit brauchst. Nicht auf der Ebene deiner persönlichen Vorlieben, damit du dich wohlfühlst, gut dastehst oder einem inneren oder äußeren Bild entsprichst, nein, du erhältst nur das, was du wirklich nötig hast! Deine Seele will aufwachen! Das Unbewußte will bewußt werden. Das Überpersönliche, das Göttliche will sich auf der Erde manifestieren – durch dich!

Es stimmt! Wir haben beobachtet, daß wir unsere Lebensumstände auf diese Weise gestalten, weil ein Teil unserer Seele aufwachen will. Das heißt, wir geben uns selbst die Möglichkeit, das anzuschauen, was uns beim Erwachen im Wege steht, damit wir hindurchgehen und es hinter uns lassen können. Oft hindert uns das Leid (und unser Versuch, dieses Leid zu vermeiden), die Fülle unseres Seins zu erfahren – die Freude, ein im Körper manifestierter Geist zu sein. Wenn du in deiner Beziehung dem Partner die Schuld zuschiebst, wenn du ihn zur Ursache deiner Erfahrungen oder dich selbst zum Opfer machst und deshalb die Beziehung verlassen willst, um diese Umstände zu vermeiden, dann verpaßt du die Gelegenheit, die du dir selbst geschaffen hast, um an ihr zu wachsen. Außerdem wirst du dir dieselbe Erfahrung unter scheinbar anderen Umständen mit anderen Menschen schaffen. Irgendwann wird jemand anderer dein Leid auslösen und dir eine neue Möglichkeit bieten, den Schmerz zu erleben, um ihn loszulassen – oder du wirst dich wieder verdrücken. Deine Seele, das organisierende Prinzip in deinem Leben, wird immer neue Situationen erfinden, in denen dein Schmerz an die Oberfläche tritt. Sie tut es, damit du hindurchgehen kannst. Deine Seele ist daran interessiert, daß du zur Wahrheit deiner selbst erwachst.

Wir identifizieren uns mit unserem Leid. Es gehört zur inneren Erfahrung unseres Selbst. Der Schmerz scheidet uns von anderen. Er hilft uns, die Trennung von ihnen aufrechtzuerhalten, letztlich schneidet er uns auch von der Erfahrung unserer Einheit mit der Quelle ab. Deswegen kann eine engagierte Beziehung ein Weg zum Erwachen sein. Werner Erhard war der erste, der die alte Doppelwahrheit bekannt machte: "Wem du Widerstand bietest, das bleibt – was du zuläßt, verschwindet." Wenn du deinem Schmerz ausweichst (indem du davonrennst, anderen die Schuld gibst oder den Schmerz auf jeden Fall zu vermeiden trachtest), dann wird dieser Schmerz dein Leben weiterhin bestimmen. Geh in den Schmerz hinein, lasse ihn in vollem Umfang zu, schau ihn an, gib die mit ihm verbundenen Energien und Emotionen frei und versuche, zur ursprünglichen Quelle des Schmerzes vorzudringen (um sie zuzulassen), und er wird buchstäblich dahinschwinden! Die Erinnerung daran mag noch vorhanden sein, doch das Leid, das mit der ursprünglichen Erfahrung verbunden war, ist vergangen. Wenn wir unseren Schmerz konfrontieren und durch ihn hindurchgehen, verliert er seine Macht über uns. Wir erleben langsam, daß wir nicht unser Schmerz sind. Wir leiden, ja, und dennoch sind wir mehr als Leid.

Je mehr wir uns mit dem Leid, das wir zu einem Teil unserer selbst gemacht haben, identifizieren – "Mein Vater war Alkoholiker", "Meine Mutter hat mich verlassen", "Meine Eltern haben mich geschlagen", "Mein Onkel hat mich vergewaltigt" –, umso stärker erleben wir, wenn wir es loslassen, daß wir viel mehr sind, als wir zu sein glaubten. Wir alle sind schon Menschen begegnet, die ihre Geschichte wie eine Identifikationsplakette auf der Brust tragen. Du triffst sie und siehst ihre Plakette: "Hallo, ich heiße Charley, ich bin ein Adoptivkind". Du siehst die Körperhaltung, den Gesichtsausdruck und wartest schon auf die Geschichte, während die Spannung steigt. "Hallo, ich bin Charlene", und spätestens nach fünf Minuten: "Ich wurde mit sechs Jahren vergewaltigt und hasse Männer!" Wir identifizieren uns mit unserem Schmerz, mit unseren Wunden, "unserer" Geschichte, als ob sie etwas über uns aussagen könnten. Je mehr wir uns mit unserer Geschichte identifiziert haben, umso mehr sind wir von der Angst besessen, sie wieder loszulassen.

Der Schmerz hilft uns, die Struktur unserer persönlichen Identität, die wir Ego nennen, in Amt und Würden zu halten. Der Begriff "Ego" ist in vielen verschiedenen Systemen unterschiedlich angewandt worden. Für den Zweck dieses Buches definieren wir "Ego" als die Struktur der Psyche, die uns die Erfahrung der persönlichen Identität ermöglicht. Uns von anderen zu trennen, ist eine der Hauptfunktionen des Egos. Es verschafft uns das Gefühl, ein Individuum zu sein. Für das Leben in der physischen Welt dient uns das Ego als nützliches, wichtiges Werkzeug. Es erlaubt uns die Erfahrung, ein Einzelmensch zu sein, und richtet uns nach Zeit, Raum und Geschlecht aus.

Das Ego liebt es, den Laden zu schmeißen. Es schmeichelt ihm, wenn wir es für die höchste Autorität halten, das die Lage fest im Griff hat. Das Ego wird hochgradig nervös, wenn wir langsam zu der Wahrheit erwachen, daß wir mehr sind als ein einzelnes Paket aus Gedanken, Gefühlen, kulturellen Abhängigkeiten, Erziehung, religiösem Hintergrund und sozialem Training. In den Frühstadien unserer Bewußtseinsentwicklung identifizieren wir uns mit diesem Paket. Wir denken: "Das bin ich – das macht mich aus." Wenn wir zu der Wahrheit erwachen, daß wir mehr sind als dieses Paket, daß in jedem Menschen eine Essenz existiert, die jenseits aller Abhängigkeiten, Gedanken und Gefühle steht, beginnt das Ego seine Macht über uns zu verlieren. Dadurch wird es nervös und versucht verzweifelt, uns an den Status quo zu ketten. Erstaunlicherweise will das Ego nicht, daß wir den Schmerz, mit dem wir uns identifizieren, loslassen. Das Ego tut, was es kann, damit wir die ganze Idee des Aufwachens wieder fallen lassen. Es hat allen Grund dazu: Aufwachen ist gefährlich. Denn es besteht die Möglichkeit, daß der Mensch das Bild, das er von sich hatte, ganz aufgibt. Rechne also durchaus mit dem Risiko, daß du das Bild, das du zu sein glaubtest, ganz aus dem Auge verlierst ....

Der Prozeß, die Verantwortung für die Erfahrungen des Lebens zu übernehmen, hört nie auf. Er erweitert und vertieft sich vielmehr noch im Lauf der Zeit. Es gibt immer neue Bereiche, für die man Verantwortung übernehmen kann. Mit Verantwortung meinen wir nicht Last oder Schuld. Verantwortung ist keine Bürde, die du tragen mußt. Es ist genau umgekehrt: Wenn du Verantwortung fühlst, dann spürst du Freude, fühlst du die plötzliche Erkenntnis, daß du frei bist. Du, du allein bist die Quelle deines Lebens! Nicht das Ego! Deine Ideen und Gedanken sind es auch nicht. Dein persönliches Selbst (kleingeschrieben) ist es ebenfalls nicht. Wahre Quelle deines Lebens ist das SELBST (großgeschrieben) deiner Essenz. Der Teil deiner selbst, der mit dem Überpersönlichen, dem Göttlichen, dem Unbewußten verbunden ist, ist die Quelle deines Lebens, allen Lebens. Wenn du dies wirklich erlebst, bist du überglücklich und fühlst dich wie gesegnet. Erfährst du diese Tatsache als Realität, erhebst du dich aus den unreifen Ebenen deiner persönlichen Psyche in die reifen Gefilde des Bewußtseins, die mit dem Überpersönlichen verbunden sind.

Im Laufe dieser Seiten wollen wir dir die Möglichkeit geben, für immer mehr Bereiche deines Lebens bewußt Verantwortung zu übernehmen. An dieser Stelle wollen wir nur festhalten, daß Bereitschaft und Verantwortung zwei Schlüsselelemente für eine Beziehung sind, die dir beim Erwachen helfen können.

Wenn man eine gewisse Zeit auf dem Planeten verbracht hat, kommt man dahinter, daß das eigene Verhalten von bestimmten Mustern geprägt ist. Man erkennt, daß man in gewissen Situationen gewöhnlich vorhersehbar reagiert, selbst wenn man das gar nicht will. Außerdem stellt man fest, daß wir uns und anderen tatsächlich Leid zufügen, selbst wenn das gar nicht beabsichtigt war. Hat man lange genug gelebt (vorausgesetzt, man verfügt über einen gewissen Grad an Wachheit), kommt man zu folgender Erkenntnis: Der Verstand ist nicht für die Gestaltung des Lebens verantwortlich. Offenbar gibt es tieferliegende Kräfte in uns, welche uns in Situationen hineinmanövrieren, die wir bei vernünftiger Überlegung auf jeden Fall gemieden hätten. Wenn man zu diesem Schluß gekommen ist, kann der Wunsch aufsteigen, bewußter zu werden. Vielleicht wird man zu einem Bewußtseinsforscher. Diejenigen, die die Suche gar nicht erst aufnehmen, werden leicht zu Zynikern. Ein Zyniker ist ein Mensch, der dabei ist zu erwachen. Er hat bereits einen Blick über die Schwelle der neuen Möglichkeiten zur Erfahrung der Wirklichkeit getan, sich jedoch mit der

Tatsache abgefunden, daß er diese Schwelle doch nicht überschreiten kann. Entweder schreckt er vor dem damit verbundenen Leid oder vor der Mühe zurück. Der Zyniker rechtfertigt sein Verhalten mit dem Gefühl, daß es sowieso nichts ändern würde, wenn er diesen neuen Raum beträte, warum also sollte er sich anstrengen? Wir alle sind von Zynikern umgeben. Vielleicht verstecken sich sogar ein oder zwei Zyniker in deiner inneren Gemeinschaft! Doch da du dieses Buch liest, wollen wir annehmen, daß dieser verborgene Zyniker in dir im Augenblick zumindest deine Psyche nicht beherrscht und daß du den Bereich des Bewußtseins wirklich erforschen willst.

Wenn man zu erwachen beginnt, fühlt man sich möglicherweise von einem Guru oder einer anderen bewußten Persönlichkeit mit Charisma angezogen und hofft, von diesem Menschen etwas für den eigenen Prozeß des Erwachens zu lernen. Vielleicht wird man zum Anhänger einer Persönlichkeit, die das hat, was man sucht. Menschen auf dem Wege des Erwachens machen alle möglichen Prozesse durch. Sie treten Ashrams oder Organisationen bei. Sie lesen Bücher, besuchen Seminare und erproben verschiedene Techniken, um Meisterschaft über sich und das Leben zu erlangen. Vielleicht hast du das ebenfalls getan. Auch wir haben diesen Prozeß durchlebt. Wir verbrachten Jahre bei allen möglichen Meistern, Gurus, Lehrern und Führern. Als wir uns kennenlernten und spürten, daß wir uns wirklich auf die Beziehung einlassen wollten, entdeckten wir verblüfft, daß Partnerschaft ein echter Test dafür ist, wie weit du mit dem Prozeß des Erwachens wirklich gediehen bist.

Wir waren in vielen Ashrams und spirituellen Zentren und gehörten vielen Gruppen zur Steigerung des Bewußtseins an, doch wir haben entdeckt, um wieviel mehr eine wirkliche Beziehung dem Prozeß des Erwachens dienen kann. Partnerschaft ist ein Ashram, ein Workshop rund um die Uhr. Manchmal sprechen spirituelle Meister über Beziehungen, besonders sexueller Art, so, als ob diese den Prozeß des Erwachens behinderten. Diese Erfahrung teilen wir nicht. Unsere engagierte Beziehung hat uns auf unzähligen Wegen geholfen, bewußter, klarer und deshalb glücklicher und lebendiger zu werden. Für uns ist Partnerschaft ein Weg, der uns mit unserer göttlichen Natur verbindet. Die

Beziehung gibt uns die Möglichkeit, mit Hilfe des anderen zu erkennen, wer wir wirklich sind. Sie hilft dabei, sich mit dem eigenen Selbst zu vereinen, und – indem man die Ganzheit des Partners umarmt und feiert – die Ganzheit des eigenen Seins zu umarmen und zu feiern.

Bei der Arbeit an unserer Beziehung sind wir auf einige Schlüsselaspekte gestoßen, die uns große Hilfe leisten. Zu den Aspekten der äußersten Bereitschaft und der Verantwortung gesellt sich nun als drittes Element die innere Vielfalt eines Menschen, und das deshalb, weil das menschliche Wesen keineswegs einheitlicher Natur ist; es setzt sich vielmehr aus unzählig vielen Anteilen zusammen.

Vielheit

Zu glauben, wir seien ein einheitliches Wesen, gehört zu den größten Mißverständnissen, die wir Menschen über uns hegen. Wir halten das "Ich", dem wir uns in Gedanken zuordnen, für ein homogenes Wesen. Wir sprechen von uns und anderen, als ob wir eine einzelne Bewußtseinseinheit wären. Nichts ist weiter von der Wahrheit entfernt. Wir sind nicht einheitlich; wir sind vielfältig. In dir verbergen sich viele grundverschiedene "Ichs".

Hast du dir nie überlegt, warum du gerade noch liebevoll und klar warst und dann, Sekunden später vielleicht schon, vor Wut hättest platzen können? Vielleicht richtete sich dieser Zorn gegen dieselbe Person, für die du kurz zuvor noch liebevolle, zärtliche Gefühle hegtest. Hast du dich nie gefragt, warum du eine Krisensituation manchmal klug und zentriert gemeistert hast und in ganz ähnlicher Lage dann versagst und völlig außer Kontrolle gerätst? Hast du nie darüber nachgedacht, warum ein Mensch ein fähiger Manager sein kann, der komplizierte Probleme mit Leichtigkeit und Klarheit angeht, während sein Privatleben gleichzeitig einem Scherbenhaufen gleicht? Die meisten von uns sind immer noch schockiert, wenn sie entdecken, daß ein charismatischer Führer, ob er sich nun politisch, wissenschaftlich oder religiös betätigt, Seiten an sich hat, die entweder seinen Errungenschaften oder dem, was er öffentlich verkündet, zu widersprechen scheinen.

Hast du dich noch nie darüber gewundert, daß du Gefühlen oder Gedanken nachhängst und nur Augenblicke später genau das Gegenteil von allem fühlst oder denkst? Hast du bemerkt, daß du dieselbe Situation oder denselben Menschen völlig unterschiedlich wahrnehmen kannst und daß jeder Standpunkt in dem Augenblick, wo du ihn vertrittst, völlig stimmig für dich ist, selbst wenn sich die beiden Standpunkte scheinbar widersprechen? Dies alles geschieht, weil wir keine einheitlichen Wesen sind – wir sind in Wahrheit viele.

Wir bestehen aus vielen verschiedenen inneren Anteilen oder Aspekten. Wir sind eine innere Gemeinschaft. Einige von euch haben gehört, daß in ihnen ein Kind verborgen ist. Falsch! Es handelt sich um einen inneren Kindergarten! Außerdem hausen heranwachsende, jugendliche und erwachsene Anteile und, bei etwas Glück, auch ein oder zwei weise Alte in dir. Auf deiner persönlichen Ebene gibt es viele charakteristische Aspekte. In unserer Ganzheit bestehen wir außerdem aus Tieraspekten und aus all den Energien und Kräften, die mit diesen Tieren verbunden sind. Der Schamane nennt diese Tieraspekte "Totem" oder "Verbündeter", deren Energien und Eigenschaften die eigene Ganzheit erweitern können.

In deiner inneren Gemeinschaft befinden sich außerdem noch Aspekte, die sich den überpersönlichen Teilen des Bewußtseins öffnen können. Dies sind die reiferen Anteile des Bewußtseins, die sich als Archetypen zeigen mögen, vielleicht als Priester oder Priesterin, als Heiler, Führer, Schamane oder spiritueller Lehrer. Es mag engelhafte und/oder dämonische Anteile in dir geben. Wir können Aspekte mit uns herumtragen, die uns mit anderen Dimensionen verbinden – mit Welten, die nicht das geringste vom Leben als verkörperter Mensch wissen.

Jeder einzelne dieser inneren Aspekte bildet eine Ganzheit und existiert in der ihm eigenen Welt. Die verschiedenen Anteile wissen oft gar nicht, daß es die anderen Bestandteile unserer Psyche, die anderen Aspekte unserer Ganzheit, überhaupt gibt. Jeder unserer vielen inneren Aspekte verfügt über eine ihm eigene Körpersprache, über Erinnerungen, Gedankenmuster, Gefühle, Ansichten und oft sogar über eine unterschiedliche Simmfärbung. In jedem Augenblick legt einer dieser Aspekte unseren äußeren Ausdruck fest. Die Wirklichkeit dieses Aspektes ist in diesem Augenblick die Wirklichkeit, die wir erfahren und ausdrücken. Im nächsten Augenblick steigt vielleicht ein anderer Teil in uns auf, und dann bestimmt er unser Erleben. Unterdessen schafft der Körper die Illusion, daß wir nur ein Wesen sind. Bei den meisten Menschen antworten die verschiedenen Teile der Psyche vollkommen mechanisch auf äußere Reize. Nur sehr wenige von uns wählen bewußt, welcher der vielen Anteile das Erleben der Wirklichkeit bestimmen soll.

Wir sind so daran gewöhnt, uns und andere für Einzelwesen zu halten, daß wir dazu neigen, in *Entweder-oder-Kategorien* zu denken. Wenn wir in uns oder in anderen Widersprüche entdecken, versuchen wir, uns für eine Seite zu entscheiden. ("Susan kann ihrem Chef gar kein Geld unterschlagen haben, sie ist eine so gute Mutter.") Wir versuchen, eine Wahrnehmung für ungültig zu erklären, weil die andere Wahrnehmung genau das Gegenteil zu besagen scheint. ("Er schien immer so großzügig zu sein, doch da er hier so selbstsüchtig ist, muß ich mich wohl getäuscht haben.") Dies trifft auf innere und äußere Gegebenheiten zu. Wenn du dich auf eine gewisse Art und Weise wahrnimmst und plötzlich ein ganz anderer (und manchmal scheinbar konträrer) Teil deiner selbst auftaucht, wirst du wahrscheinlich den einen Teil für richtig, den anderen aber für falsch erklären. Oft kommt es vor, daß du (oder dein Partner) dann, wenn du dich richtig gut mit dir (oder deinem Partner) fühlst, etwas wirklich Dummes anstellst. Als Menschen neigen wir dann unglückseligerweise dazu zu denken: "Oh ja, das ist mein (oder sein) wahres Selbst. Ich bin wirklich dämlich!" Wir sind sehr schnell dabei, uns (und andere) schlechtzumachen. Wenn wir die Wahl haben, uns als "brillant" oder als "abscheulich" einzustufen, werden sich die meisten für "abscheulich" entscheiden. Ist dir das nicht auch schon aufgefallen? Dabei haben wir wahrscheinlich einen brillanten Anteil in uns *und* einen anderen, der abgewrackt ist.

Als Gruppenleiter standen wir immer vor dem Rätsel, warum wir in unseren Workshops so unglaublich inspirierend, weise und zuweilen sogar erleuchtet auftreten konnten, zu Hause aber fähig waren, engstirnig und nachtragend miteinander zu streiten. Wir dachten, daß *entweder* der Teil, der in den Gruppen zur Auswirkung kam, *oder* der, der zu Hause den Streit vom Zaun brach, der "wahre" sein mußte. Wir versuchten, unsere Arbeit abzuwerten, weil wir uns nicht immer in dem "Raum" (oder dem Aspekt) bewegten, den wir in unseren Gruppen nach außen kehrten. "Wie kann jemand, der so engstirnig ist, solch eine Gruppe geleitet haben? Es muß ein einziger Schwindel gewesen sein!" (sagten wir uns.) Und doch war es eine tolle Gruppe gewesen, wir waren zufrieden mit unserer Arbeit und hatten auch nicht das Gefühl, geschwindelt zu haben.

Danach versuchten wir, den engstirnigen, streitsüchtigen Teil in uns abzuleugnen und nahmen uns vor, immer "erleuchtet" zu sein. Mit Schuldgefühlen hockten wir vor dem Fernseher und löffelten Eis, während wir doch die großen religiösen Texte der Welt hätten lesen oder Aktivitäten nachgehen sollen, die wir für den "Raum" (oder Aspekt) eines Gruppenleiters für angemessen hielten. Als wir dann in das Konzept der multiplen Aspekte des Selbst von Dr. Brugh Joy. (Autor des Buches *"Weg der Erfüllung"*) eingeführt wurden, bekam das Ganze plötzlich einen Sinn. Ja, wir sind so *und* auch anders. Wir haben einen Lehreraspekt, der auftauchen und wunderbare Seminare halten kann, *und* wir haben ganz gewöhnliche Anteile, die borniert sind, streitsüchtig und scharf auf alte Filme und die Hebung des Cholesterinspiegels.

Vielleicht hast du dir gewünscht, Teile deiner selbst loszuwerden, Teile, die dir mißfallen, die weh tun und dein Selbstbild stören. Du suchtest in vielen Gruppen, Beratungen, Therapien, Religionen und Meditationen gewisse Verhaltensweisen oder Gefühle aus deinem Leben zu streichen. Du trachtetest danach, auf die eine oder andere Weise "besser" oder "anders" zu werden, gewöhnlich mit der geheimen Hoffnung, Schmerz zu vermeiden. Dies ist eine Möglichkeit, wie uns unser Leid behilflich sein kann. Denn der Wunsch, Leid zu vermeiden, ist oft die "Fliege an der Angel", die uns auf den Weg des Erwachens führt. Wir sind mit Tausenden von Leuten in Workshops und Gruppen zusammengewesen und haben dabei festgestellt, daß der Wunsch, emotionalen Schmerzen zu entgehen oder körperliche Krankheiten zu heilen, den Menschen zu Anfang gewöhnlich motiviert, mit der Arbeit an sich selbst zu beginnen. Vielleicht kommt dir das Gebet des Novizen bekannt vor: "Lieber Gott, ich bin jetzt bereit, den Weg zum vollkommenen Leben zu beschreiten. Ich bin bereit, zur Wahrheit zu erwachen – solange ich nicht leiden oder mich demütigen muß!" Wenn ein Mensch den Mut hat, sein Leid zu konfrontieren, wird das daraus erwachsende Gefühl von Freiheit und Lebendigkeit in ihm oft den Wunsch aufsteigen lassen, zu erwachen und zu entdecken, wer er wirklich ist. Kann er den Mut nicht aufbringen, kehrt er wahrscheinlich zum sicheren intellektuellen Zugang zur Spiritualität zurück, der viel weniger fordert und viel weniger belohnt.

Für diejenigen von euch, die von diesem Buch angezogen wurden, um "besser" oder "anders" zu werden, haben wir eine gute und eine schlechte Nachricht .... Welche willst du zuerst hören? – Also, die schlechte Nachricht ist, daß du die Teile deiner selbst, die du nicht magst oder die dir weh tun, niemals loswirst. Die gute Nachricht lautet: Du wirst die Teile deiner selbst, die du nicht magst oder die dir wehtun, niemals los! – Deshalb kannst du aufhören, "besser" oder "anders" sein zu wollen und mit dem ehrfurchtgebietenden, geheimnisvollen Prozeß der Erforschung deines eigenen wirklichen Selbst beginnen, und dein Partner kann dir dabei helfen.

Deine Aspekte sind für immer dein. Du wirst die Muster, die du in dir trägst, nie los. Sie werden sich nicht auflösen. Seit dem Zeitpunkt deiner Empfängnis gehören sie zu dir. Du kannst jedoch den Schmerz loslassen, der mit diesen Aspekten verbunden ist (meist sind es die inneren Kinder), damit sie dein Leben nicht länger mehr bestimmen. Diese Anteile wollen gehört werden und die Energie abgeben, die sie speichern. Wenn du diesen schmerzerfüllten Anteilen die volle Aufmerksamkeit schenkst, nach der sie sich sehnen, kannst du dich bewußt anderen vorher vernachlässigten Aspekten deiner Ganzheit widmen und den Kindern erlauben, in den Hintergrund deiner inneren Gemeinschaft zu treten. Sie können nicht verschwinden, doch sie können sich zurückziehen und aufhören, deine Erfahrungen und Ausdrucksformen zu beherrschen. Du kannst dich natürlich auch vor dem Schmerz drücken und weiter unbewußt vom Leid beherrscht werden, das du nicht konfrontieren willst. Du kannst aber auch Verantwortung für deine Muster übernehmen und jene Teile deiner inneren Gemeinschaft anerkennen, die die Muster ausdrücken, damit du sie nicht länger unbewußt auslebst. Erweitere deinen Erfahrungshorizont. Wer und wie bist du wirklich? Werde dir bewußt über dich, doch denke daran, daß das Ziel nicht "Veränderung" heißt. Es geht letztlich nicht darum, anders oder besser zu sein. Das Ziel heißt "Bewußtsein". Das Ziel heißt "Ganzheit".

Noch einmal: Du wirst keinen deiner Aspekte jemals los, aber du kannst den im Aspekt gespeicherten Schmerz abgeben. Du kannst das unterdrückte Leid deiner Anteile bewußt ausdrücken und die darin enthaltene Energie befreien. Dieser Teil der Arbeit gründet sich auf einen Mechanismus: Wenn du etwas wiederbelebst, löst du es auf. Das bedeutet: Wenn du ein altes unterdrücktes Gefühl belebst und erneut durchlebst, wird es aufhören, deine Lebenserfahrung weiterhin unbewußt zu steuern. Zwar wird der Schmerz nie völlig verschwinden, doch er wird in den Hintergrund der Psyche treten. Vielleicht ist dir aufgefallen, daß du dich Jahre, nachdem du am frühen Verlust eines geliebten Menschen oder an einem traumatischen Erlebnis in der Kindheit gearbeitet hast, noch immer an den Schmerz dieser vergangenen Erfahrung ankoppeln kannst. Wenn du jedoch das Leid, das mit diesem Erlebnis verbunden war, vollständig ausgedrückt hast, wird das Ereignis dein Leben nicht länger beeinflussen. Seine unterdrückten Energien lassen davon ab, automatisch, mechanisch nach deiner Aufmerksamkeit zu schreien, und bringen dich auch nicht mehr dazu, die alte Platte wieder abzuspielen.

Gewöhnlich speichert der Kleinkindaspekt oder der jugendliche Teil deiner Psyche das meiste unbewußte Leid. Da unsere Seele aufwachen will, schaffen wir uns immer wieder Umstände, die diese Anteile an die Oberfläche befördern, und sorgen damit stets für neue Möglichkeiten, den Schmerz (endlich) zu spüren, um ihn loszulassen. Wenn wir uns nach innen wenden, zieht uns diese blockierte Energie, der nicht ausgedrückte Schmerz der wunden Anteile, magnetisch an. Das ist einer der Gründe, warum so viele Menschen nie innehalten, niemals sich entspannen und nach innen schauen – es tut einfach zu weh. Deswegen wehren sich so viele Menschen mit Zorn und Ärger, sobald jemand an ihr Innenleben rührt, selbst wenn dies unbeabsichtigt geschieht – es ist einfach zu schmerzhaft. Man weiß anfangs nicht, daß der Schmerz auch wieder aufhört. Man weiß ebenfalls nicht, daß der Schmerz unsere Aufmerksamkeit anzieht, weil wir ihn loslassen wollen – wir wollen frei sein! Wenn wir den Mut finden, das Verborgene in uns aufzudecken, können wir unsere Seele befreien.

Als Kinder hatten wir keine Möglichkeiten, mit dem Leid umzugehen, das uns die Lebensumstände zufügten. Das Kind wurde vom Schmerz überwältigt, und deshalb wurde dieser verdrängt. Doch wir sind keine Kinder mehr. Schau mal auf den Kalender. Überprüfe deine jetzige Realität! Wir sind erwachsen. Uns stehen andere Aspekte unserer Ganzheit zur Verfügung, und damit können wir das Leid konfrontieren, ohne überwältigt zu werden. Wir können sicher nach innen gehen, die Energie loslassen, den Schmerz fühlen und auf der anderen Seite wieder herauskommen.

Einer der ersten Schritte im Prozeß des Erwachens ist die Suche nach jenen Anteilen, die den Hauptanteil der Energie – meist in Form von Leid – blockieren. Im nächsten Schritt wird diese Energie befreit, indem du Schmerz, Wut, Kummer oder was sonst noch da sein mag vollständig erlebst. Wenn du das wagst, fühlst du dich danach leichter und freier und spürst, daß dein innerer Raum viel größer geworden ist. Doch der Aspekt, der mit diesem Schmerz verbunden war, bleibt Teil deiner inneren Gemeinschaft und wird dich nie verlassen. Wenn sich das "verlassene Kind" in deiner inneren Gemeinschaft aufhält, kannst du den Schmerz, der durch das "Verlassenwerden" ausgelöst wurde, loslassen, damit dieser Anteil dein Selbstgefühl nicht länger beherrscht, doch das verlassene Kind bleibt Teil deiner inneren Gemeinschaft. Wenn du nicht aufpaßt, kann deine Lebensenergie erneut diesen Aspekt füllen, und plötzlich erfährst du das Leben wieder aus dem Blickwinkel des verlassenen Kindes.

Jeder von uns hat die Erfahrung gemacht, daß wir an einem Verhaltensmuster gearbeitet haben und dachten, es hätte sich wirklich geändert, und plötzlich, aus dem Nichts, taucht es wieder auf. Wir sind frustriert. Wir denken vielleicht, daß wir Rückschritte gemacht haben, daß all unsere Arbeit umsonst war. Dabei ist etwas ganz anderes passiert: Wir haben den Teil unserer inneren Gemeinschaft geweckt, der dieses alte Muster besetzt! Stell dir vor, du bist ein Haus. Die

Elektrizität in diesem Hause symbolisiert deine Lebenskraft, die einzelnen Zimmer deine verschiedenen Aspekte. Wenn du in einem Zimmer Licht machst, erhält dieser Raum Energie. Analog dazu beherrscht der Aspekt deiner inneren Gemeinschaft, den du mit Energie versorgst, dein augenblickliches Erleben. Selbst wenn du dich jahrelang in diesem Zimmer nicht mehr aufgehalten hast, sind alle Kabel noch verlegt, und wenn du den Lichtschalter betätigst, fließt die Energie erneut – in diesen Raum. Wie wir schon sagten: Du kannst die Kabel in deinem Hause nicht herausreißen, einmal bestehende Räume nicht abreißen – du wirst keinen deiner Anteile los! Dieses Haus ist so und nicht anders, seit es besteht, so wie deine Anteile seit deiner Empfängnis bei dir sind. Du kannst dich jedoch in acht nehmen. Laß die Finger von dem Schalter! Gib dem Aspekt keine Energie. Erforsche den Raum, befreie die überschüssige Energie des Aspektes – und geh weiter! Denk daran: Du bist ein Schloß und keine Hütte. Es gibt so viele andere Räume, die du erforschen kannst!

Die meisten Menschen wissen nicht, daß sie "multipel" sind, deshalb leben sie nur wenige Aspekte. Sie suchen unentwegt dieselben Zimmer auf. Wie langweilig! Wenn du erst einmal erkannt hast, daß du vielfältig bist und die überschüssige Energie jener Anteile, die dein Erleben beeinflußt haben, freigesetzt hast, kannst du die anderen Räume deines Schlosses durchforschen. Die wenigsten Menschen kommen je auf diesen Gedanken. Schon deshalb solltest du an dir arbeiten, damit du die Aspekte offenlegst, die darüber bestimmen, wie du dein Leben erfährst, denn erst dann bist du frei, dir wirklich zu begegnen. Die weisen Worte, die über die Eingangspforte des Tempels von Delphi gemeißelt sind, erhalten einen erweiterten Sinn und müßten lauten: Lerne ***euch*** kennen".

Das Wissen um die menschliche Vielfalt ist der magische Schlüssel. Wenn dir klar ist, daß du eine Mischung aus vielen verschiedenen, zum Teil sogar widersprüchlichen Kräften bist, gibst du es auf, dich weiterhin in ein gleichbleibendes Bild, in eine einzige Version deiner selbst zu pressen. Dann kann die Reise der Selbsterkenntnis tatsächlich losgehen.

Da die meisten Menschen nicht von ihrer Vielfalt ausgehen, sind sie oft nicht einverstanden mit sich. Gebunden an ihre ausschließliche Vorstellung von sich selbst, rackern sie sich ab, ihre vibrierende Lebenskraft in ein enges kulturell bestimmtes Selbstbild zu zwängen, und verkaufen dabei ihre Seele.

Für eine Partnerschaft bedeutet es ein großes Geschenk, wenn beide wissen, daß sie multiple Wesen sind. Wenn du deinen Partner anschaust und weißt, daß er – genau wie du – ein Gebräu aus vielen verschiedenen Aspekten und Kräften ist, dann unternimmst du erst gar nicht den Versuch, ihn in deine Vorstellung hineinzuzwängen, wie oder was er sein sollte. Wenn es Schwierigkeiten gibt, erkennst du, daß nicht alle Aspekte von euch beiden an diesem Problem beteiligt sind, sondern meist nur einer von ihnen. Gibt es Beziehungsprobleme, machen sich gewöhnlich die inneren Kinder oder die Jugendlichen breit. Es wirkt sehr befreiend, wenn beide Partner von dem Gedanken beseelt sind, daß sie viel, viel mehr sind als das, was sie da gerade manifestieren. In dem Augenblick, wo du den Aspekt, der die augenblickliche Erfahrung mit deinem Partner beherrscht, identifizierst, wird ein unbewußter Mechanismus bewußt gemacht.

Im Anhang dieses Buches hast du die Möglichkeit, die Mitglieder deiner inneren Gemeinschaft, die dein Erleben am meisten beeinflussen – das Kind, den Jugendlichen, den jungen Erwachsenen in dir –, von Grund auf kennenzulernen. Das hilft dir dabei, diese Aspekte zu identifizieren, sobald sie auftauchen. Wenn du weißt, welcher Anteil gegenwärtig deine Psyche beherrscht, dann bist du verantwortlich und nicht er. Er bleibt ein Teil von dir, hat aber keine Macht mehr über dein Erleben.

Du funktionierst nicht einspurig, du bist eine Verquickung vieler verschiedener schöner und manchmal furchterregender Energien. In einer engagierten Beziehung kannst du deine verschiedenen Aspekte unmöglich auf Dauer unter der Decke halten. In einer lange währenden engen Partnerschaft schaffst du es einfach nicht, nur jene Aspekte vorzukehren, die deinem Ego schmeicheln. Deine ganze Fülle steigt früher oder später an die Oberfläche. Dies ist eine weitere Möglichkeit, in der dir eine engagierte Beziehung bei der Erforschung deiner selbst helfen kann. Du bist die inkarnierte Lebenskraft, du bist Natur, Erde und Kosmos, vereint in einer einzigartigen Ausdrucksform.

Projektion

"Wir finden überall nur das eigene Selbst, dem wir nicht entgehen können. Ein Teil dieses unbekannten Selbst geht uns – bedeutsam, geheimnisvoll und projiziert – immer einen Schritt voran. Unser Schicksal, unsere Umgebung, unsere Feinde, unsere Freunde – wir haben sie uns selbst erschaffen. Sie entspringen unseren Tiefen, sind ungeheuer wichtig und von uns selbst erzeugt. Deshalb trifft der Erleuchtete in allen Dingen immer auf die Manifestation des Priesters der Einweihung, auf den spirituellen Führer, der die Macht hat, den Schlüssel zu verwalten. Die Gestalt der Einweihungskräfte wandelt sich, doch immer im Einklang mit unseren Bedürfnissen und mit unserer Schuld. Sie spiegeln den Grad unserer spirituellen Unwissenheit oder Reife. Und sie lassen die Transformation erkennen, die von uns verlangt wird, die Aufgaben, die wir noch zu erledigen haben."

Heinrich Zimmer, Der König und der Tote

Wenn du in deiner Beziehung Hilfe beim Erwachen finden willst, brauchst du jetzt den nächsten Schlüssel: Du mußt den Projektionsprozeß kennen. Bevor wir jedoch über Projektion sprechen, müssen wir klären, was wir unter Bewußtem und Unbewußtem verstehen. Für unsere Zwecke wollen wir die bewußten und die unbewußten Teile der Psyche folgendermaßen definieren: Der bewußte Teil der Psyche besteht aus allem, was du weißt, allen Dingen in dir und außerhalb von dir, die dir bewußt sind. Der unbewußte Teil der Psyche ist ganz einfach unbewußt. Das bedeutet, daß er alles enthält, was dir im Augenblick nicht bewußt ist. Der unbewußte Teil nimmt viel mehr Raum in unserer Ganzheit ein, als wir vermuten. Das Unbewußte bestimmt fast alle unsere Handlungen und Entscheidungen, ja, es steuert tatsächlich die Ereignisse unseres Lebens. Ohne Rücksicht auf den Verstand und unsere ach so guten Ideen, Absichten und positiven Affirmationen – das Unbewußte trägt in jedem Falle die Verantwortung!

Projektion nun nennt man jenen Prozeß, der uns unser unbewußtes Material auf den Bildschirm der äußeren Wirklichkeit übertragen läßt. Es ist äußerst wichtig, diesen Vorgang zu durchschauen, wenn man Partnerschaft als Mittel zur Bewußtwerdung anwenden will. Wenn du dich in dieser Verhaltensweise nicht auskennst, wird dir deine Beziehung beim Erwachen schwerlich helfen können.

Projektion setzt jenen psychischen Prozeß in Gang, der die äußere Realität von deiner inneren Dynamik überlagert. Das bedeutet, daß das, was du als außen wahrnimmst, nicht unbedingt die objektive, von dir unabhängige Wirklichkeit ist, sondern eher eine von deinen inneren Kräften geformte Erscheinung. Projektion bedeutet, daß du die Welt und die Menschen nicht unbedingt so siehst, wie sie in Wahrheit sind. Viel eher ist das, was du siehst und erlebst, dein eigenes inneres Mysterienspiel, das du auf deine Umgebung projizierst, so wie man die Bilder eines Films auf eine Leinwand wirft. Meistens projizierst du Teile deiner selbst, die du nicht siehst, die unbewußt sind und für die du noch keine Verantwortung übernommen hast, und zwar sowohl die sogenannten positiven wie die negativen. Es gab eine Zeit, in der ich (Gawain) bei Rhea während unserer Gruppenarbeit Anzeichen von Unsicherheit wahrnahm, und ich stellte sie deswegen zur Rede. Monate später erkannte ich, daß die Unsicherheit, die ich bei ihr wahrzunehmen glaubte, in Wirklichkeit die eigene war. Darauf komme ich später in dem Abschnitt über Muster und Schatten zurück.

Das unbewußte Material, das wir auf die Umwelt projizieren, nennt man auch die "Schattenaspekte des Bewußtseins". Der Schatten ist jener Teil unserer selbst, den wir nicht wahrnehmen. Es ist wichtig zu verstehen, daß die Schattenaspekte grundsätzlich im Unbewußten liegen. Wir neigen zu dem Vorurteil, bei uns selbst nur die guten Seiten sehen zu wollen und bei der Wahrnehmung weniger schmeichelhafter

Aspekte zu zögern. Das ist jedoch oft gar nicht der Fall. Die meisten von uns fühlen sich im Gegenteil weit wohler, das "Schlechte" in sich zu sehen als das "Gute" anzuerkennen. Deshalb ist unser Schatten nicht unbedingt "schlecht". Er ist ganz einfach nur der Teil unserer Ganzheit, der uns nicht bewußt ist.

Der Schatten ist nicht unser Geheimnis. Er ist auch nicht eine jener Eigenschaften, die wir ablehnen und deshalb zu verstecken trachten. Der Schatten umfaßt die Teile, von denen wir nicht einmal ahnen, daß sie überhaupt existieren. Wenn du von etwas weißt, ist es bereits bewußt und gehört folglich nicht zum Schatten. Dies ist wieder eine Möglichkeit, in der die bewußte Partnerschaft uns beim Erforschen unseres Selbst behilflich sein kann. Was du bei deinem Partner wahrnimmst, ist wahrscheinlich das, was du bei dir selbst nicht siehst (selbst wenn es vorhanden ist). Durch das Wunder der Projektion verraten die Urteile über deinen Partner daher weit mehr über dich als ihn.

Wenn dir bei Betrachtung deiner Umwelt etwas auffällt, was dich ärgert oder abstößt, dann lebt genau dieselbe Eigenschaft irgendwo unbewußt in dir. Du siehst dein eigenes, verleugnetes Material im Spiegel. Reagierst du stark auf die Saddam Husseins, Hitlers oder Stalins dieser Welt, ereiferst du dich über Menschen, die Kinder mißbrauchen oder Frauen schlagen, über Exhibitionisten, Homosexuelle, Diebe, Mörder oder über Männer und Frauen ganz allgemein, kannst du Gift darauf nehmen, daß sich der aktivierende Archetyp in einem Winkel deiner Psyche köstlich amüsiert. Bringt dich dein Partner auf die Palme, so daß du wirklich wütend wirst und ihn nach Strich und Faden fertigmachst, dann hat dein eigenes Schattenmaterial zugeschlagen und du projizierst es nur auf deinen Partner. Je rechthaberischer du ihn ins Unrecht setzt, umso heftiger kämpfst du gegen die Erkenntnis an, daß das, wofür du ihn beschuldigst, ausschließlich in dir selbst zu Hause ist. Die Eigenschaft mag sich in dir anders ausdrücken, doch in der Essenz sind sie sich gleich. Projektion bedeutet, daß alles, was dich an anderen aufregt, mit dir selbst zu tun hat.

Das ist wirklich schwer zu verstehen. Wir wollen es ganz einfach nicht begreifen! Wenn du diese Tatsache an dich heranläßt, erkennst du damit an, daß alles, was du haßt, alles, was du verabscheust, was du auf den Tod nicht leiden kannst und immer abschätzig beurteilt hast, auf einer bestimmten Ebene Teil deiner eigenen Ganzheit ist. Und da stellen wir uns lieber dumm. Wenn du dir auf der anderen Seite vorzustellen vermagst, daß du letztlich alles bist, daß du mit der gesamten Schöpfung und als eine Ausdrucksform der Lebenskraft mit allen anderen Ausdrucksformen der Lebenskraft verbunden bist, dann fällt es dir sicher leichter hinzunehmen, daß du auch mit all den ungeliebten Ausdrucksformen verbunden sein mußt. Wenn du letztlich eins bist mit Allem, Was Ist, dann kann dies nicht nur auf deine Vorlieben zutreffen – du bist eins mit allem.

Laßt uns zu den Aspekten zurückkehren. Du hast wahrscheinlich schon die Erfahrung gemacht, daß du deinen Partner während eines Streites abstoßend findest. Sekunden später, wenn sich die Wolken verzogen haben, scheint er wie ausgewechselt zu sein. Wie kann das sein? Manchmal ist es schwierig, die scheinbar widersprüchlichen Ausdrucksformen unseres Partners auf einen Nenner zu bringen. Deine Wahrnehmung ändert sich mit dem Aspekt, der deine Psyche gerade beherrscht. Das, was der eine Anteil deiner Psyche auf den äußeren Bildschirm – genannt Partner – projiziert, unterscheidet sich von dem, was ein anderer Anteil auf denselben Monitor wirft. Wenn du den Aspekt wechselst, ändert sich deine Wahrnehmung, weil sich die Projektion ändert. Was du im anderen und in deiner Umwelt siehst, ist eine Spiegelung deiner selbst. Du bist von einem Spiegel deines Inneren umgeben. Das bedeutet Projektion.

Es gibt eine weise Beobachtung: Immer dann, wenn du mit dem Finger auf einen anderen zeigst, weisen drei Finger in deine Richtung. (Probier es aus!) Wenn du wirklich aufwachen willst und den Prozeß der Projektion kennst, hast du große Chancen, dein eigenes unbewußtes Material zu entdecken. Wie wir schon erwähnten, mußt du bei der Suche nach deinem Schatten nur dein Leben auf Situationen abklopfen, die dich auf die Barrikaden treiben. Es gibt kaum eine andere Technik, die dir so gute Hinweise auf deine innere Dynamik geben kann. Die meisten von uns sind so damit beschäftigt, die Schuld bei anderen zu suchen, daß sie gar nicht merken, daß alles, was sie an anderen verurteilen, zu ihrem eigenen inneren Kräftepotential gehört, wofür sie aber noch keine Verantwortung übernommen haben. In dem Augenblick, wo du die Verantwortung für dein abgeleugnetes Material übernimmst und die Teile deiner selbst integrierst, die du zuvor auf andere projiziert und verurteilt hast, wirst du dich ganz neu erfahren. "Ja, so bin ich auch!" Wenn du das sagen kannst, weitet sich dein Erfahrungshorizont, und du beginnst die Welt ganz neu zu sehen.

Wir alle legen uns als Heranwachsende ein Bild von uns zurecht. Immer, wenn dieses Bild bedroht wird, gerät das Ego in Aufregung. Es kann außerordentlich schmerzhaft sein, Projektionen und verleugnete Aspekte zurückzunehmen. Die Erkenntnis, daß das, was wir an unserem Partner verurteilen, in Wahrheit Teil von uns selbst ist, kann das eigene Bild von sich ganz schön ins Wanken bringen. Ein Beispiel: In deinem Selbstbild erlebst du dich als freundlich und ausgesprochen friedlich. Wir wollen einmal annehmen, daß dein Partner zur Heftigkeit neigt und du ihn für jeden Wutausbruch verurteilst. (Und zweifelsohne kennst du eine Menge Leute, die mit dir einer Meinung sind!) Jetzt hörst du etwas über Projektion. Huch! Soll das etwa heißen, daß sich der Zorn in deiner eigenen Psyche als Schattenmaterial versteckt? Bingo! Genau so ist es! Wenn du dich immer für so besonders friedlich eingeschätzt hast, kann es dein Selbstbild gehörig durcheinanderbringen, wenn du plötzlich entdeckst, daß du selbst auch heftig bist. (Warum hätte dich sonst jemand angezogen, der ein Zornmuster ausdrückt?) Du wirst dich wahrscheinlich mit Zähnen und Klauen gegen diese Wahrheit sträuben. Die Erkenntnis, daß wir multiple und nicht einheitliche Wesen sind, wirkt hier als seligmachende Gnade. Du hast friedliche und heftige Anteile in dir. Beide gehören sie zu deiner Ganzheit: Du bist nicht das eine *oder* das andere; du bist das eine *und* das andere. Wenn du deine eigene Wut nicht lebst, ist dein Partner gezwungen, diesen Aspekt weiterhin für dich zu verkörpern.

Eine weitere Herausforderung: Wenn du dein Schattenmaterial nicht selbst in Besitz nimmst, werden die anderen es für dich ausleben.

Gewöhnlich spielt dein Partner diese Rolle; sie kann aber auch deinen Kindern oder anderen Menschen in deiner Umgebung zufallen. Wenn du den einen Pol betonst, wird der andere automatisch angezogen. Vielleicht merkst du langsam, welche Herausforderung darin liegt, das eigene abgeleugnete Material zu integrieren. Manch einem mag es leichter fallen, weiterhin als Opfer eines zornigen Partners zu erscheinen, um ihn selbstgerecht für schuldig erklären zu können, als zu erkennen, daß er selbst genauso zornig ist. Wie viele Lehrer und Gurus haben wir schon angetroffen, die an ihrer Heiligkeit festhielten, während ihre eigene verdrängte Unehrlichkeit und Wut längst ringsum bei ihren Anhängern sichtbar wurde!

Wenn du damit anfängst, deine Projektionen zurückzuziehen, erweitert sich dein Selbstgefühl, und du weißt immer besser, wer du bist. Hast du damit begonnen und erspürt, daß alles, was du an anderen verurteilt hast, wirklich zu dir selbst gehört, bedeutet das jedoch auf keinen Fall, daß du diese Eigenschaften jetzt auch ausleben mußt. Hast du erkannt, daß Gewalttätigkeit in dir vorhanden ist, daß ein Aspekt in deiner Psyche heftig reagieren kann, heißt das noch lange nicht, daß du fortan in deinem täglichen Leben Gewalt manifestieren mußt. Hier macht uns das Wissen, daß wir multipel sind, wieder ein Geschenk. Wir mögen ruhig gewalttätige Aspekte in unserer Ganzheit haben; damit können wir durchaus leben: Wir müssen den Zorn in uns nicht verurteilen. Gleichzeitig aber ist es nicht nötig, daß uns die zornigen Aspekte unsere Psyche unangemessen beherrschen. Es mag Zeiten geben, wo es durchaus angemessen ist, diesen zornbegabten Aspekten zu erlauben, unsere Manifestation zu bestimmen. Wenn wir oder jemand, der in unserer Obhut ist, von einem gewalttätigen Menschen oder einem bösartigen Tier angegriffen werden, kann es angemessen sein, mit Gewalt zu antworten. Du kannst deine Fähigkeit zur Gewalt also akzeptieren, ohne von ihr beherrscht zu werden. Wenn du diese Eigenschaft integrierst, ohne von ihr absorbiert zu werden, müssen die Menschen deiner Umgebung diesen Aspekt nicht länger spiegeln. Die Gewalt, die sich in deiner Umgebung manifestierte, wird spürbar abnehmen. Noch einmal: Es ist so, als ob das Unbewußte unbedingt bewußt werden wollte. Verdrängst du deinen Zorn (oder irgendeine andere Eigenschaft), wird er so lange von außen auf dich zukommen, bis du ihn akzeptierst und damit bewußt machst.

Wenn wir unsere Projektionen zurück- und unser verleugnetes Material in Besitz nehmen würden, bestände die Möglichkeit, daß die Welt aufhören könnte, dieses Material für uns zu spiegeln. Würden wir unsere Gewalttätigkeit anerkennen und Verantwortung dafür übernehmen, nähmen die Gewalttaten für das Kollektiv ab. Wir brauchten dann keine Diktatoren mehr zu erschaffen, auf die wir unsere verdrängte Gewalttätigkeit projizieren können. Wir, Rhea und ich, verbringen viel Zeit in Deutschland; als die Mauer fiel, beobachteten wir, was mit den Deutschen vor sich ging. Plötzlich gab es kein "drüben" mehr, worauf man den kollektiven Schatten projizieren konnte. Zuerst waren die Nazis die "Bösewichter", dann die Kommunisten, was den Rest der Gesellschaft nicht im Zweifel ließ, daß er zu den "Guten" gehörte. Jetzt ist die Mauer gefallen. Deutschland ein Land. Es gibt kein "drüben" mehr. Die Gesamtheit der Deutschen muß jetzt Neonazis manifestieren, um einen Bildschirm zu erschaffen, auf den sie ihre Schatten projizieren und schuldlos bleiben kann, oder aber sie muß den unbewußten Nazi konfrontieren, der in uns allen residiert.

Eine engagierte Beziehung wühlt so viel auf, aktiviert so viele Aspekte und spricht so viele Schuldzuweisungen aus, daß sie geradezu ideale Voraussetzungen dafür bietet, sich selbst kennenzulernen. Ein Mitglied der inneren Gemeinschaft eines jeden Menschen könnte man den "Richter" nennen. Wir alle haben einen in uns. Erinnert ihr euch an Sammy Davis jr., der in der alten "Laugh-In"-Fernsehshow den Richter spielte? Kaum kamen sich die Leute näher, schrie er: "Hier is' der Richter, hier is' der Richter!" Wenn du dich wirklich einläßt, hast du ihn fast greifbar vor dir, den Richteraspekt deiner inneren Gemeinschaft, der ausgelassen seine Perücke pudert und sich darauf vorbereitet, eine Starrolle in deinem Psychodrama zu spielen.

Es liegt viel Segen auf einer Beziehung, in der beide Partner sich wirklich darauf einlassen, den Prozeß der Projektion dazu zu benutzen, etwas über sich selbst zu erfahren und den Zeigefinger auf die eigene Person zu richten. Sie haben verstanden, daß das Bedürfnis, einem anderen oder irgendwelchen Umständen die Schuld zu geben, nur widerspiegelt, daß das, was in der Außenwelt negativ beurteilt wird, in der eigenen inneren Welt machtvoll zugegen ist. Es handelt sich um Tatsachen, um verborgenen Eigenschaft der eigenen Psyche. Solange diese Dynamik unbewußt abläuft, bist du ihr ausgeliefert. Darüberhinaus wirst du das Urteil deines "Richters" stets so auffassen, als ob er etwas über deine äußere Realität aussagen könnte – zum Beispiel über deinen Partner.

Der Richter sitzt immer auf der Bank und ist bereit, das Urteil zu fällen. Er besitzt einen Stammplatz in unserer persönlichen Psyche und hilft uns, durch dieses physische Universum zu steuern und das körperliche Überleben zu sichern. Allerdings ist der Richter bei den meisten von uns ganz einfach zu aktiv. Wenn du zwanzig Jahre in einer Höhle gesessen und deinen Atem beobachtet hast, bist du vielleicht fähig, den Geist so weit zu beruhigen, daß dich die Stimmen des Richters und der inneren Kinder nicht mehr beeinflussen können. Lebst du aber so wie wir in der Welt mit all ihren Ablenkungen und Anforderungen, ist es sehr schwierig, den Geist ruhig zu halten. Du kannst diese Urteils- und Einschätzungsmaschinerie, den Verstand, jedoch dazu benutzen, dich selbst zu entdecken. Du kannst sie beobachten und von ihr lernen, ohne ihr blauäugig alles abzunehmen. Laß die Stimmen ruhig schnattern, gib ihnen aber keine Energie; beobachte sie einfach! Wenn du das schaffst, hast du ein weiteres Werkzeug gewonnen, daß dir bei deinem eigenen Erwachen hilft.

Arbeitest du in deiner Beziehung mit dem Spiegelbild, das du Partner nennst, siehst du dich im anderen und erkennst, daß er deine verleugneten Teile auslebt: Dann verändert sich deine Welt schlagartig. Ein Prozeß kommt in Gang, in dessen Verlauf du deine Projektionen zurückziehst. Du hast erkannt, daß du gegen ein Trugbild angekämpft hast, gegen eine deiner Eigenschaften, die du deinem Partner einfach übergestülpt hast. Wenn du das wirklich verinnerlicht hast, entfällt jeder Grund, ihn zu beschuldigen und zu verurteilen. In diesem Augenblick verändert er sich buchstäblich vor deinen Augen. Das ist wunderbar! Plötzlich siehst du ihn so, wie du ihn noch nie gesehen hast. Aha! Wer ist mein Partner *wirklich*? Solch ein Augenblick wirkt äußerst ernüchternd. Du hast eine dir heilige Überzeugung – die Wirklichkeit betreffend – aufgegeben und mußt zugeben, daß du im Irrtum warst. Das führt zur wahren Demut.

Der Prozeß, Projektionen zurückzunehmen, ist unumgänglich, wenn du zu deiner eigenen Wahrheit erwachen willst. In einer engagierten Beziehung hast du reichlich Gelegenheit dazu. Gibst du dem Wunsch, den Partner zu beschuldigen, nicht weiter nach und erkennst statt dessen, daß er dir nur hilft, etwas über dich zu erfahren, bist du einen Schritt weiter auf deiner Reise zum Erwachen.

Wenn du mit deiner Vielfalt arbeitest und den Prozeß der Projektion langsam zu durchschauen beginnst, dann ist es an der Zeit, daß du lernst, dich zu zentrieren.

Das Herzzentrum

Die Fähigkeit, dich in deiner Mitte zu sammeln, gibt dir die Möglichkeit, zu dir zu finden, dich deiner ursprünglichen Harmonie zu öffnen und Frieden zu erleben. Wenn in der Außenwelt das Chaos herrscht, wenn in der Innenwelt Gefühle toben: Du hast einen Ort in dir, der von äußeren und inneren Stürmen völlig unberührt bleibt. Dieses Zentrum läßt dich über die aktuelle Krise hinausblicken und hilft dir, innere Kraftquellen anzuzapfen, die dir bei der Bewältigung der Schwierigkeiten helfen und deutlich machen, daß du dem Problem nicht völlig ausgeliefert bist.

Die Fähigkeit, sich bewußt in seiner Mitte zu sammeln, ist gerade in Beziehungen besonders wichtig. Wenn dein Partner sehr erregt ist, dir alles mögliche vorwirft und in einen Wutanfall ausbricht, dann hast du die Möglichkeit, bewußt darauf zu antworten und nicht einfach nur zu reagieren. "Verliert" ihr beide die Beherrschung, gibt es natürlich kein Halten mehr, und das bekannte Drama spult noch einmal ab. Kannst du dagegen während der chaotischen Gefühlsstürme, die in Partnerschaften hin und wieder aufziehen, in deiner Mitte bleiben, flauen sie viel schneller ab. Außerdem ist es wesentlich leichter, ein bewußtes Leben zu führen, wenn du dich zentrieren und jederzeit in deine innere Heimat zurückkehren kannst.

Die Beziehung kann dir helfen, diesen Ort der Stille aufzufinden. Sie wird dir außerdem genügend Gelegenheiten bieten, die Fähigkeit der inneren Mitte zu erproben. Auch wenn du im Augenblick ohne feste Bindung sein solltest, ist das Aufsuchen der inneren Mitte auf jeden Fall ein unschätzbares Lebenswerkzeug. Ein Ort der Stille, der jederzeit erreichbar ist, wenn man sich von den inneren und äußeren Schwankungen des Lebens erholen möchte, ist von außerordentlichem Nutzen.

Du hast vielleicht bemerkt, daß wir in einer Epoche zusammenbrechender Strukturen leben. Sowohl in der Menschheitsgeschichte wie in der Entwicklung der individuellen Psyche scheinen chaotische Zeiten häufig dann auszubrechen, wenn neue Möglichkeiten oder Entwicklungsschritte angebracht sind. Überall brechen die äußeren Strukturen zusammen – in der Politik, der Kirche, der Familie, der Wirtschaft, ja selbst innerhalb der Länder. Doch auch die inneren Ordnungen geben nach, denn wir gehen einem Zeitalter entgegen, das völlig neue, oft widersprüchliche Anforderungen an den einzelnen stellt. Da das Chaos in der Welt der Menschen und in der Natur eher noch zuzunehmen scheint, ist es für uns zu einer Notwendigkeit geworden, die eigene Mitte in dieser Übergangsphase der Menschheitsentwicklung zu wahren.

Die innere oder heilige Mitte ist der Teil, der weder von der äußeren Realität noch von den eigenen Gefühlsprozessen berührt wird. Es ist jener Teil in dir, der das Steuer weder den Launen der verschiedenen Aspekte deiner inneren Gemeinschaft noch den aktuellen Ereignissen überläßt; sein Blick für die Dinge reicht weit über die Wirren des Augenblicks hinaus. Es gibt Menschen, die ganz natürlich in ihrer Mitte bleiben, wenn die äußeren Umstände schwierig werden. Anderen fällt dies außerordentlich schwer. Ganz gleich, wo du dich zwischen den Extremen einordnen magst, das Erforschen deines eigenen heiligen Zentrums, deiner inneren Heimat gehört zu jenen lebenslangen Übungen, die eine herausragende Stellung in einem bewußten Leben einnehmen.

Einige sammeln sich mit Hilfe des Atems oder der Kerzenflamme zur Meditation; die Tibeter verwenden komplizierte Mandalas. Wir empfehlen das Herzzentrum, denn wir haben festgestellt, daß die Konzentration auf die Eigenschaften dieses Zentrums die Fähigkeit verstärkt, diese Eigenschaften auch zu manifestieren. Schön, wenn du bereits über eine Technik verfügst, wie du in deine Mitte findest. Dennoch empfehlen wir dir, es auch einmal mit dem Herzen zu versuchen, um herauszufinden, wie es auf dich wirkt.

Da wir über das Herzzentrum sprechen, mag es hilfreich sein, das Chakrasystem in Kürze zu erklären. "Chakra" ist das Sanskritwort für

"Rad" und bezieht sich auf die Energiewirbel oder -zentren im menschlichen Energiekörper, die man sich als drehende Räder vorstellt. Diese Zentren werden gewöhnlich mit dem physischen Körper in Verbindung gebracht, doch sie gehören ebenso zum Energiekörper, zum astralen wie zum spirituellen Körper, die allesamt zum individuellen Energiesystem gehören, das "Mensch" genannt wird. Die Chakras durchdringen all jene Dimensionen, in denen wir existieren. Wir verwenden hier das alte System der sieben Chakras, obwohl es andere Systeme und zusätzliche Energiezentren gibt (zum Beispiel die unter den Fußsohlen und in den Handflächen), die traditionell indes nicht zu diesem Grundsystem gehören. Diese sieben Chakras oder Energiewirbel befinden sich auf der Mittellinie des physischen Körpers. Das Sanskritwort für Lebenskraft lautet "Kundalini". Die Kundalinienergie strömt spiralförmig durch das Chakrasystem, beginnt am unteren Ende der Wirbelsäule mit dem ersten oder dem Wurzelchakra und endet am siebten Chakra, dem Kronenchakra über dem Scheitelpunkt des Kopfes.

Die ersten oder "unteren" drei Chakras ("tief" weist nur auf den Ort hin und bedeutet kein Werturteil) werden mit unseren physischen Bedürfnissen und Wünschen, dem menschlichen Selbst, verbunden. Die oberen drei Chakras sind unserem spirituellen Selbst zugeordnet. Beide Gruppen treffen sich im Herzzentrum, dem vierten Chakra, dem Verbindungspunkt zwischen dem physischen und dem spirituellen Selbst.

Das erste Chakra, das sich in der Mitte zwischen den Geschlechtsteilen und dem Anus am Ende der Wirbelsäule befindet, ist dem grundsätzlichen Überleben und den ursprünglichen Emotionen zugeordnet. Das zweite Chakra liegt ungefähr drei Finger breit unter dem Nabel und steht für Sexualität und Sinnlichkeit; es sorgt für das Überleben der Rasse oder Gattung durch die biologische Fortpflanzung. Das dritte Chakra oder Energiezentrum befindet sich am Sonnengeflecht und entspricht dem persönlichen Willen, der persönlichen Macht und den persönlichen Emotionen. Es folgt das vierte Chakra, das Herzchakra, in der Mitte des Brustbeins ungefähr im zweiten Drittel von der Kehle abwärts; seine Eigenschaften besprechen wir später. Das fünfte Chakra liegt unterhalb der Kehle und steht für Kommunikation,

Kreativität und den Ausdruck des Selbst. Das sechste Energiezentrum, das auch als "Drittes Auge" bekannt ist, befindet sich mitten auf der Stirn genau über den Augenbrauen; es steht für innere Visionen, inneres Wissen und innere Weisheit. Das siebte Chakra, das Kronenchakra, liegt genau über dem Scheitelpunkt des Kopfes; dieses Energiezentrum ist mit Nirvana, Transzendenz und Erleuchtung verbunden.

Hier folgt eine kurze Zusammenfassung der Eigenschaften, die mit dem Herzzentrum verbunden werden: 1. Mitgefühl – die Fähigkeit, mit einem anderen Menschen zu empfinden, ohne das Gefühl der eigenen Identität zu verlieren; 2. ursprüngliche Harmonie – die Fähigkeit, sich in der Mitte zu sammeln, sich als stilles Bewußtseins zu empfinden, ganz gleich, was innerlich oder äußerlich geschehen mag; 3. heilende Kraft – die Fähigkeit, Heilungsenergien zu channeln oder zu übermitteln; 4. bedingungslose Liebe – Liebe, die jenseits persönlicher Vorlieben oder Urteile steht, die man sich nicht verdienen muß, die einfach "ist". Im zweiten Teil dieses Buches werden wir uns näher mit diesen Eigenschaften befassen und eine Meditation für das Herzzentrum vorschlagen.

In der Partnerschaft bedeutet "in der Mitte sammeln" keinesfalls, daß man Schwierigkeiten ausweicht. Es bedeutet, daß man sich nicht von einem Aspekt der Psyche beherrschen läßt, der durch bestimmte Gegebenheiten automatisch in Funktion tritt, obwohl er unangemessen reagiert. Wenn wir uns in der Mitte sammeln, können wir entscheiden, wie wir einer Situation begegnen wollen (das heißt, welcher Aspekt unserer Psyche die Sache deichseln soll). Gewöhnlich sind die Aspekte, die durch Schwierigkeiten automatisch ausgelöst werden, sehr junge Anteile deiner Psyche. Diese Aspekte sind deutlich überfordert, mit dem Leben als Erwachsener angemessen umzugehen. Haben wir erst gelernt, uns in der Mitte zu sammeln, verschaffen wir uns die Möglichkeit, den Aspekt der Psyche anzuwählen, der das momentane Erleben beherrschen soll. Die Sekunde, die wir brauchen, um uns zu zentrieren, reicht bereits aus, das System unserer gewöhnlichen Reaktionen, die rein mechanisch ablaufen, zu durchbrechen. Das gibt uns die Chance, wirklich bewußt zu leben. Nur sehr wenige auf unserem Planeten führen solch ein bewußtes Leben. Die meisten Menschen leben reaktiv, rein mechanisch und vorhersehbar und sind daher den Launen des inneren und äußeren "Wetters" restlos ausgeliefert.

Wir verwenden gern das Beispiel des Musikautomaten. Erinnerst du dich an die alten Dinger? Du wirfst eine Münze hinein, triffst die Auswahl, drückst die entsprechenden Tasten, und der kleine Arm hebt sich hoch, schwebt über den Platten, sinkt herab, zieht deine Platte heraus, hebt sie hoch, legt sie auf den Plattenteller, und die gewünschte Musik erklingt. Wenn du den Knopf "B1" drückst, weißt du genau, welche Platte gespielt wird. Der Vorgang ist vorhersehbar, mechanisch. Drückst du eine andere Taste (du aktivierst einen anderen Aspekt), wählst du eine andere Platte – die Antwort ist programmiert, immer gleich, eben automatisch. Kannst du dich dagegen zentrieren, hast du einen Augenblick lang die Möglichkeit, dich für eine Platte deiner eigenen "Jukebox" zu entscheiden. Doch sei gewarnt! Wenn der kleine Arm die Platte gewählt hat, ist es schon zu spät: Du wirst die Musik noch einmal hören müssen. Dein Entscheidungsspielraum ist nur minimal, nämlich kurz bevor ein Aspekt aktiviert wird. Dreht sich die Platte erst einmal, ist es sehr schwierig, ein anderes Lied zu spielen. Doch darauf bist du wahrscheinlich schon selbst gekommen.

Als wir über die Vielheit sprachen, erwähnten wir, daß du sowohl persönliche wie überpersönliche Anteile in dir hast. Eine Beziehung ist glücklich, wenn ihr euch bewußt mit persönlichen und überpersönlichen Ebenen verbinden könnt. Das bedeutet, daß ihr einander auf der persönlichen Ebene mögt und Spaß miteinander habt, euch aber auch gemeinsam auf die überpersönliche Ebene begeben könnt. Das ist, wie du wahrscheinlich auch schon bemerkt hast, nicht unbedingt die Regel.

Eins aber funktioniert überhaupt nicht: nämlich wenn der eine Partner einen persönlichen, der andere aber einen überpersönlichen Aspekt ausdrückt. In diesem Augenblick ist keine wirkliche Kommunikation möglich. Wir wiederholen, daß Zentrieren nicht Vermeiden heißt. Ziehst du dich auf einen überpersönlichen Aspekt zurück, wenn dein Partner dich auf der persönlichen Ebene wirklich braucht, dann ist das auch eine Art, dem Zusammensein mit ihm aus dem Weg zu gehen. Durch nichts kann der lebendige Austausch einer Beziehung besser abgewürgt werden, als wenn du dem Partner, der seine Energie auf einer emotional persönlichen Ebene herausgelassen hat, eine philosophische oder gar erleuchtete Antwort gibst. ("Was? Du bist sauer, weil ich meine Familie für drei Wochen eingeladen habe, ohne mich mit dir abzusprechen? Projizierst du da nicht deinen verdrängten Ärger mit deiner Familie auf meine Angehörigen?" – "Du meinst, daß du Grund zur Eifersucht hattest, weil ich auf der Party so viel Zeit mit der Blondine verbracht habe? Du weißt doch, daß wir im Bewußtsein alle eins sind!") Wenn einer von euch auf eine überpersönliche Ebene wechselt, wenn eine persönliche angemessen wäre, kannst du gewöhnlich sicher sein, daß der "Guru" nur versucht, vor der ihm unangenehmen Situation zu kneifen. Wirkliche Sammlung bedeutet nicht, den Dingen aus dem Weg zu gehen, abzustumpfen oder philosophische Grundsätze herunterzuleiern. Wirkliche Sammlung bedeutet, in einer schwierigen Situation lebendig und bewußt zu bleiben. Es bedeutet, der Zugkraft jener Aspekte deiner inneren Gemeinschaft zu widerstehen, die auf diese Situation nicht angemessen reagieren, obwohl sie sich auf den ersten Blick anbieten mögen, und gleichzeitig nicht zu versuchen, der Intensität des Augenblicks zu entkommen. Das ist eine wirkliche Herausforderung!

Wir haben bereits über einige Schlüsselelemente gesprochen, in denen du unserer Auffassung nach mit deinem Partner zusammen an einer bewußteren Lebensführung arbeiten kannst. Doch wie sind diese Konzepte im täglichen Leben anzuwenden? Wenn du bereits in einer Beziehung lebst und dein Partner einverstanden ist, würdest du wahrscheinlich gerne wissen, wo du anfangen sollst. Das führt uns zum Aspekt der Kommunikation.

Kommunikation

Ohne echte Kommunikation ist deine Hoffnung auf eine erfüllende Beziehung, die dir bei der Suche nach deinem wahren Selbst hilft, keinen Pfifferling wert. Viele Menschen haben noch nie wirklich miteinander geredet. Sie sprechen wohl mit anderen, doch in Wahrheit hören sie nur sich selbst zu. Statt auf das zu achten, was der andere gerade sagt, legen sie sich schon den nächsten Satz zurecht, um ihn sofort aufzutischen, wenn der andere endlich aufgehört hat, die Luft in Schwingungen zu versetzen. Wenn du zu sehr auf dich fixiert bist, ist es sehr schwierig, den anderen wahrzunehmen, ihn mitzukriegen, bei ihm zu sein. Deshalb gehört zur wahren Kommunikation vor allem die Fähigkeit, dem anderen zuzuhören, wirklich aufzufassen, was er zu sagen hat. Besonders wenn ihr streitet, kannst du durch dein genaues Zuhören einen echten Durchbruch erzielen.

Wenn du es schaffst, daß der andere dich wirklich "mitkriegt" (wie wir in den alten EST-Gruppen zu sagen pflegten), oder wenn du tatsächlich verstehst, was er dir sagen will, dann gehst du in seinen Mokassins: Dann bist du genau im Bilde, wie er sich fühlt. Wir sind bei unseren Streitigkeiten so damit beschäftigt, dem anderen mitzuteilen, wie wir uns fühlen oder wie wir die Situation sehen, daß wir nicht mehr aufnehmen können, wie die Sache für ihn aussieht. Wir sind so voll davon, selbst verstanden zu werden, daß wir vergessen, daß unser Partner dasselbe Verständnis für sich will. Sind wir erst mal in Rage, ist es uns vielleicht auch schnuppe, wie es ihm geht oder wie er die Angelegenheit betrachtet. Und dennoch: Wenn wir den anderen hören könnten, wenn wir seine Realität nur einen Augenblick lang erfassen würden, käme es vielleicht gar nicht erst zum Streit. Wenn du dich verstanden fühlst, wenn du spürst, daß der andere dich "mitkriegt", wirst du dich ebenfalls augenblicklich entspannen. Oft lösen sich so Unstimmigkeiten oder Probleme wie von selbst auf.

Zuhören bedeutet, die eigene Wirklichkeit für einen Augenblick beiseite zu lassen, um die Wirklichkeit des anderen zu erleben. Der Gedanke, deinen Partner bei dessen Aussage "mitzukriegen", gründet sich auf denselben Mechanismus des Lebendigmachens, den wir in Bezug auf den Schmerz ansprachen. Wenn du dich sträubst, mit deinem Partner zu reden, kann sich nichts ändern. Sollte deinen Partner etwas an dir stören, wird es ihn weiterhin stören. Das heißt, daß er nicht aufhören kann, an das Problem zu denken. Er beißt sich fest. Sollten diese Gedanken negativer Natur sein, wärst du weise beraten, sie "mitzukriegen" (selbst wenn es schwierig wird), damit sie aus der Welt sind. Damit ist natürlich nicht gemeint, daß du der Ansicht deines Partners zustimmen mußt. Doch wenn du seinen Beitrag lebendig machen kannst (indem du seine Realität in diesem Augenblick erspürst), haben Gedanken, Meinungen oder Erlebnisse die Chance, sich zu wandeln. Weigerst du dich indessen, am Empfinden deines Partners teilzunehmen, wird er zäh daran festhalten. Die Sache verhärtet sich und wird somit immer realer.

Im Anhang dieses Buches bieten wir eine Übung an, die dir bei der hohen Beziehungskunst der Kommunikation nützlich sein wird. Wir schlagen vor, den Anweisungen mehrere Male zu folgen. Ohne Zweifel wirst du sehr schnell eine eigene Form entwickeln. Es ist jedoch hilfreich, wenn du am Anfang einige Grundregeln befolgst. Wir sind in der Kunst, die Erfahrungen eines anderen zu achten, nicht sonderlich geübt. Daher bedarf es bewußter Anstrengungen, um die alten Interaktionsmuster zu überwinden.

Du weißt von dir selbst, daß es Zeiten gibt, in denen du nur gehört werden willst, Zeiten, in denen du dir wünschst, daß jemand weiß, wie du dich fühlst und wie es für dich aussieht. Deinem Partner geht es natürlich ebenso. Vielleicht interessieren ihn deine Gefühle oder Reaktionen auf das, was er von sich gibt, im Moment gar nicht; er will sich dir nur mitteilen. Je mehr du dir nun außerdem eurer beider Vielfalt bewußt wirst, umso mehr verstehst du, daß das, was ausgesprochen wurde, nicht unbedingt die Ansicht deines "ganzen" Partners sein muß, sondern eher einen Aspekt vertritt, den er gerade lebt. Diese Erkenntnis wirkt auf beide unglaublich befreiend. Hast du begriffen, daß das, was da zum Ausdruck kommt, nur eine von vielen Stimmen ist, die in deinem Partner existieren, fällt es dir viel leichter, etwas anzuhören, was deinen eigenen jüngeren Aspekten auf die Nerven geht.

Gewöhnlich halten wir uns fälschlich nicht nur für eine einheitliche Persönlichkeit, sondern wir nehmen auch noch an, daß unsere Gedanken real sind. Deshalb leiden wir auch unter der Angst, für unsere Gedanken und Gefühle verdammt zu werden. Es ist unser eigener innerer Richter, der uns schuldig spricht. Wir fürchten uns, unsere momentane Wahrheit auszudrücken, weil wir nicht in einer Schublade mit bestimmtem Etikett landen wollen, ohne Hoffnung, jemals wieder da herauszukommen. Dabei wirkt es so befreiend, einfach alles sagen zu dürfen, was man im Augenblick empfindet, ohne bangen zu müssen, daß der andere einen dafür heruntermacht, verurteilt oder das Gesagte gegen einen verwendet. Oft wissen wir, daß ein Gedanke nicht wirklich "real", sondern nur ein vorübergehendes Lebenszeichen eines Aspektes unserer Ganzheit ist, doch wir halten ihn lieber zurück, weil unser Gegenüber den Gedanken für "real" halten oder ihn "real" machen könnte, indem er ihm zuviel Gewicht verleiht. Hast du das nicht auch schon erlebt? Deshalb rückst du nicht mit dem heraus, was du fühlst, und so kreist der Gedanke in deinem Kopf herum. Dabei weißt du, daß du ihn loslassen könntest, wenn du ihn aussprechen würdest. Kommt dir das etwa bekannt vor?

Gleichzeitig sind wir daran gewöhnt, die Gedanken der anderen "real" zu machen. Gewöhnlich bewerten wir das, was jemand sagt, als ob wir dem Ausdruck seiner Ganzheit gelauscht hätten, statt uns darüber klar zu sein, daß es ein Aspekt seiner Vielfalt war, der da an uns vorübergehuscht ist. Wir sind daran gewöhnt, an Gedanken zu glauben, ganz gleich, ob es unsere eigenen oder fremde sind. Deshalb hören wir die negative Meinung anderer Leute über uns nur sehr ungern und bevorzugen statt dessen positive Einschätzungen – so als könnten positive Gedanken irgend etwas "Reales" über uns aussagen. Wenn wir bei einem unserer "Böser-Bube"- oder "Schlimmes-Mädchen"- Aspekte ertappt werden, lassen wir uns von unseren Partnern oder von anderen Menschen unsere Selbsteinschätzung bestätigen, indem wir ihn dazu bringen, negative Bemerkungen über uns fallen zu lassen. Dabei kommen wir nicht einmal auf den Gedanken, daß jene negativen Kommentare nur unsere eigenen unbewußten Gedanken enthalten, die wir "real" gemacht haben. Wir handeln so, als ob das, was jemand (einschließlich unserer selbst) über uns denkt, tatsächlich etwas darüber aussagt, was wir sind. Das kann nicht stimmen. Erinnerst du dich, was wir über Projektion gesagt haben? Unsere Aspekte projizieren sich nach außen auf den Bildschirm eines anderen Menschen. Wenn du daran denkst, fällt es dir viel leichter, das, was jemand über dich sagt, nicht "real" werden zu lassen. Dies trifft sowohl auf Schmeicheleien wie auf die weniger aufbauenden Kommentare zu, die über dich kursieren. Erinnere dich daran, daß Gedanken nur Gedanken sind (und außerdem nur von einem bestimmten Aspekt herstammen). Das wird dir helfen, deinen eigenen Gedanken über andere Menschen nicht allzu viel Gewicht zu geben.

Wenn du deine Aspekte kennenzulernen beginnst, mag es Zeiten geben, wo du etwas sagen mußt (im Wissen, daß nur einer deiner Aspekte spricht), um es loszuwerden und/oder um dir dabei zu helfen, diesen bestimmten Aspekt loszulassen. Wenn du weißt, daß sich dein Partner aus verschiedenen Aspekten zusammensetzt, und daß der Anteil, dem du im Augenblick zuhörst, eben nur einer von seinen vielen Anteilen ist, fällt es dir sicher leichter, das, was er dir sagen will, auch "mitzukriegen". Wenn er sich wirklich gehört fühlt, erlaubt sich dein Partner, den Gedanken loszulassen, und schafft so den nötigen Raum für die Transformation der inneren Erfahrung. Je mehr wir an unseren Gedanken kleben, um so realer werden sie. Sie speichern Energie und erhalten so wirkliche Substanz, die wir dann schützen und wahrmachen müssen, indem wir Beweise für ihre Richtigkeit erschaffen. Dann können wir sagen: "Hab'ich es doch gleich gewußt!" Wenn unsere Gedanken genügend Energie gespeichert haben, besteht die Möglichkeit, daß sie sich schließlich manifestieren. Wir vergessen, daß ein Gedanke zu Anfang lediglich ein substanzloser Einfall ist und außerdem nur zu einem unserer Aspekte gehört. Doch wenn wir den Einfall durch unsere Aufmerksamkeit mit Energie aufladen, nimmt er Substanz an. Viele Bereiche der Magie gründen sich auf diese Wahrheit. Deshalb ist es besser, miteinander zu reden, um die Energie des Gedankens freizugeben, statt daran hängen zu bleiben und (Widerstand erzeugt Dauer) ihn letztlich zu manifestieren.

Also, das ist wirklich ein bißchen kompliziert. Wir wollen versuchen, ob wir das Ganze etwas lebendiger darstellen können. Angenommen, du befürchtest, daß dich dein Partner verlassen will. Dieser Gedanke ist ganz typisch für den "Verlassenes-Kind"-Aspekt der Psyche. (Mama und Papa haben es verlassen, deshalb glaubt das verlassene Kind, daß jeder es verlassen wird.) Wahrscheinlich löst dieser Gedanke Angst aus. Erfolglos versuchst du, ihn aus dem Kopf zu verbannen. Du erzählst deinem Partner nichts davon, da du ihn erst gar nicht auf die Idee bringen willst. Der Gedanke bleibt. Schon bald suchst du nach Beweisen dafür, daß du richtig liegst. Natürlich wirst du fündig, denn du schaust durch die Brille "Er wird mich verlassen". Fast alles, was dein Partner tut oder unterläßt, kann so zum Beweis für die Richtigkeit deiner Annahme werden. Je mehr du dich an den Gedanken klammerst, umso mehr Beweise wirst du finden. Je mehr Beweise vorliegen, die deinen Gedanken "bestätigen", umso mehr wirst du überzeugt sein, daß du recht hast. Dadurch entsteht das Prinzip der "Lawine", die immer mehr Masse ansammelt, je länger sie durch dein Bewußtsein rollt. Du wirst besessen von dem Gedanken. Du willst ihn bestätigen, hast gleichzeitig Angst davor, daß er richtig ist, versuchst, ihn zu entkräften, indem du alles tust, damit dein Partner bei dir bleibt, und bist nicht mehr der Mensch, der du vorher warst. Du gibst dich unnatürlich, bist nicht mehr du selbst, und schließlich verläßt dich dein Partner wirklich. Dann hast du "recht". "Siehst du! Ich wußte es! Er hat mich verlassen!" Endlich! Der Verstand liebt es, recht zu behalten. Schlimm ist, daß es Menschen gibt, die ein Leben lang solchen "Gedanken" nachhängen und sie in jeder Beziehung erneut wahrmachen. Sie kommen nie dahinter, daß sie nur einem Aspekt ihrer Ganzheit Kraft verleihen – in diesem Falle dem verlassenen Kind ihres Bewußtseins.

Was geschah tatsächlich? Wenn man sich im Machtbereich des verlassenen Kindes befindet, denkt man, daß der Partner einen verlassen wird. Ganz klar! Solche Art von Gedanken hat unser inneres verlassenes Kind. Deshalb nennen wir den Aspekt ja auch "verlassen". Doch wir hielten den Gedanken fest und machten ihn erst dadurch wahr. Wir besprachen ihn nicht mit unserem Partner, um ihn dann ganz loszulassen. Wir klammerten uns an ihn. Wir gaben unserem Partner nicht die Chance, ihn anzuhören, damit er verschwinden konnte. Statt dessen kämpften wir innerlich gegen den Gedanken an. ("Oh nein, er darf mich nicht verlassen. Was fing ich ohne ihn an? Ich darf gar nicht daran denken." Doch natürlich denkst du weiter darüber nach.) Als der angstbesetzte Gedanke hochstieg, gingen wir nicht in unsere Mitte, um zu prüfen, welcher Aspekt unserer Ganzheit in diesem Augenblick für unser Bewußtsein verantwortlich war. So gewann das verlassene Kind in uns immer mehr Macht, je mehr der Gedanke an Substanz gewann. Schließlich hatte er genügend Masse angesammelt, um sich zu manifestieren. Das verlassene Kind behielt "recht", und der Rest unserer Ganzheit – und damit auch der Beziehung – wurde der Allmacht dieses einen Anteils aufgeopfert.

Auf der Reise zum Erwachen ist die Fähigkeit, Gedankenillusionen zu durchschauen, eines der wichtigsten Werkzeuge. Wir müssen zwischen den Hirngespinsten des Verstandes und der "Stimme Gottes" unterscheiden lernen, zwischen den Gedanken unserer persönlichen Aspekte und den Inspirationen und Einsichten des Überpersönlichen. Noch einmal: Wenn du deinen Partner "mitkriegst" und dich auf eine Weise mitteilen kannst, daß auch er dich "mitkriegt", erfährst du unterwegs große Unterstützung. Das Konzept des "Mitkriegens" beinhaltet außerdem das Wissen, daß das, was ausgedrückt wird, das momentane Erleben eines Aspektes und nicht unbedingt der Ausdruck aller Anteile ist. Wenn wir die persönlichen Anteile loslassen können, schaffen wir Raum für das Überpersönliche und klären gleichzeitig das Persönliche. Können wir unsere Gedanken aus dem Wege räumen, geben wir Gott eine Chance. Den anderen mitzukriegen ist ein Geschenk. Du kannst diese Gabe deinem Partner bewußt schenken.

Wir schlagen vor, daß du die Kommunikationsübung im Anhang des Buches ausprobierst. Wenn du damit zurechtkommst, kannst du die Technik in dein tägliches Leben integrieren. Wir, Rhea und Gawain, fragen einander ein paarmal am Tag: "Kannst du etwas für mich ',mitkriegen'?" Dann nimmt sich der andere wirklich Zeit und schenkt seine volle Aufmerksamkeit. (Manchmal heißt es auch: "In zehn Minuten. Ich will das hier eben zu Ende bringen.") Danach sagt derjenige, der mitgekriegt werden will: "Ich befürchte, daß du heute morgen deswegen nicht mit mir schlafen wolltest, weil du mich nicht mehr attraktiv findest."

Oder:

"Ich befürchte, daß wir keine Zeit miteinander haben werden, wenn deine Familie uns besucht."

"Ich spüre, daß ich nächste Woche wirklich nicht wegfahren will."

"Ich habe den Eindruck, daß du fett wirst."

"Ich befürchte, daß ich an Krebs sterben werde."

Der Partner hört einfach nur zu; gewöhnlich verschwindet der Gedanke, und der Tag nimmt seinen Lauf. Zugegeben, wir haben ein bißchen Übung damit und werden nur selten durch einen solchen Austausch aktiviert, doch zu Anfang war es auch für uns nicht leicht. Es ist hilfreich, wenn du den Satz mit: "Ich befürchte, denke, meine..." beginnst. Damit erinnerst du dich und deinen Partner daran, daß du weißt, daß das, was du jetzt sagen wirst, nicht unbedingt die Wahrheit, die ganze Wahrheit und nichts als die Wahrheit ist – sondern einfach nur ein Gedanke. Es wird nur dann schwierig, wenn einer der beiden vergißt, daß der Gedanke nicht real ist, und den Austausch nicht als "Mitkriegen", sondern als "Wahrheit" wertet. Dann ist es einfacher, das hochgestiegene Material zu reaktivieren, als einfach nur zuzuhören.

Während unserer Kindheit und Jugend lernen wir in Familie, Kultur und Gesellschaft, worüber man sprechen darf und worüber nicht. Wir lernen, die sicheren von den Tabuthemen zu unterscheiden. In Gawains Familie (und vielleicht in deiner) war es schwierig, über die eigene Sexualität zu sprechen. Später erkannte er, wie schwer es ihm fiel, mit seiner Partnerin ehrlich darüber zu reden. In Rheas Familie war Geld das Tabuthema. Deshalb muß sie besonders darauf achten, die Kommunikation in diesem Bereich nicht zu vernachlässigen. Wir haben alle verschiedene Gebiete, über die wir nur schwer offen reden können. Wir zögern, uns auf einem Gebiet zu offenbaren, das wir für tabu halten. Diese Tabus sind häufig unbewußt. Über welchen Bereich, über welches Thema kannst du nur schwer frei sprechen? Vielleicht über Gefühle? Vielleicht fällt es dir schwer, Bewunderung oder Anerkennung auszudrücken, oder du kannst nicht sagen, was du wirklich willst. Wenn ein Mensch ein paar Jahrzehnte darauf geachtet hat, worüber er in welcher Weise sprechen darf, kannst du dir denken, daß die Lebendigkeit dieses Menschen schwer gelitten hat. Deshalb ist es ein großes Geschenk, gehört zu werden und zu wissen, daß der andere im Bilde ist, daß das, was du gerade sagst, nicht deine Ganzheit ausmacht.

Manchmal ist es genauso wichtig, die Energie deines Partners "mitzukriegen" wie ihm zuzuhören. Manchmal wäre es gut, den Ärger, die Trauer oder den Abscheu deines Partners zu spüren. In solchen Momenten hilft es, sich im Herzen zu sammeln. Konzentriere dich einfach auf dein Herzzentrum und atme. Dadurch kannst du dich wahrem Mitgefühl und bedingungsloser Liebe deinem Partner gegenüber öffnen, ganz gleich, was er zu sagen hat.

Wie jede Fähigkeit, die du dir erwirbst, braucht auch wirkliche Kommunikation einige Übung. Du kannst nicht erwarten, daß du durch das Lesen und das intellektuelle Verstehen dieser Seiten gleich dazu in der Lage bist. Du lernst es nur, wenn du dich den Feuerproben deiner Beziehung aussetzt. Du wirst sehr oft versagen. Doch wenn du nicht aufgibst, wirst du ganz langsam feststellen, daß sich der Austausch zwischen dir und deinem Partner verändert.

Dr. Bob Larzalere, der Autor des Buches "Harmony of Love", wies darauf hin, daß Kommunikationsstörungen in Beziehungen (jedweder Art) meist auf ein bis zwei elementare Erfahrungen zurückzuführen sind, die man in zwei Sätzen zusammenfassen kann: "Du merkst überhaupt nicht, wie sehr ich dich liebe!" und/oder "Ich liebe dich mehr als du mich!" Diese Einsicht kann uns bei Kommunikationsproblemen in der Partnerschaft außerordentlich gut helfen. Wenn du die Streitigkeiten in deiner Beziehung ehrlich durchleuchtest, wirst du auf eine der Aussagen oder gleich auf beide treffen. Sind alle oberflächlichen Einzelheiten des Konfliktes abgehandelt, bleibt als Ursache nur noch dieser Gedanke: "Ich liebe dich mehr als du mich!" und/oder "Du kriegst überhaupt nicht mit, wie sehr ich dich liebe!"

Wenn du erkennst, daß eine dieser beiden Aussagen zugrundeliegt, weicht sofort ein Großteil der Spannung. Statt euch im Anschuldigungsspiel zu verlieren, das letztlich nur den eigenen Schmerz verteidigt, fragt euch lieber, welche von den beiden Möglichkeiten im Augenblick auf euch zutrifft. Damit beendet ihr das Drama, das ihr sowieso nur aufführt, um euch zu verteidigen, und kommt gleich auf den Punkt. Natürlich muß man sich dann immer noch mit den Einzelheiten befassen, doch wenn man das Grundthema des Streits erkennt, bewertet man die Details ganz anders. Außerdem hört man auf, sich aggressiv zu geben und öffnet sich. Selbst Streitigkeiten oder Konflikte, die scheinbar nichts damit zu tun haben – der Streit über das Haushaltsgeld, die Erziehung der Kinder oder den Besuch bei Onkel Harry – sind letztendlich auf eine oder beide Grundaussagen zurückzuführen. Vielleicht verletzt oder ärgert dich diese Behauptung, doch wenn du hinschaust, wirst du entdecken, daß sie meistens zutrifft. Probier es doch einfach bei der nächsten Unstimmigkeit aus!

Ein weiterer wichtiger Vorgang im Bereich der Kommunikation trägt den Namen "Übertreten/Vorenthalten". Werner Erhard prägte diesen Begriff in seinen frühen Werken und beschrieb damit einen Mechanismus, der in Beziehungen auftritt. Wenn man diesen Mechanismus in einen erweiterten Kontext stellt, erkennt man darin die Grundlage für das Karma. Es handelt sich um einen Mechanismus, der unbewußt, ohne daß du ihn bemerkst, abläuft, und er funktioniert in seinen Grundzügen folgendermaßen: Du tust einem anderen etwas an, was du selbst als Verletzung einstufst, lehnst dann aber jede Verantwortung dafür ab, bekennst dich nicht dazu und bereinigst die Angelegenheit auch nicht. Nun bewirkt deine innere Integrität, daß du den anderen dazu bringst, dich ebenfalls zu verletzen, damit deine frühere Tat ausgeglichen wird. Wir haben diesen Mechanismus bei uns selbst und bei anderen schon so oft aufgespürt, daß wir ihn für ein ausgezeichnetes Bewußtseinswerkzeug halten, das in jedem Beziehungs-Werkzeugkasten enthalten sein sollte, und deshalb führen wir es an.

Laß uns den Mechanismus genauer untersuchen. Eine Übertretung umfaßt all das, was du einem anderen antust, womit du nach deinem eigenen Gefühl sein Überleben bedrohst oder seine Lebendigkeit einschränkst. Deshalb ist damit nicht nur die direkte physische Schädigung gemeint, sondern alles, was den anderen in seinem Erleben, in seiner Freude, seinem Wohlergehen behindert und ihn physisch, emotional, psychisch oder spirituell verletzt. Damit ist ein weiter Raum abgesteckt. Natürlich tun wir alle zuweilen bewußt oder unbewußt solche Dinge. Wenn du sie "bereinigst", ist alles wieder gut. Übernimmst du also Verantwortung für deine Tat, ist der Kreis geschlossen, und der Mechanismus setzt sich nicht in Gang. Nehmen wir an, du hast etwas getan, was deinen Partner verletzt (Thomas fragt: "Wo sind die restlichen Kekse?" Susan antwortet: "Woher soll ich das wissen?" Doch sie weiß es! Sie hat sie aufgegessen und ist zu feige zuzugeben, daß sie es – schon wieder – getan hat!). Übernimmst du die Verantwortung für dein Handeln (Susan sagt: "Weißt du, Honey, ich habe gerade nicht die Wahrheit gesagt. Ich weiß, wo die Kekse sind. Ich hab sie aufgegessen."), ist der Kreis geschlossen, selbst wenn der Partner ärgerlich wird ("Schon wieder!").

Wenn du jedoch etwas tust, was deine eigene Integrität als Verletzung einstuft, und die Sache nicht "bereinigst", wenn du also vorenthältst, was du getan hast (Susan gibt die Lüge nicht zu), dann *mußt* du den anderen dazu bringen, dir auch etwas anzutun, damit du ihn beschuldigen kannst, um dadurch deine ursprüngliche Übertretung zu rechtfertigen. Es ist wichtig, daß du bei diesem Mechanismus zwei Dinge nicht aus dem Blickfeld verlierst: Erstens funktioniert er unbewußt; zweitens entscheidet unsere eigene innere Integrität darüber, ob das, was wir dem anderen angetan haben, verletzend war. Unser Kopf versucht uns davon zu überzeugen, daß es keine Rolle spielt, gar nicht verletzend war und sowieso nicht so wichtig ist. Er wird ein ganzes Sortiment von Rechtfertigungen und Vernunftgründen anführen, damit wir uns aus der Verantwortung stehlen und die unangenehme Erfahrung vermeiden können, für unsere Tat geradestehen zu müssen. Es ist egal, was der Kopf sagt, egal, was andere dazu meinen, egal auch, wenn sie gar nichts dabei finden: Wenn unsere persönliche Integrität unser Tun als nicht in Ordnung einstuft, werden wir dafür sorgen, daß wir an anderer Stelle bezahlen, solange wir die Sache nicht "bereinigen". Der Mechanismus funktioniert gewöhnlich so subtil, daß wir ihn oft gar nicht mitbekommen. Wir sind natürlich mit Recht sauer, wenn wir uns ein Strafmandat einfangen (und dem Staat Geld hinblättern müssen), und merken nicht, daß das geschah, nachdem wir bei den Steuern gemogelt haben (und damit dem Staat sein Geld vorenthielten).

In einer Partnerschaft wirkt sich der "Übertreten/Vorenthalten"-Mechanismus tödlich aus. Es spielt keine Rolle, ob der Anlaß groß oder klein ist. Wenn du deinem Partner etwas antust, was deine persönliche Integrität als Verletzung einstuft, und du die Sache nicht aus der Welt schaffst, bringst du ihn dazu, dich ebenfalls anzugreifen. Du bekommst es nicht nur heimgezahlt (und gleichst damit die Waage aus), deine ursprüngliche Übertretung ist jetzt sogar gerechtfertigt! Das klassische Beispiel dafür hat jeder schon bei anderen gesehen, wenn nicht am eigenen Leib erfahren. Es geht so: Der Ehemann hat eine Geliebte. Er erzählt seiner Frau nichts davon. Die Affäre ist zu Ende. Zeit vergeht. Nun hat die Frau einen Geliebten. Der Mann findet es heraus und ist außer sich. Wie konnte sie ihm das antun? Er verläßt sie und erzählt jedem, der es hören will, mit berechtigter Entrüstung, wie arg ihn seine Frau verraten hat. Klingt das bekannt? Wenn man vom "Übertreten/Vorenthalten"-Mechanismus ausgeht, hat er sie zu ihrer Affäre veranlaßt. Das erlaubt ihm, sie zu beschuldigen, und rechtfertigt seine vorausgegangene Affäre. Auf irgendeiner Ebene fädelt er die Sache ein. (Uns sind zwei Fälle von Frauen bekannt, die sich mit einem Maler einließen, den die Ehemänner beauftragten hatten, das Haus zu streichen, während sie auf einer Dienstreise und ihre Frauen den ganzen Tag alleine waren. In beiden Fällen waren die Maler ausgesprochen sexy – angeheuert von den später hochgradig empörten Ehemännern!) Wenn Susan die Sache im Falle der verschwundenen Kekse nicht bereinigt hätte, indem sie zugab, daß sie sie gegessen hatte, hätte sie wahrscheinlich eine Situation herbeigeführt, in der Thomas sie ebenfalls angelogen hätte (indem er den Kuchen aufaß, den sie für ihre Frauengruppe gebacken hatte). Jetzt hätte sie Thomas zu Recht beschuldigen können. Wir sprechen von einem Mechanismus. Solange wir unbewußt sind, wickelt er sich einfach ab, und wir bezahlen, auf welche Weise auch immer. Wenn wir denselben Mechanismus auf der Ebene vergangener Leben am Werke sehen, haben wir die Grundlage für das Karma.

Übernehmen wir für den Schaden, den wir unserem Partner zugefügt haben, keine Verantwortung, schaffen wir nicht nur die Voraussetzungen für einen karmischen Ausgleich, sondern begrenzen durch jedes Vorenthalten den eigenen Ausdruck. Du kannst keine spontane, lebendige Beziehung führen, wenn du etwas verbirgst. Wenn es etwas gibt, was du bewachen oder verstecken mußt, kannst du nie wirklich loslassen. Du kannst dich nie ganz entspannen und spontan sein, denn dann könnte das gewisse "Etwas" zum Vorschein kommen. Deshalb mußt du stets Teile deiner selbst vor deinem Partner zurückhalten. Du mußt dich vorsehen. Wie kannst du dich ihm jemals wirklich nahe fühlen? Wenn du nicht bereit bist, alles mit deinem Partner zu teilen, kannst du nicht die Art von Beziehung führen, die dir beim Erwachen hilft. Du kannst keine wirklich freie, frohe Partnerschaft leben, wenn du einen Teil deiner selbst vor deinem Partner abschirmst.

Das bringt uns auf Geheimnisse und Ehrlichkeit.

Geheimnisse und Ehrlichkeit

Man kann wohl kaum eine Partnerschaft führen, in der sich beide Partner dem Prozeß des Erwachens widmen, wenn es Geheimnisse oder Lügen gibt. In jeder tiefen Beziehung müssen wir bereit sein, die eigenen unangenehmen Aspekte und die des anderen zu tragen. Das bedeutet, daß du mit unbequemen Wahrheiten nicht hinter dem Berge halten sollst. Du mußt dich der Wahrheit verpflichten, koste es, was es wolle. Dazu brauchst du unglaublichen Mut. Oft kriegen physisch starke Männer weiche Knie, sobald sie merken, wie verletzlich sie werden, wenn sie ein Geheimnis oder eine Wahrheit preisgeben, über die sie nie gesprochen haben. Dieser Mut, den du brauchst, um in deiner Beziehung ohne Rücksicht auf Konsequenzen die Wahrheit zu sagen, ist ein Teil deiner tiefen Bereitschaft für die Beziehung und zum Erwachen.

Die meisten von uns wurden nach der Wahrheitsphilosophie unserer Mütter erzogen: Du darfst nicht lügen, außer manchmal. Notlügen oder harmlose Lügen waren erlaubt, solange du sie nicht bei ihr gebrauchtest. Ist es nicht interessant, daß wir von Notlüge oder harmloser Lüge sprechen, als wenn eine solche Lüge in Ordnung wäre und nicht zählte! Doch im Bereich der Lüge gibt es keine Rangfolge. Lüge bleibt Lüge. Eine Beziehung, in der sich die Partner belügen – ganz gleich, wie unbedeutend die Lügen sein mögen –, kann unmöglich gutgehen. Die meisten von uns benötigen Selbstdisziplin, um die Wahrheit zu sagen, weil Lügen so sehr zu einem Teil unseres sozialen Verhaltens geworden sind, daß wir sie gar nicht mehr als Unwahrheiten erkennen. Dabei belügen wir uns selbst genauso wie die anderen. Eine engagierte Beziehung braucht Ehrlichkeit, auch wenn die Wahrheit unangenehm sein mag. Das hilft dir außerdem dabei, dich selbst nicht länger zu betrügen.

Unter Notlügen oder harmlosen Lügen versteht man gewöhnlich, daß man die Wahrheit dann vorenthält, wenn man andere nicht verletzen will, wenn die Lage für einen selbst zu brenzlich werden könnte oder wenn man glaubt, daß die Wahrheit in dieser Situation ganz unerheblich ist. Doch diese kleinen angeblich unwichtigen Lügen werden deine Beziehung zerrütten, wenn du sie nicht aufgibst oder sie sofort, nachdem sie ausgesprochen sind, wieder bereinigst. Häufig rechtfertigt man eine Notlüge damit, daß man dem anderen Kummer ersparen wollte. Gewöhnlich ist schon das eine Lüge, denn in den meisten Fällen will man nur *sich selbst* die unangenehme Situation ersparen. Für viele von uns gehört das Lügen zum gesellschaftlichen Training. Wie oft hast du eine Einladung mit der Ausrede abgelehnt: "Am Donnerstag zum Abendessen? Würde ich wahnsinnig gerne, doch ich habe zu viel Arbeit im Büro." Du konntest doch schwerlich die Wahrheit sagen: "Ich habe wirklich keine Lust, am Donnerstag oder an irgendeinem anderen Tag mit dir zu Abend zu essen. Ich glaube, daß wir kaum Gemeinsamkeiten haben, deshalb will ich nicht so viel Zeit mit dir verbringen."

Zu den tödlichsten Lügen, von vielen Menschen gewohnheitsmäßig ein ganzes Leben lang gebraucht, zählt es, "ja" zu sagen, wenn man in Wahrheit "nein" meint, und "nein" zu sagen, wenn "ja" gemeint ist. In unseren Gruppen treffen wir immer wieder Menschen an, die ihren Wahrheitsvorrat schon so lange ausverkauft haben – der gesellschaftlichen Akzeptanz wegen! –, daß sie gar nicht mehr wissen, was sie eigentlich wollen. Wenn du zu deinem Partner "ja" sagst und in Wahrheit "nein" meinst, nur um mit ihm auszukommen, wird sich mit der Zeit natürlich ein ziemlicher Groll gegen ihn ansammeln. Sagst du "nein" und meinst in Wahrheit "ja", nur um dich vor Verletzungen zu schützen, wird sich der Groll am Ende gegen dich selbst aufstauen.

Es gibt Zeiten, in denen du Kindern die Wahrheit in einer Weise sagen mußt, die ihrem Entwicklungsstand angemessen ist, doch auch da kannst du fast immer bei der Wahrheit bleiben. Während einer Prozeßarbeit, die wir vor kurzem bei einem Seminar in der Schweiz leiteten, arbeiteten wir mit einer allein erziehenden Mutter, die wir hier einfach "Petra" nennen wollen. Sie fühlte ihrer Tochter gegenüber eine Blockade, die eine innige Beziehung zwischen den beiden ausschloß, und entdeckte den Grund für diesen Gefühlsstau in ihrer eigenen Schuld. In diesem Prozeß erinnerte sich Petra plötzlich an eine für sie sehr schwierige Lebensphase, in der sie ihre kleine Tochter bewußt einer großen Gefahr ausgesetzt hatte. Überwältigt von ihren eigenen Problemen, war ihr tatsächlich der Gedanke gekommen zu wünschen, ihr Kind möge tot sein. Petra ließ das zweijährige Mädchen ein paar Minuten auf einer Treppe ohne Geländer allein, wo das Kind wahrscheinlich hinunterstürzen würde. Das Kind fiel tatsächlich! Es kam nach dem "Unfall" ins Krankenhaus, war aber nicht ernsthaft verletzt.

Petra überzeugte sich und ihre Familie davon, daß es wirklich ein Unfall gewesen war, doch ein Teil in ihr hatte den stillen Wunsch nicht vergessen, von der Bürde, für ihr Kind sorgen zu müssen, befreit zu werden, und fühlte sich schuldig. Diese Schuld trug sie jetzt seit zehn Jahren mit sich herum. Obwohl sie die Erinnerung daran verdrängt hatte, kam das Ganze bei unserem Lichtarbeiter-Training wieder hoch, und die Schuld stieg an die Oberfläche. Petra erkannte, daß sie die Liebe ihres Kindes deshalb zurückwies, weil diese Liebe an ihre eigene Schuld rührte. Das Geheimnis, das "Vorenthalten", war der Filter, durch den sie jeden Kontakt mit ihrer Tochter erlebte. Hätte sie sich der Liebe für die Tochter vollständig geöffnet, hätte sie sich gleichzeitig der leidvollen Schuld öffnen müssen, das geliebte Kind in Gefahr gebracht zu haben.

Petra mußte den Zwischenfall mit ihrer Tochter klären. Es wäre bestimmt nicht richtig gewesen, nach Hause zu gehen und der jetzt Zwölfjährigen zu erzählen, daß sie ihr einst den Tod gewünscht habe. Sie konnte ihr jedoch sagen, daß es eine Zeit gab, in der sie nicht so gut für sie gesorgt habe, wie sie es gern getan hätte, und daß sie sich sehr schlecht deswegen fühle. Ein zwölfjähriges Kind kann so etwas ohne psychische Schädigung verkraften. Die Mutter kann Verantwortung für ihre Tat übernehmen, ihre Schuld loslassen und sich der Liebe für die Tochter öffnen. Und genau so geschah es auch. Viele weinten, als Petra in der Gruppe ihre Geschichte erzählte und sich selbst annahm. Die Eltern in der Gruppe konnten es nachvollziehen. Sie hätten sich diese Wahrheit vielleicht nie eingestanden, wenn Petra nicht den Mut gehabt hätte, den Aspekt, der anderen Unheil wünscht –

selbst unseren Kindern! – in uns allen zu repräsentieren. Durch ihr mutiges Ringen, sich selbst anzunehmen, war jeder von uns gezwungen, diesen zerstörerischen Aspekt der Psyche in sein eigenes Selbstbild aufzunehmen.

Noch einmal: Wir haben die Beobachtung gemacht, daß jede Form von Lüge in einer engagierten Partnerschaft absolut tödlich wirkt. Auf irgendeiner Bewußtseinsebene kennt am Ende sowieso jeder die Wahrheit, selbst wenn sie noch so gut versteckt war. Wir sind auf einer tiefen Ebene alle miteinander verbunden, und eine Lüge hat eine bestimmte Schwingung, die wir alle bewußt oder unbewußt identifizieren. Da also sowieso jeder alles weiß, muß sich niemand vor der Wahrheit schützen. Wenn du aufrichtig zu deinem Partner bist, schaffst du Raum für immer größere Nähe.

Als wir uns im Februar 1987 begegneten, verbrachten wir viele Stunden damit, ehrlich über alle Geschichten, Träume und Wünsche und all das, was wir an uns mochten und verabscheuten, zu reden. Wir sprachen über unsere Gier und unseren Zorn, unsere sexuellen Phantasien, Geheimnisse und all die Dinge, die uns peinlich waren, und räumten unsere Gesetzesübertretungen ein. Selbst sechseinhalb Jahre nach unserer Heirat tauschen wir uns noch immer in dieser Weise aus. Wir sprechen über alles – besonders über das, was wir lieber verschweigen würden, da wir wissen, daß genau diese Dinge "geladen" sind und letztlich Nähe und Spontaneität verhindern. Wir sagen einander, wenn wir jemanden anziehend finden und was unsere sexuellen Wünsche sind (was oft zu durchaus lustvollen Ergebnissen führt). Wir reden auch darüber, wenn uns Gedanken kommen, die der Beziehung oder dem Partner schaden. ("Manchmal denke ich, daß ich viel klüger bin als du und mit einem Menschen auf meiner Ebene zusammensein sollte." – "Ich kann mir nicht vorstellen, daß ich für den Rest des Lebens mit niemand anderem als mit dir ins Bett gehen werde." – "Ich habe keine Lust, mit dir zu schlafen, weil ich mich gerade selbst befriedigt habe.") Es ist schwierig und oft unangenehm, doch es hält die Beziehung klar, lebendig und spontan.

Um etwas zu verstecken, braucht man Energie, die der Beziehung dann nicht mehr zur Verfügung steht. Am besten spricht man Gedanken, die man für verletzend hält, gleich aus, denn wenn man sie zurückhält, speichern sie Energie und manifestieren sich am Ende. Außerdem verbrauchen sie Raum, der statt ihrer mit Liebe und Glück ausgefüllt werden könnte. Wenn du deine Wahrheit sagst, hältst du keine Energie zurück und erlebst dich im harmonischen Fluß mit dir. Ihr wißt beide, daß "deine Wahrheit" gewöhnlich nur die momentane Erfahrung eines deiner Aspekte ist und nicht unbedingt Ausdruck deiner Ganzheit. Wenn du einem Aspekt Aufmerksamkeit schenkst und ihn sprechen läßt, ist er eher bereit, zurückzutreten und einem anderen Anteil deiner inneren Gemeinschaft den Vortritt zu lassen. Wenn du ihn zurückdrängst oder lügst, identifizierst du dich so sehr mit der Handlung oder dem Gedanken, den du schützt, daß du schließlich glaubst, so wie er zu sein. Doch du bestehst aus so vielen verschiedenen Aspekten ... und bist doch keiner. Letztlich bist du alles und nichts. Wenn du auf einer Lüge, einem Gedanken oder einer Handlung bestehst, engst du dich entschieden ein. Du sagst damit: "So bin ich eben, und ich muß mich verteidigen." Wenn du lügst, trennst du dich von dir selbst und beschränkst dich auf das, was du schützt. Außerdem läßt du in deiner Beziehung immer weniger Spontaneität und Nähe zu.

Wenn wir empfehlen, die Wahrheit zu sagen und Geheimnisse mit dem Partner zu teilen, tun wir das nicht, weil es moralisch richtig oder ethisch höherstehend wäre. Wir empfehlen es, weil es funktioniert. Wenn du die Absicht hast, eine offene, spontane, glückliche und lebendige Beziehung zu führen, wirst du dieses Ergebnis eher erreichen, wenn du die Wahrheit sagst und deine Geheimnisse teilst, als wenn du lügst und Teile deiner selbst vor deinem Partner verbirgst. Die Schattenseite dieser Empfehlung heißt "Kontrolle". Weite Bereiche der Psyche werden durch ständige Überwachung zweifellos zu sehr eingeschränkt. Es geht hier darum, eine Tür zu öffnen und uns ohne Hintergedanken mit dem Partner austauschen. Wir finden, daß dieses Verhalten die Beziehung bereits verwandelt. Die meisten Menschen wissen gar nicht, was Kommunikation bedeutet. Sie kennen ihre Wahrheit nicht einmal selbst. Man ist außerordentlich verletzlich, wenn man sich in dieser

Weise offenbart, und es ist genau diese Verletzlichkeit, die zu Heilung und Transformation führt.

Arbeit mit den Aspekten

Wenn du allmählich deine Vielfalt entdeckst, solltest du wissen, daß du dich aus männlichen und weiblichen Anteilen zusammensetzt. Unser äußeres Geschlecht spielt dabei keine Rolle, wir alle haben männliche und weibliche Anteile in unserer inneren Gemeinschaft. Je tiefer wir uns kennenlernen, umso mehr beginnen wir zu erkennen, daß unser äußerer Partner eine Ausdrucksform unserer inneren gegengeschlechtlichen Aspekte ist. Marion Woodman schrieb in ihrem Buch *"The Pregnant Virgin" (Leben aus der Kraft der Göttin)* einen wunderbaren Abschnitt über den Tanz, den das äußere und das innere Männliche und Weibliche miteinander aufführen. Sie schreibt: "Wenn das Männliche befreit und das Weibliche entschleiert ist, wirken beide innerlich und äußerlich aufeinander ein. Die durchdringende Kraft der bewußten Männlichkeit erlöst das ewig Weibliche. Die Frau erweckt im Manne dessen ureigene Aufnahmefähigkeit. Er durchdringt sie; sie empfängt ihn. Er erweckt die durchdringende Kraft in ihr; sie weckt seine weibliche Seele. Gemeinsam rühren sie an ihre ureigene innere Weisheit."

Unsere männlichen Anteile statten uns mit folgenden Fähigkeiten aus: mit dem Verstand, mit logisch strukturiertem Denken, mit Ordnungssinn, Urteilsvermögen und der Fähigkeit zu folgern, zu unterscheiden und zu gestalten. In der Wissenschaft, der Theologie, im Handel, in der Wirtschaft und in der Politik wirken vornehmlich männliche Aspekte. Die männlichen Anteile unserer Psyche wollen die Dinge klar erkennen, Strategien entwerfen und nach ihnen handeln. Sie lieben Deutlichkeit, präzise Analysen und Kontrolle. Sie bewerten Situationen abstrakt, ganz ohne emotionale Beimengung und treffen ihre

Entscheidungen auf Grund von sogenannten nackten Tatsachen. Die männlichen Anteile der Psyche hassen Chaos und Kontrollverlust; sie verlassen sich auf nichts, was nicht mit den fünf Sinnen erfaßt werden kann. Nicht klar zu sehen oder etwas nicht zu wissen, ist ihnen ein Greuel. Um zu verstehen, welche Rolle die männlichen Anteile der Psyche im Verhältnis zu den weiblichen spielen, mag es helfen, sie den Funktionen der linken Gehirnhälfte zuzuordnen, wohingegen die weiblichen Aspekte der Psyche eher auf der rechten Seite des Gehirns anzutreffen sind.

Bei der Entwicklung des kollektiven Bewußtseins standen die Werte seiner männlichen Anteile zumindest in den letzten dreitausend Jahren an vorderster Stelle. Das bedeutet, daß die Werte und Sichtweisen des Männlichen die Entwicklung der Menschheit bestimmten. Seit Jahrhunderten wurde das religiöse, wirtschaftliche und soziale Leben von Werten wie Ordnung und Kontrolle beherrscht. Der erleuchtete Geist, intellektuelle, abstrakte Gedanken, der Sieg des Geistes über die Materie (beachte, daß das Stammwort für Materie im Lateinischen gleichbedeutend mit dem Wort für “Mutter” ist!) und die Kontrolle über die äußere Natur und die innere, sinnliche “Natur” sind männliche Werte, die die Ziele nahezu aller Religionen des Erdballs ausmachen. Während die Religionen versuchten, das innere Wesen des Menschen in Schranken zu halten, bemühte sich die Wissenschaft um die Herrschaft über die äußere Natur.

Vom psychologischen Standpunkt aus betrachtet, versuchte der männliche Anteil der kollektiven Psyche, Herr über jene Kräfte zu werden, die grundsätzlich über das menschliche Verstehen hinausgehen und demzufolge nicht beherrschbar sind. Daher unternahmen wir als Menschheit den Versuch, Verhalten und Glauben des einzelnen vorzuschreiben, um wenigstens den Anschein einer Kontrolle zu haben. Natürlich mußten wir auch Verhalten und Glauben unserer Nachbarn überwachen, woraus wir ein Gefühl von “Rechtmäßigkeit” ableiteten und uns angesichts der ungeheuren Naturkräfte etwas sicherer fühlten.

All das, was wir weder beherrschen noch verstehen konnten (was im Grunde ja auch ein Versuch der Kontrolle ist), leugneten wir strikt ab. Was wir in uns selbst nicht zulassen konnten, weil es jene Teile der Psyche zu überwältigen drohte, die die Oberhand behalten wollten, konnten wir unseren Mitmenschen natürlich auch nicht zugestehen. Das abgeleugnete Material der eigenen Psyche (dem kein Gesetz beikommen konnte) wurde – da man in den Frühstadien der Entwicklung immer zuerst den Schatten projiziert – auf einen äußeren Monitor geworfen. Ein solcher Monitor bot sich in einem weiblichen Aspekt an, den man "Hexe" nannte.

Wir möchten an dieser Stelle darauf hinweisen, daß das Männliche seinen Schatten immer auf das Weibliche projiziert. Dies gilt nicht nur für das Christentum, sondern ebenso für das Judentum, den Buddhismus und andere östliche Glaubensrichtungen. Joseph Campbell zitiert in seinem Buch *"Oriental Mythology" (Mythologie des Ostens)* eine Legende über Buddha, die Ashvaghosha ungefähr hundert Jahre nach Christus aufschrieb. Hier sagt Prinz Gautama, der spätere Buddha: "Die Natur der Frauen ist unrein und widerwärtig in der Welt der lebenden Wesen!" Der Jainismus, eine in Indien immer noch verbreitete Religion, welche die fast vollständige Unterdrückung des Körpers (des Weiblichen) und seiner Begierden zugunsten des Asketentums (des Männlichen) preist, ist davon überzeugt, daß eine Frau die höchsten spirituellen Ebenen auf keine Weise erreichen kann. Gleichzeitig projizierten die Frauen ihren Schatten auf die Männer und gebrauchten tatsächlich das eigene Männliche, um ihr Weibliches zu unterdrücken. Prompt fühlten sie sich als Opfer und legten Beschwerde ein. (Vielleicht gibt es ein oder zwei Leserinnen, die diese Dynamik kennen.)

Dies Wissen gibt uns tiefere Einsicht in die kollektive "Schlacht der Geschlechter." Denke daran, daß Männer und Frauen ihre Nachbarinnen als "Hexen" denunzierten. Das bedeutet, daß Frauen und Männer versuchten, die unermeßlichen Kräfte des chaotisch Weiblichen zu beherrschen, indem sie sich von jenen Kräften distanzierten, sie verleugneten und dann auf andere projizierten. Wir wissen, daß die Feministinnen die Hexenjagd gern als weiteres Beispiel für die Unterdrückung der Frauen durch die Männer anführen, doch wir schlagen vor, einen Augenblick lang einen anderen Standpunkt einzunehmen, der den Entwicklungsprozeß der kollektiven, ihrer eigenen Reife entgegenstrebenden Psyche miteinschließt, statt nur das Täter-Opfer-Prinzip unter die Lupe zu nehmen.

Die Ereignisse damals müssen notwendige Schritte für unsere gemeinsame Entwicklung gewesen sein, sonst wären sie so nicht geschehen. Wolfgang Giegerich sagt in seinem Buch *"Advent of the Guest" (Das Schreckliche),* daß der Schatten nicht mehr – wie bei den Kreuzzügen – auf die fernen Moslems projiziert wurde, sondern auf die Frauen der eigenen Gemeinschaft, was für die psychische Entwicklung des Kollektivs ein wirklicher Schritt nach vorn war. Wir ließen unser abgeleugnetes Material dadurch dichter an uns heran, und man kann hoffen, daß wir schließlich erkennen, daß wir selbst der "Feind" sind.

Liebe Leserinnen und Leser, wir glauben, daß das Leben vollkommen ist. Wie wir später im Abschnitt über Verletzungen und deren Sinn ausführen werden, sind wir der Ansicht, daß für jeden einzelnen und für die Menschheit alles richtig gelaufen ist. Deshalb ist der Satz, daß wir "aus der Geschichte lernen" sollen, tatsächlich weise. Er darf jedoch nicht so verstanden werden, daß wir aus den "Fehlern" unserer Vorfahren lernen sollen, sondern so, daß die Geschichte die kollektive Entwicklung illustriert. "*So* ist die Menschheit, und *dergestalt* entwickelt sie sich." Dr. Brugh Joy. sagt in seinem Buch *"Avalanche"*, daß wir das Leben nur dann kennenlernen, wenn wir beobachten, wie es wirklich ist, und nicht, wenn wir unsere (sehr beschränkten) Ansichten, wie alles besser hätte sein sollen, darüberstülpen. Wir glauben, daß die Ereignisse in der Vergangenheit deshalb stattfanden, damit sich unsere kollektive Psyche zu ihrem jetzigen Stand entwickeln konnte.

Man kann jedoch mit Recht sagen, daß sich der Weg zum Mysterium des Lebens in den letzten drei Jahrtausenden fest in der Hand der männlichen Aspekte befand. Wir versuchten, die Wirklichkeit zu strukturieren, indem wir allgemein anerkannte Glaubenssätze über ihre Beschaffenheit verfaßten, und verschafften uns dadurch so etwas ähnliches wie psychische Sicherheit. Sobald diese Strukturen bedroht wurden, verfuhren wir mit der Gefahr auf männliche Art und Weise: Weg damit! Vernichtet die Bedrohung! Ein weiblich geprägtes Vorgehen hätte eher versucht, die Bedrohung zu integrieren, statt sie auszuschließen.

Wir glauben, daß sich die Entwicklung der kollektiven Psyche im gegenwärtigen Augenblick an einem Wendepunkt befindet. Das Pendel ist so weit wie irgend möglich in Richtung der Entwicklung der männlichen Werte ausgeschlagen. Jetzt ist alles für das Einströmen der Werte und Sichtweisen jener Aspekte der kollektiven Psyche bereit, die eher weiblicher Natur sind, die alles einbeziehen und harmonisch mit den Naturkräften zusammenarbeiten wollen, statt zu versuchen, diese Kräfte zu unterjochen.

Auf der jetzigen Entwicklungstufe der Menschheit sind die weiblichen Kräfte in uns allen (in Männern und Frauen!) aufgerufen. Die Männer öffnen sich bewußt ihren Gefühlen und erforschen ihre Beziehungsfähigkeit. Die Politiker in Amerika sprechen neuerdings weit mehr von Partnerschaft und Verständigung und betonen ihre Sorge um Kinder und Gesundheit, statt um die militärische und politische Vormachtstellung (sprich Kontrolle) in der Welt zu ringen. Hier eine Auswahl weiblicher Aspekte in Männern und Frauen: Aufnahmefähigkeit, künstlerische Kreativität, die Fähigkeit, sich im Chaos zurechtzufinden, sich tief mit der Natur zu verbinden und sich ihren Kräften hinzugeben, statt zu versuchen, diese Kräfte zu überwinden und zu kontrollieren. Die Menstruation und die Möglichkeit der Frau, neues Leben in sich wachsen zu spüren und zu gebären, bindet sie natürlich enger an die Rhythmen des Lebens. Deshalb sind die Fähigkeiten des Nähren, Erhaltens und Heilens ursprünglich weiblich. Die nährende Mutter ist die eine Seite des Weiblichen.

Man darf jedoch die zerstörerischen Kräfte des Weiblichen nicht übersehen, denn die verschlingende Mutter ist die andere Seite des Weiblichen. Dieser Aspekt möchte das, was er geboren hat, wieder in sich einverleiben. Es gibt genügend Beispiele dafür, daß die dunklen Aspekte des Weiblichen heute von sich reden machen. Wenn du die immer häufigeren Naturkatastrophen auf dem Planeten bedenkst, kannst du mit Recht davon ausgehen, daß Mutter Natur stinksauer ist. Wir hören immer öfter von Erdbeben, Wirbelstürmen, Vulkanausbrüchen und Sturmfluten. Auch die Kräfte, die der Göttin Kali zugeschrieben werden, treten hervor, wenn sich das Weibliche der Menschheit offenbart.

Noch einmal: Wenn wir vom Weiblichen sprechen, meinen wir nicht das äußere Geschlecht. Männer und Frauen tragen männliche und weibliche Aspekte und Eigenschaften in den verschiedensten Formen in sich. In beiden Geschlechtern haben männliche und weibliche Eigenschaften die verschiedensten Ausprägungen. Es gibt heterosexuelle Beziehungen, in denen der Mann hauptsächlich die weibliche, die Frau dagegen die männliche Energie ausdrückt. Du hast bestimmt auch schon Paare kennengelernt, in denen die Frau den Alltag schmeißt, während der Mann ein Träumer ist, ein Dichter, ein Künstler oder zu Hause bei den Kindern bleibt, während die Frau den Lebensunterhalt verdient. Wir leben in einer Zeit, in der wir solche gesellschaftlichen Modelle leben können. Es kommt sogar vor, daß ein Vater das Sorgerecht für die Kinder erhält, weil bekannt ist, daß er der fürsorglichere Elternteil ist. Dies alles sind Anzeichen dafür, daß man zu erkennen beginnt, daß die traditionelle Rollenverteilung nicht unbedingt spiegelt, wer was am besten kann.

Jeder erwachende Mensch steht vor der Herausforderung, die männlichen und weiblichen Anteile seiner inneren Gemeinschaft zu entdecken. Man könnte sagen, daß eine Frau, die nur ihre weiblichen Aspekte entwickelt hat, sich wahrscheinlich mit einem Mann zusammentut, der nur seine männlichen Anteile ausgeprägt hat. Eine Frau, die ihre männlichen Aspekte entwickelt und ihre weiblichen vernachlässigt hat, wird sich wahrscheinlich einen Partner wählen (männlich oder weiblich), der sein Weibliches stark hervorkehrt. Wenn ein Mensch beide Anteile ausgewogen entwickelt hat, wird er sich wahrscheinlich mit jemandem zusammentun, der ebenfalls über beide Seiten des Spektrums verfügt. Letztlich spiegelt die äußere Beziehung zu deinem Partner die Beziehung zwischen deinem inneren Männlichen und Weiblichen wider.

Im jetzigen Stadium der Menschheitsentwicklung herrscht in unserer Kultur bei beiden Geschlechtern große Verwirrung über die Verteilung der Rollen. Die Struktur der Familie bricht auseinander, und die Gesellschaft gibt keine klare Definition der Aufgaben von Mann und Frau. Wir leben in einer aufregenden Zeit, die uns viele neue Möglichkeiten erschließt, uns unserer inneren Natur gemäß und nicht nach äußeren Anweisungen zu definieren. Es ist außerdem eine chaotische Zeit, in der die Ordnungen der Vergangenheit angesichts der gegenwärtigen Realität zerbröseln. Das chaotisch Weibliche erhebt sein Haupt. Der Ausbruch zerstörerischer Kräfte in der Natur und im Leben der Menschen ist ein klares Anzeichen dafür, daß die männlichen Aspekte der kollektiven Psyche nicht länger dominieren. Die weiblichen Lebensqualitäten, die in uns allen sind, wollen ebenso anerkannt und gelebt werden. Wenn du mit deinen inneren Anteilen arbeitest, entdeckst du vielleicht, daß auch du deine männlichen Anteile betont hast.

Willst du mit den Aspekten deiner inneren Gemeinschaft arbeiten, mußt du sie zunächst einmal identifizieren können. Sind dir bereits ein paar innere Aspekte bekannt, wird es dir immer leichter fallen, von einem Aspekt deiner inneren Gemeinschaft zu einem anderen überzugehen, der für deine Partnerschaft, für andere Beziehungen oder bestimmte Situationen deines Lebens angemessener erscheint. Bleiben sie dir jedoch verborgen, bist du grundsätzlich der Gnade ihrer mechanisch aktivierten Reaktionen ausgeliefert und hast fast keine Chance, die sich ständig wiederholenden Muster in deiner Partnerschaft aufzuspüren.

Wenn du auf diesem Gebiete an dir arbeiten möchtest, beginnst du am besten mit den Kinderaspekten. Meist haben sie jene Energie gespeichert, die am wenigsten Erfahrung gesammelt hat und pflegen die Psyche der Durchschnittsmenschen zu beherrschen. Wie wir schon früher sagten, wissen die einzelnen Aspekte kaum voneinander. Jeder Blickwinkel hat seine eigene Dynamik. Sollte zum Beispiel der Aspekt des "zurückgewiesenen Kindes" dein Bewußtsein besetzt halten, kann es sein, daß dieser Teil in dir die Realität zum letztenmal im Jahre 1956 überprüft hat. Er hat überhaupt nicht mitgekriegt, daß sich die Zeiten geändert haben. Wenn also dieses zurückgewiesene Kind in dir aktiviert ist, befindest du dich im Jahre 1956, denn dieser Aspekt weiß nichts von einem Leben nach 1956!

Wahrscheinlich bist du schockiert, wenn dir diese Tatsache zum erstenmal wirklich bewußt wird. Zeit spielt für die tiefe Psyche keine Rolle. Du könntest dieses "Außerhalb-der-Zeit"-Gefühl der tiefen

Psyche allerdings aus deinen Träumen kennen. Vielleicht hattest du sogar schon einen Traum, der einen anderen "fortsetzte", den du Jahre zuvor geträumt hattest. Oder vielleicht kam dir plötzlich die "Lösung" zu einem Problem, um die du schon länger gerungen hattest. Obwohl du nicht an das Problem dachtest, wurdest du das Gefühl nicht los, auf einer anderen Ebene deiner Ganzheit viel Zeit und Mühe aufgebracht zu haben, um diese "Lösung" zu erarbeiten, die dann scheinbar spontan in deinem Bewußtsein auftauchte. Zeit, wie wir sie verstehen, existiert nicht für die innere Psyche.

Seit das Muster des zurückgewiesenen Kindes der inneren Gemeinschaft geprägt wurde, stand die Zeit still. Als dieser Aspekt zum erstenmal herauskam und seine Realität betrachtete, wurde er zurückgewiesen. Deshalb hat er natürlich keinen Kontakt zur Gegenwart. Wenn dieses Muster wieder aktiviert wird und die momentane Erfahrung deiner Wirklichkeit bestimmt, befindest auch du dich außerhalb der Zeit. Du bist auf einen Aspekt deiner Ganzheit zurückgefallen, der deinen gegenwärtigen Lebensumständen nicht mehr entspricht. Außerdem verfügt dieser Aspekt nicht über die Mittel, um mit der aktuellen Situation angemessen umzugehen. Das weißt du natürlich selbst. Wenn du dich im Griff eines dieser mittellosen Aspekte befindest, fühlst du dich den Kräften hilflos ausgeliefert, und auf einer gewissen Ebene kommst du dir sogar lächerlich vor, weil du genau weißt, daß du dich wesentlich reifer benehmen könntest; doch du zappelst in den Klauen der kindischen Ebene, von der aus du mit deiner Realität umgehst.

Das Muster, das den Aspekt des zurückgewiesenen Kindes prägt, beinhaltet die Überzeugung, daß es alles daransetzen muß, auf keinen Fall zurückgewiesen zu werden, während es gleichzeitig weiß, daß es nichts ändern kann: Es wird immer wieder abgelehnt werden! Das mag jenem Aspekt in dir, der gerade dieses Buch liest, töricht erscheinen, gleichzeitig jedoch anderen Anteilen in dir durchaus vertraut vorkommen. Jedenfalls kennt das zurückgewiesene Kind das gegenwärtige Datum nicht. Es weiß nichts von den anderen Aspekten, die im Gegensatz zu ihm über Mittel und Wege verfügen, mit den Höhen und Tiefen des Lebens fertig zu werden. Das zurückgewiesene Kind erfährt das Leben einzig und allein durch den Filter der Ablehnung. Wenn deine Psyche von diesem Aspekt beherrscht wird, ist es sonnenklar, daß auch *du* mit deinen anderen Möglichkeiten nicht vertraut bist.

Noch einmal: Es ist außerordentlich hilfreich, wenn du deine persönlichen Aspekte kennst. Wenn in einer Beziehung ein Konflikt entsteht, der sich auf die Sichtweise des zurückgewiesenen Kindes stützt (und du nichts davon weißt), kannst du weder klar noch reif mit der Situation umgehen. Sind dir dagegen deine Aspekte und ihre Muster bewußt, ist es durchaus möglich, in deinem eigenen Leben wie auch in deinen Beziehungen erstaunliche Klarheit zu entwickeln.

Welche Kinderaspekte beherrschen die Psyche der meisten Menschen am häufigsten? Bei unserer Arbeit mit Menschen haben wir eine Vielzahl dieser Kinderaspekte kennengelernt; wir listen sie hier in einer Tabelle auf. Solltest du dich unter den vorhandenen Beispielen nicht wiederfinden, mach dir keine Gedanken. Führe den "Kinderaspektprozeß" durch, den wir im Anhang des Buches beschreiben, dann werden sich deine Kinderaspekte zeigen, selbst wenn wir sie in unserer Liste nicht aufgeführt haben sollten. Noch einmal: Du besitzt nicht nur ein "inneres Kind", du unterhältst einen ganzen Kindergarten! Die Arbeit mit dem Kinderaspektprozeß ermöglicht dir in hohem Maße, die Anwesenheitsliste deines inneren Kindergartens aufzustellen. Hier einige der Kinder, die zur Gruppe gehören können: das verlassene Kind, das traurige Kind, das kränkliche Kind, das zornige Kind, das verlorene Kind, das engelhafte Kind, das zurückgewiesene Kind, das verehrte Kind, das ungeliebte Kind, das vergessene Kind, das böse Kind, das seltsame Kind, das begabte Kind, das erwachsene Kind, das manipulierende Kind, das dumme Kind, das unschuldige Kind. Vielleicht fügst du noch ein paar eigene Aspekte hinzu?

Wenn du mit dem "Kinderaspektprozeß" arbeitest, dann fische mindestens vier verschiedene Kinderaspekte deiner inneren Gemeinschaft heraus und beobachte, wie sie sich im täglichen Leben zeigen. Arbeitest du mit deinem Partner zusammen, wirst du deine inneren Kinder immer rascher in den Situationen des täglichen Lebens erkennen. Hast du die einzelnen Mitglieder deiner inneren Gemeinschaft bestimmt, empfehlen wir dir, sie zu bezeichnen (verlassenes Kind, zurückgewiesenes Kind) und ihnen außerdem noch Namen zu geben. Es hilft, wenn man die verschiedenen Aspekte benennt, und außerdem macht es Spaß.

In der buddhistischen Tradition ist das "Namengeben" schon seit langem Teil einer Meditationstechnik. Der Schüler meditiert nach alter Tradition im Sitzen, beobachtet seinen Atem und wird angehalten, allen ablenkenden Gedanken in dem Augenblick, wo sie aufsteigen, Namen zuzulegen. Es heißt, daß die Gedankenformen, die verschiedenen Standpunkte und Ideen, die spontan im Geist auftauchen, so nach und nach ihre Macht verlieren, den Schüler abzulenken. Wenn du die Störung benennen kannst, übst du die Kontrolle aus und nicht umgekehrt.

Unsere Arbeit mit Aspekten ist ganz ähnlich. Kannst du sie benennen, kannst du sie auch objektivieren. Sobald du den Aspekt als ein von dir getrenntes Objekt betrachtest, *bist* du nicht mehr der Aspekt, obwohl du ihn noch immer *hast*. Die Technik, deinen Aspekten im Augenblick ihres Erscheinens einen Namen zu geben, macht dich bewußter und verschafft dir ein wenig Distanz zu ihnen. Vielleicht erinnerst du dich, daß in Märchen, Mythen und Zaubergeschichten immer derjenige Macht über ein Ding oder einen Menschen ausübt, der den Namen weiß. So entringst du dem weiten Feld deines persönlich Unbewußten etwas Bewußtheit, wenn du einen Aspekt deiner Psyche erkennst und objektivierst.

Es ist hilfreich, wenn du zusätzlich zu den Kinderaspekten auch mit denen des Jugendlichen arbeitest und sie dir voll bewußt machst. Wir alle kennen Menschen, die sich noch immer wie aufmüpfige Teenager aufführen, obwohl sie dieses Alter längst hinter sich gelassen haben. Wir sagen, daß sie nicht erwachsen werden wollen, daß sie steckengeblieben sind, und in gewisser Weise ist das richtig. Sie werden von einem Aspekt ihrer Ganzheit beherrscht, der weder ihrem gegenwärtigen Alter noch ihrer Lebenssituation gemäß ist. Wie Dr. Brugh Joy. gerne sagt, stellt sich da die Frage: "Ist sonst noch jemand da?"

Die Pubertät und das Teenagerstadium der Entwicklung sind notwendig für die Bildung der Persönlichkeit. Diese Entwicklungsstufen geben dem Jugendlichen die Möglichkeit, die Welt gemäß eigener

Ideen und Neigungen zu erfahren und zu gestalten und viele der von den Eltern und Lehrern übernommenen Standpunkte abzuwerfen. In dieser Zeit schafft er sich eine eigene Identität. Der Sinn jugendlicher Rebellion besteht darin zu entdecken, wer man ist, indem man herausfindet, wer man nicht ist. "Dies nicht", "das auch nicht", was hoffentlich einmal zum: "Oh ja, aber das!" führen wird. Wenn man sich über das Stadium der Rebellion nicht hinausentwickelt, wird man schwerlich wachsen und reifer werden. Selbst wenn wir etwas finden, was wir bejahen können, liegt noch einen langer Weg vor uns, bis wir die Mittel zur Verfügung haben, dieses "ja" in unserer Welt auch zu manifestieren.

Es ist sehr schwer, sich selbst mit einer gewissen Objektivität zu sehen. Wir erkennen wahrscheinlich als letzte, daß wir uns in einem bestimmten Aspekt unserer Ganzheit verhakt haben. Wir sind zu sehr davon überzeugt, daß wir ganz einfach so sind, wie wir uns geben. Wir halten den Aspekt für einen Teil unserer "Persönlichkeit". Wir identifizieren uns völlig mit den Aspekten, die unsere Psyche beherrschen, ja, wir glauben, daß sie alles sind, was uns ausmacht. Der Aspektprozeß im Anhang dieses Buches kann dir all jene Anteile bewußt machen, die deine Lebenserfahrung und deine Ausdrucksform unbewußt beherrschen.

Die meisten von uns tragen auch "Junge-Erwachsene"-Aspekte mit sich herum. Die Entwicklungsstufe des jungen Erwachsenen ist darauf gerichtet, sich einen Platz in dieser Welt zu sichern. Gewöhnlich ist das die Zeit im Leben, in der der junge Mann oder die junge Frau zum erstenmal auf sich gestellt ist, mit den Forderungen der Gesellschaft ringt und versucht, den eigenen Lebensstil zu entwickeln. Man strebt danach, Wünsche zu erfüllen und Ziele zu verwirklichen und herauszubekommen, was dafür zu tun ist. Dieser Lebensabschnitt wird – wie die beiden vorausgegangenen – von den ersten drei Chakras bestimmt.

Zur Erinnerung: Die ersten drei Chakras sind das Wurzelchakra an der Basis der Wirbelsäule, das Hara oder das zweite Chakra drei Finger breit unter dem Nabel und das dritte Chakra, der Solarplexus. Noch einmal kurz zusammengefaßt: Diese drei Chakras werden dem physischen Überleben des einzelnen, der Fortpflanzung der Rasse und sowohl dem persönlichen Willen wie der persönlichen Macht zugeordnet. In den ersten drei Lebensstufen konzentrieren sich die Handlungen und Erfahrungen des einzelnen auf diese drei Chakras. Besonders der Solarplexus ist für den jungen Erwachsenen, der aus dem Nest hinaus in die Welt der Erscheinungen geworfen wird, von größter Bedeutung. Hier muß er nämlich lernen, ohne den Schutz seiner Kinderstube auszukommen, und ist daher ganz auf seine eigene persönliche Kraft angewiesen, um zu überleben.

Wie jede neue psychische Ebene ist auch der Eintritt in das Leben des jungen Erwachsenen eine Einweihung in neue Aspekte des Selbst. Wenn der junge Erwachsene diese neue Stufe erfolgreich erklommen hat, wird er davon ablassen, seine Eltern stets aufs neue mit den Streitpunkten der Jugendzeit zu konfrontieren. Die jugendlichen Aspekte sind natürlich immer noch anwesend und können die Psyche jederzeit wieder an sich reißen, wann immer sie aktiviert werden. Doch im großen und ganzen kommen jetzt andere Mittel als in den beiden vorausgegangenen Lebensabschnitten zum Einsatz. Der junge Erwachsene tritt als eigenständige Person in die äußere Welt und fühlt sich gleichzeitig in eine neue innere Welt gedrängt. Sein Hauptstreben gilt gewöhnlich der Fortpflanzung, der Gründung einer Familie und der Zeugung von Kindern, die die Sippe eine Generation weiterbringen.

Den psychischen Aspekten des jungen Erwachsenen liegen Mittel und Muster zugrunde, über welche die früheren Stadien nicht verfügten. Wenn sie bewußt gemacht werden, sind diese Mittel und Muster besonders wertvoll. Wie bei jedem Übergang müssen die Mittel auch hier bereitwillig angenommen, integriert und schließlich losgelassen werden, wenn man sich auf die nächste Entwicklungsstufe vorbereitet. Noch einmal: Wir alle kennen Menschen, die sich am Jungen-Erwachsenen-Stadium festklammern und den Schritt ins reife Erwachsenenleben verweigern. Der Geschäftsmann, der immer neue Branchen erschließt, immer neue Ansprüche anmeldet und sich stets und ständig in einer ihm feindlich gesinnten Umwelt behaupten muß, oder die Frau, die immer wieder schwanger wird und Kinder in die Welt setzt, weil sie für sich nur das Mutterbild sieht: Beide stehen sie für Menschen, die sich nicht aus der Jungen-Erwachsenen-Ebene der Psyche gelöst haben.

Jede Entwicklungsstufe im Leben hat die ihr entsprechenden Bewußtseinsaspekte. Für unsere Zwecke unterscheiden wir die folgenden Ebenen: Empfängnis, Embryo, Fötus, Kleinkind, Kind, Jugendlicher, junger Erwachsener, reifer Erwachsener, Alter und Tod. Vom Augenblick der Empfängnis an ist jede dieser Ebenen in der Psyche vorhanden und vollständig ausgebildet. Das bedeutet jedoch keineswegs, daß die gesamte Entwicklungsreihe auch jedem wirklich zur Verfügung steht.

Es gibt beispielsweise Menschen, die lediglich die Entwicklungsebene des Jugendlichen in sich tragen. Diese Menschen werden den Bewußtseinsgrad, der mit dem jungen Erwachsenen verbunden ist, niemals erreichen, weil dieser Aspekt in ihrer Psyche nicht existiert. Solch ein Mensch wird entweder sterben oder auf den jugendlichen Bewußtseinszustand fixiert bleiben, ganz gleich, wie alt er werden mag.

In manchen Menschen mag die Bewußtseinsebene der nächsten Entwicklungsstufe durchaus vorhanden sein, ohne daß sie den dafür notwendigen Entwicklungsschritt auch tatsächlich ausführen. Das bedeutet, daß der Aspekt zwar vorhanden ist, sich aber nicht verkörpert. So etwas trifft häufig auf die Menschen der jugendlichen Bewußtseinsebene zu. Die Billigung der Sexualität, die der Ebene des jungen Erwachsenen zugeschrieben wird, und die Verantwortung für ihre Ausübung sind eine ungeheure Herausforderung, für die nicht jeder den Mut aufbringt. Die plötzlichen Selbstmordepidemien, die zuweilen bei Jugendlichen in den Vereinigten Staaten ausbrechen, kann man durchaus als Widerstand gegen diese Entwicklungsstufe deuten. Den Jugendlichen erscheint der Tod oft als einziger Ausweg, um der aufreibenden Einweihung in das Erwachsenenleben zu entgehen. Die Naturvölker sorgten aus diesem Grunde für rituelle Einweihungen in diese Stufe. Für die jungen männlichen Mitglieder des Stammes bedeutet das Einweihungsritual in das Mannsein, daß sich der "Junge" der Kräfte des inneren vollentwickelten Mannes bedienen mußte, um das Ritual zu überleben. Da unsere Kultur keine rituellen Einweihungen kennt, die imstande sind, dem einzelnen die Hilfsmittel der nächsten Lebensstufe bewußt zu machen, kann es helfen, wenn du dir dein eigenes Einweihungsritual für die nächste Entwicklungsstufe schaffst.

Bei jedem Übergang von einer Entwicklungsstufe in die nächste bauen sich häufig Widerstände auf. Neben dem Übergang vom Jugendlichen zum jungen Erwachsenen gibt es noch eine weitere entscheidende Schwelle, die innerhalb der Entwicklung der menschlichen Psyche überwunden werden muß: der Übergang vom reifen Erwachsenen zum frühen Alter. Das Schwinden körperlicher Stärke und den Machtverlust im Berufsleben, der einen zwingt, der jüngeren Generation immer mehr Verantwortung abzutreten, verwinden besonders Männer nur sehr schwer. Wenn man seine Identität nur über Macht und Status definiert, die der reife Erwachsene in sich vereinen kann, wird man sich davon nur äußerst ungern trennen, um das Alter anzunehmen, besonders wenn damit der Verlust von äußerer Macht und körperlicher Vitalität verbunden ist. Auch wenn eine Frau überhaupt keine Kinder oder keine weiteren Kinder mehr haben will, hat sie dennoch die Empfindung eines Verlustes, wenn die Möglichkeit, Leben zu gebären, körperlich gar nicht mehr besteht. Wie so viele Lebensstadien wird auch dieser Übergang von unserer modernen Gesellschaft nicht anerkannt.

Der Widerstand gegen das Alter kann in dem Versuch gipfeln, um jeden Preis jung und attraktiv bleiben zu wollen und sich an das Gefühl der eigenen Lebenskraft zu klammern, statt sich auf die nächste Entwicklungsstufe vorzubereiten. Dies ist der Zeitpunkt, an dem langjährige Ehen scheitern. Wenn das Ziel der Ehe der Gründung einer Familie und eines Heimes in der Welt gegolten hat, bleibt, nachdem der Zweck erreicht ist, nicht mehr viel übrig, um das Paar gemeinsam in das Alter zu geleiten. Zu diesem kritischen Zeitpunkt verliebt sich der Mann urplötzlich in eine wesentlich jüngere Frau, stürzt sich eine stets treue Frau in ein romantisches Liebesabenteuer. Wenn sich die Frau ihr Leben lang mit dem Archetyp der Mutter identifiziert hat, kann der Verlust dieser Rolle, der dadurch gekennzeichnet ist, daß die Kinder das Nest verlassen haben und die Frau nicht mehr fähig ist, neues Leben zu gebären, eine größere Identitätskrise auslösen. Manche Menschen würden lieber sterben, als diesen Übergang zu vollziehen, und das tun sie dann oft auch.

Unser Kulturkreis achtet das Alter kaum. In den Stammeskulturen der Naturvölker dagegen werden die Bewußtseinsaspekte des Alters meist hochgeehrt. Diese Menschen wissen, daß die Alten über ein Wissen verfügen, das für die Gemeinschaft wertvoll ist. Deshalb halten die Stämme für das Alter einen Lebensplan bereit, in dem Ehre und Weisheit eine Rolle spielen. Das erklärt die Tatsache, daß älter werdende Menschen, die sich dieser Entwicklungsstufe nähern, den Übergang freudig willkommen heißen, statt sich gegen ihn zu wehren. In Hawaii zum Beispiel rechnet man dich erst dann zu den Alten, wenn du achtzig bist. Es ist eine große Ehre, in die Runde der Alten aufgenommen zu werden. Wir sind Hawaiianern begegnet, die sich selbst älter machten; sie sagten: "Ich bin fast achtzig", während sie erst fünfundsiebzig waren.

1991 verlebten wir mit einer europäischen Gruppe drei Wochen lang spirituelle Ferien auf Hawaii; wir hatten uns vorgenommen, aus jedem Tage einen heiligen Tag* zu machen. Wir hatten das Glück, einen Abend mit einem Kahuna namens Sam Kihei verbringen zu dürfen. Ein Kahuna ist ein Priester der traditionellen hawaiianischen Kultur; er kann Führer, Lehrer oder Heiler sein oder alles zugleich. Sam hatte eine kraftvolle Ausstrahlung. Er besuchte uns bei unserem letzten Abend auf Maui. Nachdem man den vierzig Teilnehmern der Gruppe Girlanden aus weißen und gelben Framijaniblüten umgehängt hatte, ließen wir uns im Kreise auf dem Boden nieder. Nur die Fensterscheiben des Gruppenraums trennten uns von der üppigen Vegetation, die unsere Unterkunft, das "Up Country"-Zentrum, umgab.

Sam trat ein. Er trug einen wunderschönen schwarzbraunen Sarong über seinen Shorts und hielt ein Muschelhorn in der Hand. Er war ein mächtiger Mann. Trotz seines Gewichtes bewegte er sich leichtfüßig; wir hätten ihn nach unseren Maßstäben als fett bezeichnet, er aber war mit seinem Körper sichtlich einverstanden. Sam setzte sich mit gekreuzten Beinen in den Kreis und begrüßte uns in der alten hawaiianischen Sprache. Dann begann er seine Rede mit den Worten: "In der traditionellen hawaiianischen Kultur gibt es keine Gleichheit." Wir waren erstaunt – schließlich befanden wir uns hier in Amerika!

* Anm. des Übers.: Wortspiel; im Amerikanischen unterscheiden sich die Worte"holiday" – "Ferien" und "holy day" – "heiliger Tag" nur durch die Schreibweise.

Dann fuhr er mit seiner tiefen, vollklingenden Stimme fort: "Ich gehorche jedem Manne, der älter ist als ich, und jeder jüngere Mann hört auf mich. Deshalb verbringe ich mein Leben damit, Weisheit anzusammeln, denn ich weiß, daß ich eines Tages die Stimme meines Volkes sein werde."

Dieses Bild des Alters rührte unsere Seele an. Es wies darauf hin, daß die Alten über Wissen und Mittel verfügen, die frühere Stufen nicht besitzen. Es preist die Weisheit, die sich mit zunehmendem Alter entwickeln kann, und sieht das Leben als Vorbereitung auf das Privileg, diese Weisheit mit dem Stamme teilen zu dürfen. Da sich unsere eigene Kultur in erster Linie auf die Bewußtseinsstufen des Jugendlichen und jungen Erwachsenen gründet (mit starker Berücksichtigung der kindlichen Ebene), neigen wir als Teil dieses Kollektivs dazu, die Werte der frühen Entwicklungsstufen zu überschätzen. So wie das Vorbild eines einzelnen Menschen viel über ihn selbst aussagt, so ist das auch mit den Leitbildern einer Kultur. Man kann diese Leitbilder am besten wahrscheinlich dadurch aufspüren, daß man herausfindet, wen eine Kultur mit der höchsten sozialen Anerkennung auszeichnet. Allgemein gesprochen, wer sind die höchstbezahlten Mitglieder unserer Gesellschaft? In Amerika sind es die Rockstars, die Sportler und die Filmschauspieler. Sagt uns das etwas über die Stufe der menschlichen Entwicklung, vor der wir offenbar die größte Hochachtung haben?

Zusätzlich zu den chronologisch auftretenden inneren Aspekten tragen wir noch eine ganze Menge weiterer Aspekte mit uns herum, die nicht an die Zeit, wohl aber an die persönliche Bewußtseinsebene gebunden sind. Auch sie sind Teil unserer Persönlichkeit. Einen dieser Aspekte, den Richter, haben wir schon kennengelernt. Andere Aspekte könnte man folgendermaßen benennen: der Liebende, der Helfer, der Vater oder die Mutter, der Lehrer, der Kriminelle. Wie wir schon sagten, verkörpert der Richter jenen inneren Anteil, der alles daran mißt, wie wirkungsvoll es sich für die Aspekte einsetzt, mit denen wir uns identifizieren. Der Richter glaubt fälschlicherweise, daß er genau weiß, wie das Leben ist und wie jeder, auch der Partner, zu sein hat. Dabei entwickelt er äußerst präzise Vorstellungen.

Wenn Beziehungspartner über das Bestreben des Richters, die persönliche Identitätsstruktur zu schützen, nichts wissen, kann er eine Menge Ärger verursachen. Er müht sich redlich ab, anderen Aspekten deiner Ganzheit das Unbehagen zu ersparen, schmerzhafte Wahrheiten konfrontieren zu müssen, indem er dafür sorgt, daß du im "Recht", dein Partner dagegen im "Unrecht" ist. Er ist bestrebt, die Sache so darzustellen, daß dein Selbstbild nicht den kleinsten Kratzer abkriegt. ("Es ist sein Fehler. Er ist schuld. Ich habe damit überhaupt nichts zu tun!") Der Richter hat die Aufgabe, die Persönlichkeitsstruktur – "Ego" genannt – um jeden Preis aufrechtzuerhalten. Wenn du in einer Partnerschaft lebst, ist dein Ego auf jeden Fall bedroht, da sich ja jeder von euch einer dritten Wesenheit, der Partnerschaft nämlich, hingibt.

In einer Beziehung wird das Ego von allen Seiten her bedroht, am stärksten von der Liebe. Vielleicht hast du schon bemerkt, daß der Richter nach einer wirklich tief befriedigenden Liebesnacht oder nach Stunden oder Tagen, in denen ihr euch sehr, sehr nahe wart, mit verdoppelter Kraft zurückkehrt. Plötzlich stört dich alles an deinem Partner, du fühlst dich angewidert, bist kritisch, aggressiv und distanziert. Der Richter hat deine Psyche plötzlich wieder voll im Griff, er hält eisern an deiner Egostruktur und damit an deiner Getrenntheit fest. Diesen Dienst leistet er dir nur zu gern. Wenn dir aufgeht, daß es immer wieder der Richter ist, der dahintersteckt, bist du ihm nicht länger ausgeliefert. Wir sind bei solchen Attacken immer schon ungeheuer erleichtert, wenn uns nur schon klar ist, was da überhaupt vor sich geht, so daß wir den Standpunkt des Richters nicht einfach blind übernehmen. Wenn du dem Richter auf die Finger siehst, steht ein Teil deiner selbst außerhalb dieser urteilenden, abweisenden Haltung. Hast du dir die Situation bewußt gemacht, siehst du die Dinge in ganz anderem Licht. Du erkennst, daß der Richter eben nur der Richter ist. Seine Stimme verkündet weder die Wahrheit über deinen Partner noch die über eure Beziehung. Es ist gewissermaßen nur dein eigener privater Richter, der versucht, ob du wieder einmal anbeißen wirst.

Sobald dir bewußt ist, daß der Richter deine innere Gemeinschaft beherrscht, kannst du ihn zum Verbündeten bei deinem Erwachen machen. Da dir das Phänomen der Projektion bekannt ist, weißt du, daß alles, was der Richter bekrittelt, verurteilt oder heruntermacht, in Wirklichkeit zu deinem eigenen unbewußten Material gehört. Damit hast du ein machtvolles Werkzeug in der Hand, mit dem du dich näher kennenlernen kannst. Sobald der Richter auftaucht, achte auf folgendes: Nicht das, was er über deine äußere Wirklichkeit sagt ist wichtig; es betrifft einzig deine innere Wirklichkeit. Wenn du den Richter in dieser Weise für dich einspannst, kannst du dir bei jedem aktivierten Aspekt bewußt machen, was dein Leben unbewußt beherrscht.

Als ich (Rhea) keinen Partner hatte, machten mich ein paar sehr weise Freundinnen auf das "Schwarze-Lackschuhe"-Syndrom aufmerksam. Es funktioniert folgendermaßen: Du triffst einen Mann. Er ist wunderbar. Du verliebst dich. Alles ist bestens, romantisch, leidenschaftlich und intim. Und dann ... fallen dir auf einmal seine schwarzen Lackschuhe auf. Du versuchst, nicht daran zu denken, und konzentrierst dich darauf, wie wunderbar er ist. Doch je näher ihr euch kommt, umso mehr achtest du auf seine schwarzen Lackschuhe. Natürlich überlegst du dir: "Wie kann ein so toller Mann schwarze Lackschuhe tragen?" – "Wie kann ein Mann überhaupt schwarze Lackschuhe tragen?" Plötzlich fühlst du dich ihm nicht mehr ganz so nahe, bist nicht mehr so voller Leidenschaft, und die Romantik tritt auch in den Hintergrund, weil ...immerhin trägt er schwarze Lackschuhe! Schließlich kannst du überhaupt nicht mehr wahrnehmen, wie wunderbar er ist, du bist viel zu sehr mit seinen Schuhen beschäftigt. Am Ende hast du nur noch die verdammten Treter im Kopf. Und so... endet die Beziehung, denn wie hättest *du* es mit einem Mann aushalten können, der eine Vorliebe für schwarze Lackschuhe hat...?

Sobald die wachsende Nähe in der Beziehung deine Identität als Einzelwesen bedroht, tritt das "Schwarze-Lackschuhe"-Syndrom in Kraft. Der Richter hebt sein Haupt und sorgt für Entschuldigungen, damit sich das Ego behaupten kann. Für mich (Rhea) sind Gawains "schwarze Lackschuhe" sein Spaß an Sexmagazinen. Immer, wenn die Intimität unserer Beziehung die Wälle meines Egos zu überspülen droht, erinnere ich mich daran, daß er Geschmack an Mädchenheften findet. Das liefert mir die Rechtfertigung, mich von ihm zurückzuziehen. Ich spüre mich als Einzelwesen und fühle die Distanz, weil er ja schließlich...

Was sind die "schwarzen Lackschuhe" deines Partners? Ich schlage vor, daß du dir überlegst, was dich am meisten an ihm stört und dir den Grund liefert, dich von ihm zu distanzieren. Finde heraus, unter welchen Umständen du dich wieder an dieses Ärgernis erinnerst. Was kannst du durch die Tatsache, daß er "schwarze Lackschuhe" trägt, bei dir selbst vermeiden? Was rechtfertigst du damit?

Wenn du deine Aspekte und die deines Partners besser kennst, wirst du sie schließlich voraussehen können. Erwartest du das Auftauchen eines ganz bestimmten Aspektes, bist du besser in der Lage, jenen Moment abzupassen, in dem du dich entscheidest, welche Platte deine Jukebox spielen soll. Du siehst förmlich den Finger, der die Taste drückt. Wenn du jetzt in deiner Mitte bist, gelingt es dir vielleicht, diesen Augenblick verstreichen zu lassen, statt gedankenlos die alte Platte abzuspielen. Möglicherweise bist du sogar fähig, eine andere Musik zu wählen.

Arbeitest du mit deinem Partner, dann wird er oft vorausahnen, wann du dich wieder mit einem bestimmten Aspekt identifizieren willst, der deinen gegenwärtigen Lebensumständen nicht mehr entspricht. Möglicherweise kann er dir dabei helfen, eine andere Platte aufzulegen, bevor du automatisch Antwort gibst. Gawain hat einen Aspekt, den wir Alfred nennen (wobei wir niemanden verletzen wollen, der diesen Namen trägt!), der wirklich Ärger macht. Wenn Alfred auftaucht, beginnen Gawains Augen in einer ganz bestimmten Weise zu funkeln. Nimmt Rhea dieses Funkeln wahr, dann weiß sie, daß Alfred nicht mehr lange auf sich warten läßt. Sollte sie nicht in Stimmung sein, sich mit Alfred auseinanderzusetzen, schlägt sie in komischem Entsetzen die Hände vors Gesicht und schreit: "Oh nein! Nicht Alfred! Bitte! Nicht Alfred!" Gewöhnlich brechen wir dann beide in Gelächter aus, und Alfreds Auftritt ist abgewendet. Denke jedoch daran: Wenn der hin und her schweifende Arm deiner Jukebox sich erst einmal für eine bestimmte Platte entschieden hat, hast du *fast* keine andere Möglichkeit mehr, als einen weiteren Zyklus dieses Aspektes zu durchleiden.

Wir sagen *fast*, weil es doch noch eine Möglichkeit *gibt*, die für die meisten von uns jedoch in weiter Ferne liegt, da wir uns ja zu den Sterblichen zählen müssen. Wir selbst haben diese Variante bei vielen Gelegenheiten nicht gemeistert. Wir zögern deshalb, sie überhaupt zu erwähnen, denn wir fürchten, daß du dieses Wissen dazu benutzen könntest, dir unnötige Schuldgefühle zu machen. Dennoch, lieber Leser, muß unser Versagen nicht dein Versagen sein, und deshalb führen wir die Möglichkeit hier an, wenn auch sehr zögernd und nur als Vorschlag; vielleicht gibt es ja ein paar Begabte unter euch, die dieses Zauberkunststück hinkriegen. Bist du bereit? Also, hier ist sie: Wenn du sehr, sehr wach bist, *besteht* die Möglichkeit, daß du, wenn die Antwort bereits abschnurrt, innehältst, dich zentrierst und dann anders entscheidest. Das ist jedoch außerordentlich schwierig. Du brauchst große Klarheit und mußt dich der Bewußtwerdung völlig verpflichten, dann *ist* es tatsächlich möglich. Wenn du klar genug bist, den verhängnisvollen Ton der Platte zu erkennen, kannst du auch sagen: "Nein, Moment mal! Diese Platte werde ich *nicht* noch einmal abspielen!" Hole tief Luft, sammle dich und wähle einen anderen Aspekt aus deiner Ganzheit, der Situation besser entspricht.

Doch wir sagten schon, daß dieses Zauberkunststück so viel Bewußtsein erfordert, daß wir es nur unter größtem Vorbehalt erwähnen.

Erst wenn wir uns die persönlichen Aspekte, die unsere individuelle Identität bilden, bewußt gemacht haben, sind wir frei, über sie hinauszuwachsen. Sobald wir jene Aspekte kennen, die gewöhnlich unbewußt unsere Lebenserfahrung und unseren Lebensausdruck festlegen, haben wir sie in gewisser Hinsicht gemeistert und gewinnen bewußten Zutritt zu den Aspekten unserer Ganzheit, die zu den überpersönlichen Bewußtseinsebenen gehören. Zusammen mit den Aspekten unserer persönlichen Identität gehören sie zu unserem Erbe als körperlich manifestierte Geistwesen. Unglücklicherweise identifizieren sich die meisten Menschen unbewußt so sehr mit ihren persönlichen Aspekten (von denen sie tatsächlich nur einen Bruchteil kennen!), daß sie nicht einmal auf den Gedanken kommen, sich über jene Ebene hinaus in das Leben des Geistes vorzuwagen.

Es ist wahr, daß das Überpersönliche zuweilen durch die persönliche Wahrnehmungsebene hindurchbricht und plötzlich bewußt wird. Dies sind Augenblicke der Gnade. Maslow nannte jene Art von Erlebnissen "Spitzenerfahrungen". Wir hüten sie wie Schätze, denken voller Ehrfurcht an sie zurück und teilen sie höchstens unseren engsten Freunden mit. "Am Morgen nach dem Tode meiner Großmutter erwachte ich mit einem Traum von ihr. Doch dann war mir, als ob ich ihre Stimme noch immer hörte. Ich wußte, daß ich nicht mehr träumte. Ich vernahm sie wirklich!" – "Ich absolvierte meinen üblichen Zweimeilenlauf, ohne an den Weg zu denken, da mir die Route vollkommen vertraut war. Plötzlich sah ich mich inmitten meiner Enkelkinder und wußte, daß ich lange leben würde. Seitdem habe ich bei weitem nicht mehr so viel Angst vor dem Sterben." – "John betrat das Zimmer, doch ich sah nicht sein Gesicht, sondern das Gesicht meines Vaters. Ich wußte irgendwie, daß ich meinen Vater anrufen mußte. Ich erfuhr, daß er gerade einen Herzanfall erlitten hatte und ins Krankenhaus gebracht worden war." – "Ich hatte den ganzen Tag schwer gearbeitet und war ziemlich groggy. Deshalb setzte ich mich und sah dem Sonnenuntergang zu. Ich saß einfach da, ruhte aus und ließ die Farben auf mich wirken. Plötzlich wußte ich, daß das Leben ein Spiel ist. Es kam mir komisch vor, daß ich alles bisher so ernst genommen hatte. In dem Moment war mir klar, daß – auf einer gewissen Ebene – alles nur ein Spiel ist. Ich werde mich immer an diesen Augenblick zurückerinnern, obwohl ich oft vergesse, daß das Leben nur ein Spiel ist."

Die Momente der Einsicht, der Eingebung oder Gnade geschehen einfach. Meistens scheinen sie sich dann zu ereignen, wenn der gewöhnliche Verstand müde ist oder aus irgendwelchen anderen Gründen nicht im Wege steht. Wir können über diese Augenblicke nicht verfügen. Ihnen allen ist das eine gemeinsam: Wir haben keine Kontrolle über sie, denn Gnade ist ein Geschenk, das nicht an eigene Anstrengungen gebunden ist. Wenn man jedoch die unerfahrenen Gefühle der persönlichen (gewöhnlich sehr jungen) Aspekte der Psyche ausräumt und sich seine Muster bewußt macht, beginnt man sich von der Egostruktur, mit der man sich früher so sehr identifiziert hat, nach und nach zu lösen. Dann besteht tatsächlich die Möglichkeit, die überpersönlichen Bereiche des Bewußtseins zu erforschen.

Wir möchten hier ein Wort der Warnung aussprechen. Sobald du an dir arbeitest, ist es nur eine Frage der Zeit, daß du die überpersönlichen Ebenen zu erschließen beginnst. Wenn du also den persönlichen Bereich deiner Psyche aufräumst, schaffst du in deinem Leben Raum für die Offenbarungen des Überpersönlichen. Wenn so etwas geschieht, wissen viele Menschen nicht, was mit ihnen vor sich geht. Im Gegensatz zum Osten, der seit langem ein System für den Umgang mit den überpersönlichen Bewußtseinsebenen besitzt, gibt es im Westen nur wenige Straßenkarten für die spirituelle Reise. Deshalb hinken wir Westler mit unserem Verständnis für diese Erfahrungsebenen gewaltig hinter dem Osten her.

Die östlichen Modelle gründen sich gewöhnlich auf die Idee der Transzendenz. Das bedeutet, daß sie danach streben, die persönlichen Bewußtseinsebenen auszuklammern, um entweder durch Meditation oder durch die Einweihung eines Gurus auf dem kürzest möglichen Wege in die überpersönlichen Bewußtseinsebenen zu gelangen. Diese Techniken sind uralt und entsprechen der kollektiven östlichen Psyche. Wir jedoch sind im Westen zu Hause. Wir sind nicht in das östliche Kollektiv hineingeboren. Unser Weg heißt deshalb nicht Transzendenz, sondern Transformation. Die östlichen Techniken lassen sich nicht einfach in die westliche Kultur übertragen. Wir persönlich spüren, daß viele von uns auf einer bestimmten Ebene mit den östlichen Techniken vertraut sind, weshalb sie uns berühren. Für viele von uns besitzen diese Übungswege eine so starke Anziehungskraft, daß wir sie eine gewisse Zeitlang wieder verfolgen. Doch für den westlichen Menschen führt der Weg zum Überpersönlichen nicht am Persönlichen vorbei; wir streben im Gegenteil danach, das Persönliche so vollständig zu erfahren, daß es wie von selbst in den Hintergrund unserer Ganzheit tritt und dem Überpersönlichen Platz macht, wenn wir es brauchen. Die letzten beiden Worte sind uns außerordentlich wichtig: wenn wir es brauchen! Das bedeutet, daß man sich nicht vom Leben zurückzieht, um die überpersönlichen Bewußtseinsebenen aufzuspüren, sondern daß man das Überpersönliche bewußt ins tägliche Leben integriert.

Der östliche Weg zieht sich zurück und transzendiert. Der westliche Weg integriert und transformiert.

Ich glaube, daß sich viele Menschen aus dem Westen vom östlichen Wege deshalb so stark angezogen fühlen, weil sie hoffen, sich das Leiden dadurch zu ersparen. Schließt man die persönlichen Ebenen ganz aus, muß man sich auch mit dem eigenen Schmerz nicht auseinandersetzen. Man muß keine Verantwortung für die widersprüchlichen Kräfte übernehmen, die an der persönlichen Psyche zerren. In den traditionellen östlichen Übungswegen versucht man, der Erfahrung des persönlichen Selbst auszuweichen, indem man sich gleich in den Bewußtseinsozean stürzt, der mit dem Überpersönlichen, dem Kollektiv, verbunden ist. Das kann sehr verlockend sein. Man könnte sagen, daß sich der spirituelle Weg des Ostens auf die drei oberen Chakras konzentriert. Die meisten westlichen Menschen leben mit den Forderungen und Kräften der unteren drei Chakras. Für uns aber bedeutet der Weg des Erwachens, daß wir uns in unserer ganzen Fülle anerkennen; sowohl die unteren wie die oberen Energiezentren sollen bewußt miteinbezogen werden. Das Herzzentrum ist für uns der Treffpunkt der Energien der oberen und unteren Chakras. Die Ausrichtung auf das Herz erlaubt uns, sowohl Verantwortung für jene Aspekte unserer Ganzheit zu übernehmen, die im Geiste wurzeln, als auch für jene, die der Form entstammen. Auf diese Weise können wir unsere Menschlichkeit feiern und ehren, ohne die Erfahrung unserer Ganzheit in der Welt der Form zu begrenzen. Das Ziel ist wiederum die Ganzheit.

Vielleicht fühle ich (Rhea) deshalb eine so starke Berufung, andere Menschen auf überpersönliche Erfahrungen vorzubereiten, weil ich selbst keine Ahnung hatte, was in mir vorging, als sich mir diese Bereiche spontan auftaten. Als in mir zum erstenmal Erinnerungen an frühere Leben aufstiegen, glaubte ich an einer Art Nervenzusammenbruch zu leiden. Als ich das erstemal bemerkte, daß Menschen von Farben umgeben sind und ich durch Wände sehen konnte, glaubte ich, daß meine Augen physiologisch falsch mit dem Gehirn verbunden seien. Als ich zum erstenmal "Botschaften erhielt" und Energien der Astralebene (Geister) wahrnahm, dachte ich, daß ich jetzt wirklich verrückt würde. Allmählich erkannte ich dann aber, daß meine Wahrnehmungen keineswegs Anzeichen dafür waren, daß ich dabei war, den Verstand zu verlieren. Später lernte ich, daß man solche Erfahrungen tatsächlich voraussagen kann, wenn man sein Bewußtsein von Reflexen befreit und das Ego die Wahrnehmung der Realität immer weniger beherrscht.

Nachdem ich lange geglaubt hatte, daß irgend etwas mit mir nicht in Ordnung sei, verfiel ich in das andere Extrem. Ich durchlief eine Phase (die ich zugegebenermaßen auch heute noch verlockend finde), in der ich glaubte, daß diese "besonderen" Erlebnisse bedeuten mußten, daß ich selbst etwas ganz Besonderes sei. Das Ego ist eben so, nicht wahr? Es greift nach allem, um sich aufzublasen, um sich von anderen abzuheben. Es versucht sogar, das Überpersönliche auf die persönliche Ebene zu ziehen und den Ruhm für sich zu beanspruchen. Ist das nicht erstaunlich? Es tut alles, um am Drücker zu bleiben. Wenn etwas geschieht, was es nicht kontrollieren kann, sagt es zum Beispiel: "Ich habe die Kontrolle darüber, daß mir Dinge widerfahren, die ich nicht kontrollieren kann." – "Ich habe keine Macht über diese Gaben, ich bin einfach anders als gewöhnliche Menschen." – "Du kannst dir gar nicht vorstellen, welche Last es ist, eine alte Seele zu sein." Das Ego ist äußerst raffiniert. Ich bin sicher, daß auch du schon Menschen angetroffen hast, die ihre spirituellen Fähigkeiten dazu benutzen, sich von anderen abzuheben. Du spürst es, wenn sie dir deine Wirklichkeit erklären, als ob sie etwas sähen, was du wahrscheinlich nie kapieren wirst. Ich krümme mich innerlich, wenn ich mich dabei ertappe, daß ich mich in dieser Weise aufblähe, und ich bin sicher, daß ich es oft genug nicht einmal merke.

Wir alle haben Bereiche, in denen wir unser Ungenügen spüren. Unbewußt versuchen wir, die Unzulänglichkeiten dadurch auszugleichen, daß wir uns in anderen Bereichen aufblasen. Spirituelle Fähigkeiten sind von diesem Mechanismus keineswegs ausgenommen. Es ist vielleicht leichter, sogenannte geistige Fähigkeiten zur Schau zu stellen, als sich mit Bereichen zu befassen, in denen wir uns unvollkommen fühlen. Ihr alle habt gehört, wie Menschen ihre Mängel kompensieren, indem sie sagen: "Ich brauche wirklich keine Freunde. Mich umgeben so viele spirituelle Führer, daß ich nie allein bin." – "Ich brauche keinen Orgasmus. Dafür bin ich zu spirituell, denn ich sehe die Aura." – "Ich habe nie die Universität besucht, doch ich habe Visionen. Was soll mir eine Ausbildung bringen, wenn ich mich an das Wissen des Universums anschließen kann?" Wenn wir wirklich bewußt werden wollen, müssen wir alle Gedanken und Taten aufspüren, durch die wir kompensieren. Wir müssen schonungslos ehrlich mit uns sein. Als ich meine ersten Erfahrungen mit früheren Leben machte, fand ich es viel lustiger, die Freunde mit meinen "Erinnerungen" zu verblüffen, als der Tatsache ins Auge zu sehen, daß ich meine Miete kaum aufbringen konnte. Solltest du dich dabei ertappen, daß du dich in einem bestimmten Bereich hervorhebst, kannst du davon ausgehen, daß du kompensierst.

Wenn du also merkst, daß dein Ego deine beginnenden überpersönlichen Erfahrungen dazu benutzt, dich entweder kleinzumachen ("Ich muß verrückt sein!") oder dich aufzublasen ("Wow! Schaut, was ich kann!") oder andere Bereiche zu kompensieren, in denen du dich unzulänglich fühlst ("Natürlich habe ich Übergewicht. Ein Mensch mit meinen psychischen Fähigkeiten braucht viel Erde!"), dann betrachte dich als stolzen Verwalter eines stinknormalen Egos und versuche, diese Gedanken zu überhören. Wenn wir uns – in welcher Weise auch immer – in unsere spirituellen Gaben vertiefen, geraten wir auf Nebengeleise. Diese Gaben gehen genau so unvorhergesehen, wie sie kommen. Wenn du dich mit ihnen identifizierst ("Ich bin ein Medium!"), bist du nur in eine weitere Egofalle getappt. Denke einfach daran, daß eine Menge Mist passieren kann, wenn du und dein Partner bewußter werdet. Wenn du etwas zu ernst nimmst oder dich völlig auf ein Phänomen konzentrierst, vergißt du leicht das Ziel der Reise.

Wir haben über spirituelle Gaben (oder "siddhis", wie sie im Sanskrit genannt werden) gesprochen, die der Gnade zugeordnet werden, über Erfahrungen aus dem überpersönlichen Bewußtseinsbereich, die dir spontan zukommen, wenn du bewußter wirst. Ich möchte jetzt *bewußt* über die Annäherung an jene überpersönlichen Aspekte deiner Ganzheit sprechen, die du vielleicht noch nicht als Teile deiner selbst erkannt hast.

Jeder von uns verfügt über die persönlichen Aspekte seiner inneren Gemeinschaft, und ebenso hat jeder Zugang zu den überpersönlichen Aspekten seiner Psyche. Wir meinen mit "überpersönlichen Aspekten" jene Anteile, die nichts mit der Persönlichkeit oder der persönlichen Identitätsstruktur zu tun haben. Überpersönliche Aspekte stammen aus den kollektiven Bewußtseinsbereichen. So wie man bei den persönlichen Aspekten voraussagen kann, über welche von ihnen ein Mensch in seiner Einzigartigkeit verfügen wird und welche nicht so stark hervortreten, so verhält es sich auch bei den überpersönlichen. Das bedeutet, daß viele von uns den Heiler, den spirituellen Lehrer, den Führer, die Priesterin oder den Priester in sich tragen. Doch diese Aspekte manifestieren sich in den Menschen verschieden stark. Einige von uns mögen überpersönliche Aspekte in sich tragen, die dem Engelbewußtsein angegliedert sind, andere verfügen über überpersönliche Aspekte, die eher der schamanischen Bewußtseinsebene zugeordnet werden. Zu diesen überpersönlichen Aspekten kann man sich bewußt Zugang verschaffen. Es handelt sich dabei um Meisterschaft, nicht um Gnade, um eine bewußt ausgeführte Handlung und nicht um ein unerwartetes Geschenk der Götter. Da diese Aspekte und die damit verbundenen Kräfte jedoch zum Überpersönlichen gehören, gibt es nichts, womit sich die Person identifizieren oder wofür sich das Ego rühmen könnte.

Dies ist ein sehr wichtiger Unterschied. Wenn du dir im klaren darüber bist, daß die Bewußtseinsbereiche des Heilens, der spirituellen Lehren oder der Voraussage nichts mit den persönlichen Bewußtseinsebenen zu tun haben, kannst du dir erlauben, diese Bereiche deiner Ganzheit frei und unbekümmert zu erforschen. Natürlich müssen deine persönlichen Ebenen Platz einräumen und bereitwillig die Kontrolle abgeben, doch darüberhinaus haben sie nichts mit deinen Erfahrungen in den überpersönlichen Bewußtseinsebenen zu tun. Wie wir schon sagten, kann es sein, daß das Ego oder die persönlichen Ebenen versuchen, Anspruch auf die Dinge des Überpersönlichen zu erheben, doch da irren sie sich gewaltig. Wahr dagegen ist, daß sie auf die Erlebnisse im Überpersönlichen reagieren. Die inneren Kinder können sich durchaus vor den starken Energien des Überpersönlichen fürchten, doch das geschieht erst hinterher und kann (und muß) geregelt werden.

Wie bereits gesagt, kann es sich verhängnisvoll auf die Gesundheit deiner Beziehung auswirken, wenn du das Überpersönliche dazu benutzt, dich vor den persönlichen Aspekten deiner Partnerschaft zu drücken. Eine persönliche Unterredung muß auf einer persönlichen Ebene stattfinden. Später kann es angebracht sein, die Ebenen zu wechseln und von einem überpersönlichen Aspekt auf den Streitpunkt zu blicken. Doch wenn sich dein Partner in einer emotionalen Krise befindet, wirkt nichts tödlicher, als wenn du darauf in überpersönlicher, distanzierter Weise reagierst. ("Vielleicht regst du dich heute darüber auf, daß deine Schwester auswandert, doch eines Tages wirst du erkennen, daß wir nicht wirklich getrennt werden können, da wir im Geiste alle verbunden sind...") Wenn du so etwas tust, unterbrichst du die Verbindung. Das bedeutet jedoch nicht, daß du dich den emotionalen Kräften, die in deinem Partner wirken, unterwerfen sollst. Denke zuerst daran, in deiner Mitte zu bleiben. Doch dann sei bei deinem Partner. Das bedeutet, daß du als mitfühlendes, verständnisvolles Wesen Anteil nimmst, was immer auch geschehen mag. Es ist allerdings genauso tödlich, wenn du deinen Partner, der sich in einem überpersönlichen Bewußtseinsaspekt aufhält, auf eine persönliche Ebene zu drängen versuchst. ("Du meinst also, daß du jedes Wesen auf dem Planeten liebst? Und was ist mit mir? Bin ich nichts Besonderes für dich?") Du kannst die Ebenen unterscheiden lernen, indem du dich fragst: "Versuche ich das, was gerade geschieht, zu vermeiden, oder nehme ich Anteil daran?"

Wie du vielleicht schon bemerkt hast, erhält die Beziehung ganz neue Dimensionen, wenn du die überpersönlichen Bewußtseinsebenen zusammen mit deinem Partner erforschst. Wir wissen sehr wohl, daß wir durch unsere Seminartätigkeit – die auf der überpersönlichen Ebene geschieht – ein unglaublich festes Band zwischen uns knüpfen. Wenn wir nicht arbeiten, meditieren wir gemeinsam und ehren damit das Überpersönliche in unserer Partnerschaft. Wir haben bemerkt, daß wir größere Schwierigkeiten haben, in unserer Mitte zu bleiben, und eher in kindische Aspekte zurückfallen, wenn wir morgens nicht zusammensitzen. Wenn ihr euch die Zeit nehmt und das Überpersönliche in der

Meditation zielbewußt ansteuert, hilft euch das mit und ohne Partnerschaft.

Vielleicht seid ihr unsicher, wenn ihr mit eurer gemeinsamen Übung beginnt. Doch seid überzeugt davon, daß die überpersönliche Ebene in eurer Beziehung lebendig ist, sonst wärt ihr nicht zusammen. Ich habe beobachtet, daß die Vorlieben, die persönlichen Neigungen und Abneigungen wenig damit zu tun haben, warum wir zusammen sind. Sie sind nur Köder für den Verstand. "Ich mag Blondinen." – "Ich liebe sein Lachen." – "Sie ist so klug." – "Er hat so gute Hände." – "Sie hat große Brüste." Diese oberflächlichen Neigungen stellen den Verstand zufrieden, während die Seele bekommt, was sie braucht, um vollkommen zu werden. Wir wissen nur selten, warum wir wirklich mit unserem Partner zusammen sind. Natürlich verbergen sich die Geschenke oft hinter "negativen" Erfahrungen, wobei sich diese Beurteilung natürlich ebenfalls auf die Vorlieben des Verstandes bezieht. Wenn wir zusammen durchs Leben gehen, können wir vielleicht einen Blick von dem erhaschen, was uns der Partner gibt, und erkennen, warum wir uns wirklich gefunden haben.

Im Anhang des Buches findest du Übungen, die dir dabei helfen, die Energien, die dich in den persönlichen Bewußtseinsebenen festhalten, loszulassen (siehe: Aspektprozeß und Enthüllungsprozeß). Wenn du diese Übungen machst, kann es sein, daß sich die überpersönlichen Ebenen spontan öffnen. In jedem Falle kannst du die Übungen, die du unter "Meditation und Energie" vorfindest, dazu benutzen, dich und deinen Partner bewußt auf die überpersönlichen Erfahrungsbereiche vorzubereiten.

Sexualität

Sexuelle Energie ist die Kraft, die dadurch hervorgerufen wird, daß sich Gegensätze anziehen. Diese Energie gehört zu den wichtigsten Kräften im Universum. Sie ist unpersönlich und gründet sich nicht auf Moral oder Ethik. Sie ist bedingungslos und außerordentlich machtvoll. Diese Kraft existiert einfach. Das Prinzip, daß sich Gegensätze anziehen, gehört zu den elementaren Bausteinen, aus denen sich die Welt der Form zusammensetzt. Plus sucht Minus, um sich zu verbinden. Minus sucht Plus, um sich zu vereinen. Soweit wir wissen, ist diese Kraft, die Anziehung der Gegensätze, in jeder Form von Materie am Werke. Deshalb ist die sexuelle Energie nicht nur für die Schaffung des organischen Lebens zuständig, sie wirkt sich ebenso in der anorganischen Materie aus. Die sexuelle Kraft bestimmt, daß die männliche Energie von der weiblichen angezogen wird und sie ausfindig macht. Genauso wird die weibliche von der männlichen Energie angezogen und spürt sie auf. Der Nordpol wird vom Südpol angezogen, was buchstäblich dazu beiträgt, unsere Welt zusammenzuhalten.

Viele von uns haben bereits erkannt, daß Liebe und Sexualität nicht dasselbe sind. Obwohl dies im Gegensatz zu unserer Erziehung stehen mag, ist Liebe ohne Sexualität und Sexualität ohne Liebe durchaus möglich. Der Glaube, Liebe und Sexualität gehörten untrennbar zusammen, ist ein Irrtum. Umgekehrt gilt genau dasselbe: Wenn du jemanden liebst, mußt du nicht unbedingt mit ihm schlafen wollen. Liebe ist nicht Sexualität, und Sexualität ist nicht Liebe. Es handelt sich um unterschiedliche Energien. Natürlich ist es herrlich, wenn beide Energien gemeinsam auftreten; die meisten von uns bevorzugen diese Komponente.

Es gibt einen Punkt in unserer Entwicklung, an dem wir erkennen, daß die Dinge so sind, wie sie sind. Wir gehen über unsere Vorlieben hinaus, lassen unsere Vorstellungen, wie es sein sollte und wie wir es gerne hätten, hinter uns und öffnen uns dem Leben. Statt zu versuchen, das Leben in unsere Vorstellungen zu pressen, müssen wir dem Leben erlauben, uns zu lehren, wie es wirklich ist, ohne zu glauben, daß wir das tatsächlich schon wüßten. Wir alle sind in einer Umgebung aufgewachsen, die in erster Linie vom jüdisch-christlichen Glaubenssystem bestimmt wird. Diese Systeme, die unsere Kultur prägen, verfügen in Hinsicht auf Liebe und Sexualität über starre Glaubenssätze, Verhaltensregeln und Tabus. Ohne uns gegen diese Glaubenssysteme wenden zu wollen, sind wir der Überzeugung, daß jeder für sich selbst herausfinden muß, was gut für ihn ist, und sich nicht auf das verlassen sollte, was einem anderen als angemessene Ausdrucksform des Lebens erscheint. Wenn du dich mit dem Material dieses Buches, besonders aber mit den brisanten Themen "Liebe und Sexualität" beschäftigst, bitten wir dich, unsere Vorschläge auszuprobieren, um herauszufinden, was sich für dich richtig anfühlt. Wir sagen stets in unseren Seminaren: "Du bist Aschenbrödel. Wenn der Schuh dir paßt, gehört er dir."

Da wir Menschen sind, gehört Sexualität in jeder Entwicklungsphase zu unserem Leben, ob wir nun Kleinkinder oder alte Leute sind. Wir sind Wesen physischer, sexueller, intellektueller, emotionaler, psychischer und spiritueller Art. Jedes dieser Elemente gehört jederzeit zu unserer Ganzheit. Die Sexualität beginnt nicht mit der Pubertät und endet nicht mit den Wechseljahren oder dem Eintritt in das Alter. Sie ist immer da – von der Wiege bis zum Grabe. Wie bei den meisten Naturkräften hat auch die sexuelle Energie ihre Hochzeiten und ihre Tiefpunkte. Außerdem ist es offensichtlich, daß die sexuelle Energie für die Ausdrucksform bestimmter Menschen wichtiger zu sein scheint als für andere. Manche Menschen tragen Muster in sich, die den Verstand betonen, andere wieder leben vor allem ihre physischen Kraft oder Tapferkeit. Immer jedoch ist die Energie, die wir Sexualität nennen, das ganze Leben lang als Teil unserer selbst vorhanden. Daran sollten wir denken, wenn wir versuchen, uns und andere zu verstehen.

Unsere Eltern weihen uns in die Sexualität ein. Auch ein Baby ist an das Naturgesetz der Anziehung der Gegensätze gebunden. Ein Baby hat sexuelle Energie. Das bedeutet, daß es vom andersgeschlechtlichen Elternteil angezogen wird. Ein kleines Mädchen fühlt sich sexuell vom Vater angezogen, ein kleiner Junge von der Mutter. Mit dem gegengeschlechtlichen Elternteil schnuppert der Nordpol zum erstenmal nach Süden.

Genauer gesagt: Der gegengeschlechtliche Elternteil ist der erste Bildschirm, auf den wir unsere eigenen inneren gegengeschlechtlichen Aspekte projizieren. Als Mädchen werfen wir unsere männlichen Aspekte auf den Bildschirm, der unser Vater ist, als Jungen projizieren wir die inneren weiblichen Aspekte auf die Mutter. Der Rest des Lebens besteht in dem Versuch, das innere Männliche und Weibliche wieder bewußt zu vereinen. Wir benutzen in unserem Leben viele Menschen als Bildschirme für unsere inneren gegengeschlechtlichen Aspekte. Wir tun dies, weil wir uns kennenlernen wollen. Wenn uns dies schließlich mit Hilfe unseres Partners gelungen ist, werden wir, wenn wir weise sind, damit beginnen, unsere andere Hälfte zurückzunehmen – unsere eigenen gegengeschlechtlichen Aspekte –, indem wir unsere Projektionen zurückziehen und uns der Ganzheit nähern.

Alle Mythen und Sagen, die von der Spaltung einer Seele in grauer Vorzeit und der darauffolgenden Suche nach der anderen Hälfte berichten, künden von dieser Wahrheit. Wir projizieren unsere "andere Hälfte" auf den Bildschirm der äußeren Realität und verbringen den Rest des Lebens mit der Suche nach der Erfahrung unserer Ganzheit. Wir fühlen, daß wir dann wieder ganz sind, wenn wir uns mit unserem "Soulmate", unserem Seelenpartner, vereinigt haben. Der Impuls ist richtig. Wir sind vollständig, wenn wir aufhören, unsere inneren gegengeschlechtlichen Aspekte, die Anima oder den Animus, wie C.G.Jung sagen würde, auf den Bildschirm der äußeren Realität zu werfen. Wenn du und dein Partner, wenn ihr euch beide darüber im klaren seid, kann euch eure Beziehung helfen, die Projektionen bewußt zurückzuziehen und euch der Ganzheit zu nähern.

Diese Möglichkeit steht euch offen. Sie hängt nicht von irgendeiner Schicksalswendung ab, die dir deinen Seelenpartner in diesem Leben über den Weg laufen läßt. Aus diesem Blickwinkel betrachtet, sind alle Mitglieder des anderen Geschlechts Vertreter deines Seelenpartners. Das bedeutet, daß sie unsere eigenen Aspekte darstellen, die wir auf den Bildschirm der äußeren Realität projiziert haben. Das, was wir an unserem Partner mögen und was wir nicht mögen, sind tatsächlich eigene Aspekte, die wir auf sie projizieren. Wenn wir damit beginnen, unsere Projektionen zurückzuziehen, sehen wir immer mehr uns selbst und nähern uns der Ganzheit: "Ach so, das bin ich auch!" Sobald wir unsere Projektionen zurückziehen – und nur dann! –, haben wir eine Chance zu entdecken, wer unser Partner wirklich ist.

Vielleicht hast du schon gehört, daß wir unsere Eltern heiraten. Gewöhnlich sieht es zumindest in der ersten Ehe so aus, als ob wir den gegengeschlechtlichen Elternteil heirateten. (Dr. Brugh Joy. fügt hinzu, daß dies auch für die zweite und die dritte Ehe zuträfe, falls wir weiterhin unbewußt blieben.) Es mag sein, daß wir eine Kombination der Muster heiraten, die wir von unseren Eltern her kennen. Genauer gesagt, wir projizieren unsere eigenen unbewußten gegengeschlechtlichen Aspekte auf den besten gegengeschlechtlichen Bildschirm, der aufzutreiben ist. Zuerst projizieren wir sie auf Vater oder Mutter, dann auf unsere Partner und schließlich sogar auf unsere gegengeschlechtlichen Kinder. Mit der Projektion wächst die Sehnsucht nach der Vereinigung mit der "anderen Hälfte". Diese Sehnsucht nach der Ganzheit kann man als Grundlage für die sexuelle Anziehung betrachten. Die Anziehung der Gegensätze ist ein Versuch, die Dualität durch Vereinigung zu überwinden und die Ganzheit wiederherzustellen. Diesen Tanz beginnen wir mit unseren Eltern.

Obwohl das Wissen um die Anziehungkraft des gegengeschlechtlichen Elternteils zur Basis unserer Psychologie gehört, fällt es den meisten von uns noch immer schwer, diese Tatsache anzunehmen. Und doch sorgen wir auf diese Weise für das Überleben unserer Rasse. Das kleine Mädchen will ihren Papa haben, doch wegen Mama und überhaupt – (so was tut man doch nicht!) kann sie Papa nicht kriegen. Wenn sie alt genug ist, überträgt sie ihr Begehren auf einen Gleichaltrigen und pflanzt sich fort. Später überträgt sie diese sexuelle Anziehung auf ihren

Sohn und führt ihn durch die Anwesenheit ihrer Energie in seine eigene Sexualität ein. Der Sohn seinerseits findet die Mutter anziehend. Er kann sie wegen Papa nicht haben (denn der ist größer und stärker). Ist er alt genug, überträgt er die Energie auf eine Frau, die ihm erreichbar ist, und das Überleben der Rasse ist gesichert. Wenn der Sohn der Vater einer Tochter wird, überträgt er die sexuelle Anziehung auf diese Tochter, wodurch das kleine Mädchen in ihre Sexualität eingeweiht wird. So rollt die Welle der Sexualität durch die Generationen. Das ist nicht schlecht. Es ist natürlich und war schon immer so. Die Mythen von Oedipus und Elektra sind eben deshalb "Mythen", weil sie etwas Grundsätzliches im menschlichen Kollektiv ansprechen.

Ein Kind sollte seine Sexualität nicht mit einem Erwachsenen ausleben. Es hat weder den Körper noch die Gefühlskapazität, um sich mit erwachsener Sexualität auseinanderzusetzen. Erwachsene Sexualität ist der Entwicklungsstufe eines Kindes in keiner Weise angemessen. Das Kind hat keine Mittel, mit den ungeheuren Kräften umzugehen, die bei der aktiven Sexualität mit einem Erwachsenen frei werden. Wird es diesen Kräften zu früh ausgesetzt, wird seine Psyche überwältigt. Die so geschlagenen psychischen Wunden brauchen oft Jahrzehnte, um zu heilen. Sei dir also ganz klar, daß wir sexuellen Verkehr mit Kindern hier weder anstiften noch entschuldigen. Gleichzeitig möchten wir darauf hinweisen, daß die Anwesenheit von sexueller Energie bei Kindern ganz natürlich ist. Wir wollen ebenfalls festhalten, daß es keine Opfer gibt – keine wirklichen Opfer!

Wenn deine Ganzheit dein Leben so komponierte, daß du als Kind Inzest oder sexuellen Mißbrauch erlebt hast, dann hatte sie einen Grund dafür. Erst *nachdem* du den Schmerz und die verwirrten Gefühle, die mit dem Erlebnis verbunden sind, erlebt und dadurch losgelassen hast, wirst du erkennen, daß die Wunde ein Geschenk verbirgt. Es geschah etwas mit dir, was nicht geschehen wäre, hättest du diese Erfahrung nicht gemacht. Du hast Kräfte entwickelt, die du sonst nicht entwickelt hättest. Noch einmal: Wir sagen damit nicht, daß deine bewußte Persönlichkeit den Vorfall herbeigeführt hat; irgendein Teil deiner Ganzheit hat es jedoch getan. Wir sprechen auch nicht von Schuld, sondern von Verantwortung. Wir sprechen von der

Möglichkeit, dich durch das Wissen, wozu der Vorfall dir gedient hat, mit der Erfahrung zu versöhnen.

Oft erleben wir bei der Arbeit in unseren Gruppen, daß Menschen, die in der Kindheit sexuell mißbraucht wurden, über große sexuelle Energie verfügen. Dies kann ein Kind ziemlich verwirren, ja sogar überwältigen. Häufig ist die Erfahrung des sexuellen Mißbrauchs für das einzelne Kind psychologisch gesehen der Grund, seine sexuelle Energie zu unterdrücken und sich auf die Entwicklung anderer Aspekte der Ganzheit zu konzentrieren – oftmals der Spiritualität. Vielleicht liegt es an der spirituellen Ausrichtung unserer Gruppen, daß wir oft Menschen treffen, die starke geistige Gaben haben, jedoch mit ihrer Sexualität nicht oder noch nicht klarkommen. Es ist sicher wahr, daß viele Menschen deshalb von den Abstraktionen der Spiritualität angezogen werden, weil sie dem Körper und seinen manchmal unkontrollierbaren Forderungen zu entkommen suchen. Sie flüchten sich in die oberen drei Chakras, weil die unteren drei so schwer zu beherrschen sind, und sehen in den Tugenden des erleuchteten Geistes ein Bollwerk gegen die chaotischen weiblichen Kräfte, die dem Körper und der Erde zugeschrieben werden. Dies Verhalten mag für bestimmte Menschen richtig sein, anders aber liegt nach unserer Erfahrung der Fall, wenn ein traumatisches sexuelles Erlebnis, das zur Unterdrückung der Sexualität führte, die spirituelle Entwicklung auslöst.

Oft besteht keine bewußte Erinnerung an das Trauma. Da das Kind keine Möglichkeit hat, mit den überwältigenden Kräften erwachsener Sexualität umzugehen, wird es von der Psyche dadurch geschützt, daß sie das Trauma und die damit verbundene Energie verdrängt. Wenn der Mensch älter wird und Mittel erwirbt, mit seiner Sexualität umzugehen, ohne von ihr überwältigt zu werden, steigen die Erinnerungen an den Mißbrauch wieder an die Oberfläche. Wenn du also einen Artikel über Inzest liest oder im Fernsehen eine Sendung über Kindesmißbrauch siehst und plötzlich eigene Erinnerungen dieser Art an die Oberfläche deines Bewußtseins steigen, ist das ein Zeichen dafür, daß du bereit bist, dich mit deiner sexuellen Energie auseinanderzusetzen. Viele Menschen glauben, daß das Auftauchen solcher Erinnerungen die Sexualität hemmt. Tatsächlich ist das Gegenteil richtig. Rose

Kennedy (die Mutter J.F. Kennedys) sagte sehr weise: “Gott gibt dir nur soviel, wie du tragen kannst.” Wir möchten diesen Satz so interpretieren: “Deine Psyche gibt dir niemals etwas, womit du nicht umgehen kannst.” Das Auftauchen jedweder traumatischen Erinnerung ist ein Zeichen dafür, daß du bereit bist, dich den damit verbundenen Kräften zu stellen. Deine innere Weisheit befindet, daß du jetzt über Mittel verfügst, die dir früher fehlten. Deshalb wird das verdrängte Material deinem Bewußtsein zugänglich. Sieh einen solchen Prozeß als Bestätigung deiner Kraft und nicht als Hemmnis, das dich kleiner macht.

Wenn du die Inzesterfahrung mit deinem eigenen Elternteil ganz ehrlich untersuchst, wirst du herausfinden, daß ein Aspekt deiner Ganzheit entweder Spaß an dem Erlebnis hatte oder es zumindestens wollte. Das bedeutet nicht, daß andere Aspekte deiner inneren Gemeinschaft die Sache völlig anders sehen. Doch je erwachsener wir werden, umso mehr erkennen wir, daß man nichts vereinfachen kann. Nichts ist schwarz oder weiß. Abscheu *und* Anziehung, beide sind sie wahr. Diese unbewußte Anziehung ist die Quelle für die Schuld, die viele Kinder bei einem Inzest empfinden. Diese ganz natürliche Anziehung ist indes kein Grund für Schuld. Wenn man sagt, daß die sexuelle Energie des Kindes am Inzest beteiligt war, sagt man damit nicht, daß das Kind *schuld* am Inzest hatte!

Wenn du dich als Elternteil von deinem Kind sexuell angezogen fühlst, ist auch das nicht schlecht. Es ist zweifellos nicht angemessen, diese Anziehung auszuleben, doch der Reiz an sich ist ganz natürlich. Gewöhnlich erlauben wir uns nicht einmal, die sexuellen Gefühle für unsere Kinder zu spüren. Doch “was wir zurückdrängen, bleibt uns erhalten.” Wenn du die sexuelle Neigung für dein Kind oder ein anderes Kind zugibst, schaffst du die Möglichkeit, daß sich diese Energie bewegt und sogar verwandelt. Wenn du die Neigung dagegen unterdrückst, ist es tatsächlich viel wahrscheinlicher, daß du offen oder verdeckt danach handelst.

Im Augenblick wird in den Vereinigten Staaten und auch in Europa vermehrt über Kindesmißbrauch und Inzest gesprochen. Viele Menschen untersuchen ganz offen die Narben, die sie aus diesen frühen sexuellen Erfahrungen davongetragen haben. Es ist unwahrscheinlich, daß es mehr Inzestfälle gibt als früher, doch das Tabu, darüber zu sprechen, löst sich, und das unterdrückte oder verdrängte Material steigt an die Oberfläche. Diese Entwicklung ist ganz offensichtlich heilsam für uns alle.

Die meisten Gesellschaften haben ein Inzesttabu. Doch die Kennzeichen des Tabus sind nicht überall die gleichen. Es gab Gesellschaften auf unserem Planeten, in denen der Inzest, wie wir ihn verstehen, nicht tabu war. Fehlt das soziale Stigma, dann führt dieselbe Tat zu ganz anderen Erfahrungen. Damit wollen wir das Leid, das Inzest in unserer Gesellschaft auslöst, nicht leugnen. Doch unsere Reaktionen auf den Inzest gründen sich wenigstens zum Teil auf die Werte und Moralvorstellungen der Gesellschaft und natürlich auf die Beobachtung, daß Abwechslung gut für den Genpool ist.

In einer matriarchalischen Kultur, in der ein Kind mit der Mutter und ihren Brüdern aufwächst, richtet sich das Izensttabu gegen den Onkel, der in der Familie lebt, und nicht gegen den leiblichen Vater. Die ägyptischen Pharaonen hatten ebenfalls ein völlig anderes Wertesystem, was den Inzest betraf. Wir erwähnen dies, um die mentale Barriere zu durchbrechen, die einige von uns unbewußt gegen die sexuelle Anziehung des Kindes für den gegengeschlechtlichen Elternteil aufgebaut haben. Manchmal sind Tabus so tief in uns verwurzelt, daß wir nicht einmal wissen, daß sie existieren. Außerdem möchten wir dir vorschlagen, deine eigene Neigung, die Liebe für deinen gegengeschlechtlichen Elternteil und deren sexuelle Komponente zu untersuchen. Wir bitten dich deshalb darum, weil wir (Rhea und Gawain) dadurch eine große Befreiung erlebten. Wir fanden zudem heraus, daß das ehrliche, genaue Untersuchen dieser Neigung unserer Beziehung sehr dienlich war.

Vor einigen Jahren bemerkte ich (Rhea), daß ich (schon wieder) Hemmungen hatte, mich tiefer auf die Liebe zu Gawain einzulassen. Als ich die Quelle dieses Widerstandes untersuchte, war ich schockiert. Ich entdeckte, daß ein oder mehrere Kinderaspekte mich immer noch "für Papa reservierten". Meine Eltern ließen sich scheiden, als ich anderthalb Jahre alt war, und einige jüngere Mitglieder meiner inneren Gemeinschaft hofften immer noch, daß Papa zurückkommen würde. Sie hatten sich überlegt, sie/ich wären bei Papas endlicher Rückkehr nicht mehr frei, wenn ich mich jetzt einem anderen Mann hingab. Sie hatten fast ein halbes Jahrhundert gewartet und mein Herz im ursprünglichen Zustand konserviert. Da es die Hoffnung "ihres" Lebens betraf, fühlte ich mich, als würde ich sie "töten", wenn ich mich mit Haut und Haar für Gawain entschied. Ich mußte ihnen ihren Kummer bewußt zugestehen. Ich sprach mit ihnen und versuchte, sie mit der Realität vertraut zu machen. Ich machte ihnen klar, daß Papa nie zurückkommen werde. Ich trauerte zwei Tage lang mit diesen Aspekten. Schließlich konnte ich fast stofflich spüren, wie sie sich in den Hintergrund meiner Psyche zurückzogen. Darauf erlebte ich eine neue Ebene der Nähe und Verbundenheit mit Gawain.

Da wir unseren eigenen gegengeschlechtlichen Aspekt zuerst auf Vater oder Mutter und erst später auf den Partner projizieren, liefern die Eltern die ersten Muster, die wir vom anderen Geschlecht besitzen. Die Menschen wissen oft gar nicht, daß sich die sexuelle Dynamik, die sie mit ihrem Partner erleben, auf das Gefühl des Inzestes gründet. Bevor eine Frau erwacht, sind alle Männer in gewisser Hinsicht ihre Väter. Genauso sind für einen Mann auf einer bestimmten Ebene seiner Psyche alle Frauen unbewußt die Mutter. Wenn man sich die eigene Neigung für den Elternteil des anderen Geschlechts nie eingestanden hat, ist es schwierig, in der Beziehung zu seinem Partner klar und bewußt zu sein.

Wir haben beobachtet, daß sich gesellschaftliche Tabus in die Beziehung einschleichen, wenn man mittels des Partners unbewußt mit Vater oder Mutter schläft. Dies kann sich zum Beispiel in dem Gefühl manifestieren, man habe irgend etwas in seinem Sexualleben zu verbergen oder darin, daß man die eigene sexuelle Energie einfach nicht vollständig zuläßt. In Wirklichkeit versucht man, die inzestuöse Neigung für den Vater oder die Mutter zu verbergen oder aus dem Bewußtsein zu verdrängen. Dabei ist es völlig gleichgültig, wie anziehend die Eltern sind oder wie sehr wir sie als Menschen ablehnen mögen, der Reiz existiert trotz allem. Diese Tatsache verbergen wir vor uns selbst und versuchen unbewußt, sie auch vor anderen zu verstecken. Bemerke: Wenn du stark auf diese Zeilen reagierst und fühlst, daß du aktiviert wirst, kannst du sicher sein, daß dein eigenes unbewußtes Inzestmaterial angerührt wurde. Denn warum solltest du dich sonst aufregen?

Das Rollenspiel ist eine Möglichkeit, das Thema der sexuellen Neigung für den Elternteil des anderen Geschlechts zu konfrontieren und herauszufinden, welche Anteile man daran hat. Du kannst den sexuellen Akt mit deinem Partner so erleben, als sei er dein Vater oder deine Mutter. Wenn du eine Frau bist, dann laß deinen Partner die Rolle des Vaters spielen. Ihr schlaft miteinander, als ob er Papa und du sein kleines Mädchen wärst. Wenn du ein Mann bist, laß deine Frau oder Freundin die Rolle der Mutter übernehmen und finde heraus, was dann geschieht. Fast unweigerlich wird eine ganze Reihe von Erfahrungen ausgelöst. Vielleicht stößt dich der Gedanke ab, daß du mittels deines Partners mit Vater oder Mutter schlafen sollst. Vielleicht bist du schüchtern oder verlegen. Vielleicht erregt dich der Gedanke. Vielleicht wirst du wütend oder depressiv. Vielleicht läßt dich das Rollenspiel so kalt, daß du aufgeben mußt. Vielleicht empfindest du die Sache als so komisch, daß du dich ausschüttest vor Lachen. Wie deine Reaktion auch sein mag, schau sie dir an und geh hindurch. Höchstwahrscheinlich werden starke Energien frei.

An die unbewußte Neigung für den gegengeschlechtlichen Elternteil ist so viel Energie gebunden, daß die sexuelle Erfahrung mit dem Partner begrenzt bleibt, wenn diese Energie nicht freigesetzt wird. Wir haben die Tendenz, unseren Partner entweder als Heiligen oder als Sünder zu sehen. Besonders Männer neigen dazu, ihre Frau zur Madonna, zur Heiligen zu erklären, weshalb die Sexualität, die sie sich mit ihrer Frau erlauben, innerhalb der engen Grenzen dieses Musters abläuft. Wenn du in Wirklichkeit unbewußt mit deiner Mutter schlafen willst, dies aber wegen des Inzesttabus nicht darfst, mußt du dir eine andere Möglichkeit schaffen, diesen Aspekt deiner Sexualität auszudrücken. Doch da es deine Mutter ist, die dich unbewußt reizt, wirst du deine Partnerin danach aussuchen, wie ähnlich sie ihr ist. Wenn du sie geheiratet und zu deiner Partnerin gemacht hast, modelt deine Psyche in ihrer Einfalt sie in deine Mutter um, und deine Mutter darfst du ja nicht vögeln! Früher oder später wirst du jemand anderen finden müssen, mit dem du leidenschaftlichen Sex haben kannst, denn diese sexuelle Erfahrung ist mit deiner Mutter, die jetzt von deiner Partnerin dargestellt wird, nicht erlaubt.

Die Anziehung der Gegensätze beherrscht unsere sexuellen Beziehungen. Dies trifft auch auf schwule oder lesbische Beziehungen zu. In gewisser Weise gibt es keine "homo"- (gleich)-geschlechtlichen Beziehungen. Der Nordpol wird nicht vom Nordpol angezogen. Dafür ist immer noch der Südpol zuständig! Wir sind ungeachtet unseres äußeren Geschlechts multiple Wesen mit männlichen und weiblichen Aspekten. Die äußeren Ebenen berühren nur die Oberfläche. Die Hauptrolle bei der Anziehung spielt die innere Energie eines Menschen. Ein homosexueller Mann begehrt im Grunde die Frau im anderen Mann und umgekehrt. Für lesbische Frauen trifft das gleiche zu. Der dominante weibliche Aspekt einer Frau fühlt sich von einem starken männlichen Aspekt einer anderen Frau angezogen.

Jetzt hol noch mal tief Luft, denn der nächste Abschnitt könnte schwierig werden! In der heutigen Zeit, wo die Angst vor der Homosexualität wächst, solltest du trotzdem wissen, daß wir alle homosexuell sind, da jeder weibliche und männliche Anteile in sich hat. Das bedeutet, daß jeder von uns Phasen erlebt, in denen er sich vom eigenen Geschlecht sexuell angezogen fühlt. Das ist ganz natürlich. Ein innerer gegengeschlechtlicher Aspekt fühlt sich vom anderen Geschlecht im Gegenüber angezogen, selbst wenn äußerlich dasselbe Geschlecht vorhanden ist. Daß die Anziehung sexueller Natur ist, mag nie bewußt werden. Meistens ist das gar nicht nötig. Wenn es jedoch bewußt wird, kann man entscheiden, ob man die sexuelle Komponente der Anziehung ausleben will oder nicht. Wir sind jedoch vielzu vielen Menschen begegnet, die entweder viel Energie verbrauchten, um eine solche Energie zu verdrängen, oder die plötzlich glaubten, homosexuell geworden zu sein, nur weil sie sich von einem Menschen gleichen Geschlechtes angezogen fühlten. Das muß nicht unbedingt so sein. Wir sind multiple Wesen mit vielen unterschiedlichen Aspekten. Wir bestehen aus männlichen und weiblichen Anteilen, welche vom jeweils anderen Geschlecht angezogen werden, wo immer sie ihm begegnen.

Zeit für eine Übung! Lies zuerst den Abschnitt und schließe dann die Augen. Atme ein paarmal durch und entspanne dich. Hebe jetzt ganz sanft und meditativ deinen rechten Arm vor dir hoch. Dann führe ihn langsam und meditativ um dich herum und berühre mit der rechten Hand deine linke Schulter. Klopfe dir mit der Rechten freundlich auf die Schulter und sage: "So weit, so gut."

In Ordnung. Wollen wir weitermachen? Da wir alle männliche und weibliche Aspekte in unserer Ganzheit beherbergen, wird die Beziehung enorm bereichert, wenn deine männlichen Aspekte von den weiblichen Aspekten deines Partners angezogen werden und deine weiblichen von seinen männlichen, ganz gleich, welches Geschlecht ihr äußerlich habt. Wenn die inneren weiblichen Aspekte eines Mannes von den inneren männlichen Aspekten der Frau angezogen werden und umgekehrt, wird die Partnerschaft nur umso reicher. Kennst du den Ausspruch: "Man sieht sofort, daß sie in der Familie die Hosen anhat"? Wir alle kennen Paare, bei denen vor allem die Frau die männliche Energie in der Partnerschaft verkörpert, während der Mann seiner Natur nach eher weiblich ist, und doch ist die Beziehung ganz klar heterosexuell. Wenn wir unsere eigene Vielheit anerkennen, können wir uns bewußt der Vielheit unseres Partners öffnen. Wir können nach Belieben in unserer inneren Gemeinschaft umherspazieren und auch dem Parter die Möglichkeit geben, von einem Aspekt zum anderen zu wechseln.

Wenn man bereit ist, sich dem Partner so weit zu öffnen, daß man Rollenspiele mit ihm wagt, gibt es unendlich viele Spiele und zahllose Gebiete, die man miteinander erforschen kann. Lange bevor ich mich (Rhea) bewußt auf dem Wege des Erwachens befand, hatte ich in meiner ersten Ehe die romantische Vorstellung, alle Frauen zugleich für meinen Partner sein zu wollen: Geliebte, Ehefrau, Mutter, Schwester, Freundin und Hure. Zum Teil wollte ich damit natürlich verhindern, daß mein Mann andere Frauen neben mir begehrte, was offensichtlich mit Besitzansprüchen zu tun hat. Vielleicht entsprang diese Vorstellung aber auch dem unbewußten Wissen um meine Vielfalt. Diese Vielfalt könnt ihr, wenn ihr wollt, bewußt ausleben. “In Ordnung, Süßer, heute bin ich deine Hure.” Oder vielleicht noch schlimmer: “Ich will, daß du mein Vater bist und mir die Seele aus dem Leib vögelst.”

Wenn du mit deinem Partner Rollenspiele spielst, kannst du dir jede unbewußte sexuelle Dynamik zwischen dir und dem gegengeschlechtlichen Elternteil bewußt machen. Du wirst dadurch nicht nur eine Menge unterdrückter Energien freisetzen, sondern die sexuellen Möglichkeiten, die dir mit deinem Partner zur Verfügung stehen, erweitern. Du mußt nicht länger außerhalb deiner Beziehung nach der Befriedigung jener Wünsche suchen, die nicht in die Kategorie dessen fallen, was man “mit Papa oder Mama anstellen” darf. Außerdem wird dein Partner vom Muster des Heiligen befreit und kann seine Sexualität in viel größerem Ausmaß leben, als du es ihm unbewußt in eurer Partnerschaft zugestanden hast. Bei dieser gegenseitigen Befreiung erlöst ihr einen Großteil von unbewußt gebundener Energie. Diese Energie steht nun zur Verfügung, um eure Beziehung zu vertiefen und zu bereichern. Hier klingen dieselben Prinzipien an wie im Kapitel über Geheimnisse: Alles, was du deinem Partner vorenthältst, begrenzt die Erfahrungstiefe, die ihr miteinander erleben könntet. Was immer ihr voreinander verstecken mögt, verwandelt sich in Energie, die dann eurer Verbindung nicht mehr zur Verfügung steht.

Es ist wichtig, daß du herausfindest, was in deiner Beziehung für dich im Bereich der Sexualität richtig ist, selbst wenn ein gesellschaftliches Tabu berührt wird. Der Enthüllungsprozeß ist eine unschätzbare Hilfe, wenn du herausfinden willst, was durch deine Sexualität leben will. Wenn du deinem Partner sagst, was dich erregt, kann daraus eine wunderbar lustvolle Erfahrung werden.

Die meisten von uns werden ihre Schüchternheit, ein Gefühl von Peinlichkeit und großer Verletzbarkeit überwinden müssen, wenn sie offen über das häufig stark aufgeladene Material sprechen sollen. Es gibt Aspekte deiner inneren Gemeinschaft, die alles daransetzen würden, diese sexuellen Geheimnisse, Phantasien und heimlichen Wünsche nicht preisgeben zu müssen. Doch Ehrlichkeit in Bezug auf die eigenen sexuellen Wünsche ist eine Vorbedingung, wenn du jene Bereiche deiner Sexualität befreien möchtest, die durch gesellschaftliche Tabus oder Einschränkungen gebunden sind. Vielleicht gibt es eine Stellung, die du schon immer einmal ausprobieren wolltest. Vielleicht möchtest du beherrscht werden und den Sexsklaven spielen. Vielleicht verspürst du den geheimen Wunsch, vergewaltigt zu werden. Vielleicht ziehen dich Sado-Maso-Techniken an. Vielleicht verbirgt sich in dir ein Transvestit, der anerkannt werden möchte. Vielleicht hast du Phantasien von Gruppensex, bestimmte Formen von oralem Sex oder würdest gern mal Analsex ausprobieren. Was es auch sein mag, bekenne dich zu dem, was für dich stimmt, oder besser gesagt, erkenne, was für den Aspekt stimmt, der sich gerade mitteilt. Einige Aspekte mögen die sexuellen Neigungen oder die ungewöhnlichen Wünsche deiner anderen Aspekte schockierend finden. Doch wogegen du dich sträubst, das bleibt dir. Wir sind multipel und nicht einheitlich. Hast du noch nie erlebt, daß du von einem sexuellen Leckerbissen gleichzeitig angezogen und abgestoßen wurdest?

Wenn du deinem Partner alle deine sexuellen Wünsche mitgeteilt hast, könnt ihr gemeinsam entscheiden, ob ihr etwas und was ihr davon in die Tat umsetzen wollt. Es gibt vielleicht Dinge, die ihr nie ausleben müßt. Es genügt oft, endlich darüber zu sprechen. Dein eigener innerer Richter oder andere vielleicht gesellschaftlich gebilligte Aspekte deiner inneren Gemeinschaft haben erfolgreich verhindert, daß die weniger anerkannten zu Worte kommen. Kannst du dir vorstellen, wieviel Energie du brauchst, um diese Aspekte vor dir und deinem Partner zu verhehlen? Diese Energie steht dir für dein Leben nicht zur Verfügung. Wenn du deine Lebenskraft dazu gebrauchst, dich selbst zu unterdrücken und deine Wahrheit zurückzuhalten, greifst du deine Gesundheit, dein Wohlbefinden und ganz bestimmt auch deine Beziehung an.

Alle Regeln und Vorschriften, die die Sexualität betreffen, sind nur ein Versuch, die unglaublich machtvollen Kräfte der Sexualität für den einzelnen und die Gemeinschaft zu kontrollieren. Diese Kräfte kann man nicht verleugnen. Der Verstand fühlt sich natürlich oftmals von der bloßen Existenz einer Kraft gedemütigt, die er nicht so leicht beherrschen kann. Das gilt besonders dann, wenn diese Kräfte mit dem Körper verbunden sind. Die Spaltung zwischen Geist und Körper ist älter als Apollo und Dionysos (griechische Götter der Weisheit und der Ekstase). Wir alle tragen sie in uns. Sie ist Teil unseres kollektiven Bewußtseins und Unterbewußtseins. Wenn du dieses Buch liest, scheint für dich die Zeit gekommen zu sein, dich dieser Spaltung in deiner eigenen Psyche zu stellen. Nur wenn du dich zu deiner Sexualität *und* deiner Spiritualität bekennst, kommst du zu einem tieferen Verständnis, wer und was du eigentlich bist. Die Forschungsreise in das Reich deiner Sexualität kann sehr lustvoll sein und wird mit Sicherheit die Fähigkeit vertiefen, in deiner Beziehung Nähe zuzulassen.

Liebe

"Winkt dir die Liebe, so folge ihr,
Sind auch ihre Wege hart und steil.
Und umfangen dich ihre Flügel, so ergib dich ihr,
Mag auch das unterm Gefieder verborgne Schwert
dich verwunden.
Und redet sie mit dir, so trau ihrem Wort,
Mag auch ihre Stimme deine Träume erschüttern,
wie der Nordwind den Garten verwüstet."

Kahil Gibran

Die geheimnisvolle Kraft, die Energie, die sich hinter dem Wort "Liebe" verbirgt, hält unserer Überzeugung nach das Universum zusammen. Alles ist Manifestation dieser einen Kraft, alles drückt sich durch sie aus, stammt von ihr ab, setzt ihre Formen immer neu zusammen. Hinter allen Lebensformen, selbst hinter jenen, die auf den ersten Blick hin böse scheinen, steht nur diese eine Kraft, die wir "Liebe" nennen können. Das Hohelied des Universums ist das Tönen bedingungsloser Liebe. Unser Streben, unsere Wünsche, unsere Taten, alle sind sie Ausdrucksformen des Mysteriums, das wir Liebe nennen, und das gilt selbst dann noch, wenn sie allem Anschein nach mit Liebe kaum zu tun haben.

Die Muster, die in einer Beziehung zum Ausdruck kommen, sind in der einen oder anderen Weise mit diesem Mysterium verknüpft. Liebe ist die Substanz unserer Verbundenheit, selbst wenn sie so verzerrt ist, daß genau das Gegenteil zu geschehen scheint. Wenn man die äußeren Hüllen einer Manifestation, die sich als Feindseligkeit oder Grausamkeit ausdrückt, abschälen könnte, würde man schließlich entweder auf Liebe stoßen oder auf Widerstand gegen den Schmerz, der an die Liebe gebunden ist. Letztlich wirst du immer nur dieser einen Energie begegnen.

Natürlich ist das für die meisten Menschen, auch für uns, eher ein Glaubensbekenntnis als gelebte Erfahrung. Wir alle mögen die Wahrheit, daß "alles Liebe ist", schon einmal für kurze Zeit erfahren haben, doch unseren Alltag bestreiten wir kaum mit dieser Erkenntnis. Wenn das so wäre, sähe das Leben auf diesem Planeten ganz anders aus. Und da wir das Lied der Liebe, das alle unsere Handlungen untermalt, nur selten wirklich hören, verfangen wir uns in den vielen Illusionen, die das Mysterium verbergen. Deshalb ist es nützlich, sich mit einigen Manifestationen zu befassen, um die Verkleidungen kennenzulernen, hinter denen sich die Liebesenergie verbirgt.

Es wäre schön, wenn wir genauso viele Worte für "Liebe" hätten wie die Eskimos für "Schnee", doch leider sind wir auf dieses eine Wort beschränkt. Wegen seiner vielen Bedeutungen kommt es immer wieder zu Verwechslungen und Mißverständnissen, wenn wir versuchen, unsere innere Wirklichkeit auszudrücken. Liebe wird so unterschiedlich erfahren, und doch haben wir nur dieses eine Wort. Deshalb muß es zu Verwechslungen kommen, wenn wir diese Erfahrung in Worte kleiden. Wenn es uns wirklich auf Klarheit ankommt, fügen wir Eigenschaften hinzu: Wir sprechen von brüderlicher Liebe, von romantischer Liebe, von Vaterlandsliebe, göttlicher Liebe und so fort. Im Abschnitt über das Herzzentrum sprachen wir zum Beispiel von der bedingungslosen Liebe – einer Liebe, die nicht an Neigungen und Vorurteile gebunden ist, sondern einfach existiert. Einzig aus dieser Liebe erklingt das Lied der Schöpfung. Wir alle haben seinen Klang vernommen, wenn auch noch so flüchtig. Obwohl wir uns also um Klarheit bemühen wird die Sache stets schwammig, sobald das Wort mit dem großen "L" ins Spiel kommt.

Wenn wir uns bei der Erörterung von Beziehungen über die Liebe klarwerden wollen, sollten wir wieder einmal daran denken, daß wir vielfältige Wesen sind. Unsere verschiedenen Aspekte erfahren die Liebe durchaus unterschiedlich. Das, was unsere inneren Kinder als Liebe erleben, unterscheidet sich von der Liebeserfahrung der älteren, reiferen Aspekte unseres Bewußtseins ganz erheblich. Deshalb ist es sehr hilfreich, wenn du dich fragst, welche Aspekte deiner inneren Gemeinschaft sich in deinen Partner "verliebt" haben und welche nicht. Nicht alle Aspekte in uns lieben nämlich unseren Partner, und sicher sind nicht alle gleich begeistert, in einer Partnerschaft zu leben.

In engen Beziehungen ist es besonders wichtig zu erkennen, wie die inneren Kinder "Liebe" sehen und erleben. Noch einmal: Die Liebeserfahrung der inneren Kinder hat fast nichts zu tun mit der Liebeserfahrung unserer reiferen Aspekte. Da die meisten Menschen gar nicht wissen, daß sie unterschiedliche Aspekte in ihrer Psyche vereinen, stellen sie die verschiedenen und oft widersprüchlichen Überzeugungen und Erfahrungen, die sie in Bezug auf Liebe haben, nie in Frage. Daher erkennen sie oft nicht, daß das oft große Leiden in der Beziehung dem Liebesverständnis der inneren Kinder entspringt, nicht dem des Erwachsenen. Deshalb werden wir uns ein wenig Zeit nehmen, die Baby- und Kinderaspekte der Psyche in Hinblick auf die Liebe zu untersuchen.

Wir sind der Ansicht, daß die Baby- und Kinderaspekte der Psyche grundsätzlich nicht zwischen Aufmerksamkeit und Liebe unterscheiden. Das Kind ist ein in jeder Hinsicht bedürftiges Wesen. Es braucht jemanden, der für es sorgt. Da es in seinen frühen Lebensphasen ohne die Hilfe eines anderen Menschen buchstäblich nicht überleben kann, hängt dieses Leben *vollständig* von anderen ab. Um das zu bekommen, was es zum Überleben braucht, muß es Aufmerksamkeit erregen. Es muß seine Umgebung auf sich und seine Bedürfnisse aufmerksam machen. Das Kind spürt, daß es ohne diese Aufmerksamkeit nicht überleben kann. Deshalb findet es Mittel und Wege, um auf sich aufmerksam zu machen.

Das Baby schreit oder weint, um bemerkt zu werden. (Das ist wahrscheinlich der Grund, warum das Leben den Kindern die Fähigkeit schenkte, so durchdringend zu brüllen!) Wenn das Kind älter wird, entwickelt es andere Strategien, um aufzufallen. Einige Kinder versuchen es mit Quängeln und Jammern, andere mit Krankheit, die einen entwickeln sich zu kleinen Schauspielern, andere spielen den "guten" Jungen oder das "gute" Mädchen, während andere es einfach vorziehen, "böse" zu sein. Es ist für das eigene Erwachen äußerst wichtig, sich bewußt zu machen, welche Techniken unsere inneren Kinder entwickelt haben, um beachtet zu werden. Diese Strategien gehören zu unserem inneren Muster und werden sich das ganze Leben lang ausdrücken. Das bedeutet, daß die Kinder unserer inneren Gemeinschaft ihre Strategien weiterhin benutzen, um Aufmerksamkeit auf sich zu ziehen, obwohl wir längst erwachsen sind. Wenn sie diese Aufmerksamkeit tatsächlich erhalten, werden sie sich – wie in der Kindheit – geliebt fühlten. Erreichen sie ihr Ziel mit der vertrauten Masche nicht, fühlen sie sich prompt ungeliebt. Da sich die kulturelle Ausdrucksform des Kollektivs im Augenblick an Kindern und Jugendlichen orientiert, werden Liebe und Aufmerksamkeit oft auch in den Medien verwechselt, was uns nicht gerade hilft, ein Modell für die reife Liebe zu finden.

Als ich (Rhea) ein Kind war, bestand meine Methode beachtet zu werden darin, daß ich krank wurde. Meine Mutter oder meine Großmutter gingen dann nicht zur Arbeit, um zu Hause für mich sorgen zu können. Ich hielt dies für eine Ausdrucksform der Liebe. Wenn Gawain krank wird, will er möglichst seine Ruhe haben. Das ist ziemlich schlimm für mich, denn Teile meiner selbst erleben das Kranksein immer noch als herrliche Möglichkeit, Liebe zu geben und zu empfangen. Ich würde ihn am liebsten ständig betüdeln, um ihm meine Liebe zu zeigen, während er sich geliebt fühlt, wenn ich ihn allein lasse. (Im Anhang des Buches gibt es eine Übung, die dir hilft herauszufinden, was du wirklich meinst, wenn du zu deinem Partner "ich liebe dich" sagst.)

Hast du dich nie gefragt, warum tüchtige, selbstbewußte, einfallsreiche Erwachsene so starke emotionale Reaktionen zeigen, wenn der Partner sich plötzlich für jemand anderen interessiert, wenn er sie verläßt oder gar stirbt? Unter solchen Umständen ist ein Verlustgefühl ganz natürlich, doch wir glauben, daß die Emotionen, die bereits bei der bloßen Erwähnung einer solchen Möglichkeit an die Oberfläche steigen, deshalb so überwältigend sind, weil Teile unserer selbst nicht mitbekommen haben, daß sie nicht mehr zwei Jahre alt sind und um ihr Leben fürchten. Wir sind der Ansicht, daß jene Teile, die zu sterben glauben, wenn der Partner uns verläßt, die inneren Kinder sind, deren *körperliches* Überleben von der Aufmerksamkeit und Gegenwart der anderen abhängig war.

Die starke körperliche Reaktion, die mit der Angst vor dem Verlassenwerden verbunden ist, bestimmt bei vielen Menschen die Art und Weise, wie sie eine Beziehung erleben. Für das Kind bedeutet Verlassenwerden Mangel an Aufmerksamkeit und damit die Gefahr zu sterben. Die Angst vor dem Alleinsein ist mit der Furcht vor dem Tod gekoppelt. Viele von uns tun alles, um sich eine solche Erfahrung zu ersparen. Einige Menschen verlassen lieber selbst den Partner, um der Möglichkeit des Verlassenwerdens vorzubeugen. Sie sagen tatsächlich: "Ich verlasse dich, bevor du mich verläßt." Da wir keine zwei Jahre mehr alt sind, ist unser physisches Überleben durch den Verlust eines geliebten Menschen in keiner Weise bedroht, doch wir haben unbewußt das Gefühl, körperlich zu sterben. Und es tröstet uns kein bißchen, wenn unsere Freunde uns versichern, daß es "noch andere Fische im Teich gibt". Wir fühlen uns vernichtet. Diese Gefühle stammen von den inneren Kindern. Die verlassenen Kinder unserer inneren Gemeinschaft glauben immer noch, daß wir zum Beispiel das Jahr 1953 schreiben, in dem Verlassenwerden Tod bedeutete.

Wenn du ein verlassenes Kind in deinem inneren Kindergarten beherbergst, wirst du immer neue Umstände schaffen, in denen du "verlassen" wirst. Beherrscht das verlassene Kind erst einmal deine Psyche, wird es immer wieder die Situation des Verlassenwerdens auslösen, um seine Identität zu wahren. Das macht diesen Aspekt aus, so bleibt er "lebendig". Ohne Verlassenwerden gibt es keine Existenzberechtigung für ihn. Auch aus diesem Grunde ist es nützlich, die eigenen Aspekte anzuschauen und zu erkennen, welcher Aspekt die Lebenserfahrung beherrscht.

Wahrscheinlich verwendest du heute in deiner Beziehung zu einem Erwachsenen dieselben Techniken, die du schon als Kind gebrauchtest, um auf dich aufmerksam zu machen, und hältst diese

Aufmerksamkeit für Liebe. Wenn du zum Beispiel als Kind Beachtung fandest, wenn du krank warst oder Unfälle hattest, ist es wahrscheinlich, daß du einen Partner findest, der (zumindest anfänglich) Spaß daran hat, für Menschen zu sorgen, jemanden, der seine Identität daraus bezieht, ein Helfer zu sein. Wenn du der Darstellertyp bist, wirst du unweigerlich jemanden anziehen, der (zumindestens anfänglich) deine Darbietungen bewundert und dein Muster in derselben Weise unterstützt, wie deine Eltern es schon taten. Das Muster "guter Junge, gutes Mädchen" wird andere "gute" Jungen oder Mädchen anziehen (was anfänglich sehr bequem ist, letztlich aber unendlich langweilig werden kann) oder einen "schlechten" Partner, der den eigenen Schatten auslebt (was anfänglich aufregend, später dann aber chaotisch wird). Da die Psyche nach Ganzheit strebt, werden sich in deinem Partner gegensätzliche Aspekte manifestieren, um deine Energien auszugleichen. Wenn dein Partner deinen Schatten nicht manifestiert, werden es die Menschen in deiner Umgebung tun. Mit diesem Mechanismus beschäftigen wir uns eingehend in dem Kapitel über Muster und Schatten.

Da Liebe und Aufmerksamkeit für unsere inneren Kinder im Grunde dasselbe sind, werden wir unsere Beziehungen zu den Menschen, die wir lieben, besser verstehen, wenn wir wissen, welche Techniken wir anwenden, um beachtet zu werden. Wenn du die Strategien und Muster deiner inneren Kinder kennst, wirst du die Möglichkeit, durch deine Beziehungen bewußt zu werden, außerordentlich steigern. Der Kinderaspekt-Prozeß im Anhang des Buches kann dir helfen, die Strategien deiner inneren Kinder zu entlarven.

Wir alle kennen (oder leben) Beziehungen, in denen mißhandelt wird. Wenn man die mißhandelte Ehefrau fragt, warum sie ihren Mann nicht verlasse, folgt die klassische Antwort: "Weil ich weiß, daß er mich wirklich liebt." Noch einmal: Für die inneren Kinder bedeutet Liebe Aufmerksamkeit und damit Überleben. Jede Art von Aufmerksamkeit wird als Liebe empfunden. Negative Aufmerksamkeit oder Mißhandlung wird von den inneren Kindern dann als Liebe gewertet, wenn das die Art war, wie sie als Kinder beachtet wurden. Aufmerksamkeit (als

Liebe gewertet), die durch Mißhandlung und Gewalt ausgedrückt wird, wird der Nichtbeachtung vorgezogen, was die inneren Kinder mit Liebesentzug gleichsetzen.

Durch die Gleichsetzung von Liebe, Aufmerksamkeit und Mißbrauch glauben einige Teile unserer Psyche, daß Mißbrauch überlebenswichtig ist, und suchen unbewußt danach. Das Kind fühlt, daß die Mißhandlung das körperliche Überleben sichert, während der jetzt Erwachsene (gewöhnlich unbewußt) fühlt, daß er durch die Mißhandlung psychisch überlebt. Wenn du dieses Muster in dir trägst und zuläßt, daß deine inneren Kinder dein Seelenleben beherrschen, wirst du Mißhandlungen manifestieren, um Aufmerksamkeit oder Liebe zu erfahren. Mit anderen Worten: Du wirst viele persönliche Dramen schaffen, bis du zwischen dem psychologischen Überleben der inneren Kinder und der Erfahrung reifer Liebe unterscheiden kannst.

Das gilt natürlich auch für jene Menschen, die Liebe/Aufmerksamkeit als Gewalt erfahren. Sie werden sich Beziehungen suchen, in denen Gewalt ausgeübt wird, weil ein Teil ihrer Psyche die Intensität der Gewalt für eine Form der Liebe hält. Die inneren Kinder ordnen die Intensität der Aufmerksamkeit, die sie erhielten, wenn ihre Eltern sie schlugen, der Liebe zu, und spüren nur dann "Liebe", wenn sie intensive Aufmerksamkeit erhalten – im Guten wie im Schlechten.

Da die inneren Kinder bekanntlich Liebe und Aufmerksamkeit gleichsetzen, würden wir als nächstes gern besprechen, was geschieht, wenn die erwachsenen Aspekte der Psyche daran gewöhnt sind, die Wünsche der inneren Kinder zu erfüllen. Wenn einer deiner Aspekte wirklich etwas braucht und überzeugt ist, daß er ohne dies nicht leben kann, wirst du bewußt oder unbewußt all deine Fähigkeiten einsetzen, um es zu bekommen. Das Kind mit seinem unentwickelten Verstand ist nicht so schlau und feinsinnig, das Gewünschte durch Manipulation zu erhalten. Das aber schafft der Verstand des Erwachsenen spielend! Wenn man nicht aufpaßt, werden die inneren Kinder die Fähigkeiten des Erwachsenen für ihre unreifen Wünsche einspannen. Dies zeigt sich meist in den Liebesbeziehungen der Menschen.

Wir wollen alles noch einmal wiederholen. Das Kind ist hilfsbedürftig. Um zu überleben, braucht es die Aufmerksamkeit seiner Eltern oder der Menschen, die sich um es kümmern. Aufmerksamkeit ist die Energie, die am meisten mit dem Überleben verbunden ist. Wenn Aufmerksamkeit gegeben wird, ist das Grundbedürfnis gestillt, selbst wenn diese Aufmerksamkeit in negativer Form als Gewalt oder Mißbrauch auftritt. In jeder tiefen Beziehung werden deine inneren Kinder völlig unbewußt diesen Tanz mit deinem Partner aufführen und das Ganze Liebe nennen. Da deine eigenen Kinderaspekte glauben, daß du Aufmerksamkeit brauchst, um zu überleben, wirst du, besonders in deiner Beziehung, deine Fähigkeiten als Erwachsener dafür einsetzen, diese Aufmerksamkeit auch zu erhalten. Ist das Bedürfnis nach Beachtung befriedigt, ist die tiefe, unbewußte Sorge um das Überleben für den Augenblick gemildert. Dieser Zeitraum der Entspannung, der kurzfristig von der unbewußten Angst befreit, wird dann zur Erfahrung, nach der man immer sucht. Denke daran, daß wir über Mechanismen reden, die in der Ganzheit existieren; wir sprechen nicht über die Gesamtheit aller Aspekte. Das Leben erschöpft sich (für diese Kinderaspekte) im stets neuen Versuch, Liebe sprich Aufmerksamkeit zu ergattern, um neue Sicherheit zu spüren.

Der nicht eingeweihte Mensch glaubt, daß ihm das Leben zustößt. Er hat ganz gewiß nicht das Gefühl, daß es durch ihn hindurchfließt. Demzufolge glaubt er, einen anderen Menschen zu brauchen, der ihm das erleichternde Gefühl von Aufmerksamkeit sprich Liebe verschafft. Die Erfahrung scheint durch Eltern, Partner, Lehrer oder Guru möglich zu werden, deshalb muß er das, was er braucht, von ihnen bekommen. Gewöhnlich wird er unbewußt seine alten Strategien anwenden, um sich diese Liebe/Aufmerksamkeit auf Dauer zu verschaffen, und so umgeht er die Angst vor dem Nicht-beachtet-Werden. In der Partnerschaft löst dieser Mechanismus ganze Serien von vorhersehbaren ermüdenden Interaktionen aus, die nur den rasenden Tanz verschleiern, der das Ziel hat, den anderen zu zwingen, das herauszurücken, was man haben will. Vielleicht verstehst du, was gemeint ist.

Wenn dir der andere nicht gibt, was du in dieser Weise von ihm zu brauchen glaubst, wirst du umso mehr versuchen, ihn so zu manipulieren, daß er dir das Erwünschte endlich gibt. Möglicherweise versuchst du es mit Schuldgefühlen, denn er könnte dir das Gewünschte ja schließlich geben – die Erfahrung, die du mit Geliebtwerden verbindest. Wenn auch das nicht klappt, wenn alle Mühe vergebens ist, den anderen dazu zu bringen, sich so zu verhalten, daß deine innere Spannung nachläßt, dann fängst du an, ihn abzulehnen und ihm die Schuld dafür aufs Konto zu schreiben. Oft brichst du unbewußt einen Streit vom Zaun, der tatsächlich wenig mit dem oberflächlichen Anlaß zu tun hat. Du willst den anderen nur dafür bestrafen, daß er dich nicht von deiner inneren Spannung erlöst hat. Klingt das bekannt? Dieser Mechanismus gehört zu den Grundproblemen, die in der Partnerschaft viel Leid auslösen. Wie bei anderen Mechanismen besteht auch hier die Möglichkeit, ihn dadurch auszuschalten, indem du ihn bewußt machst. Die Erkenntnis, daß du das Kleinkindalter hinter dir hast und daß dir Mittel zu Gebote stehen, über die du als Kind nicht verfügtest, hilft dir dabei besonders. Als einfallsreicher Erwachsener hast du andere Möglichkeiten, Liebe zu erleben, als in Form von Aufmerksamkeit.

Wenn du deine innere Gemeinschaft kennenlernst, kannst du herausfinden, welcher Kinderaspekt dein Erleben in Bezug auf Liebe am meisten dominiert. Kennst du das Kind deines inneren Kindergartens, das deine Partnerschaft regelt, kann es zu einem "Aha-Effekt" kommen, durch den du deine unbewußten Mechanismen entlarven kannst. Diese Klarheit wird die Art und Weise verändern, wie du Beziehungen erlebst. Dann wirst du weit größere Chancen haben, die reife Liebe einer erwachsenen Partnerschaft zu erleben.

Wenn du dich bei der Erforschung des Mysteriums der Liebe bewußt deinen erwachsenen Aspekten zuwendest, lernst du dich immer tiefer kennen. Du erlebst, daß Liebe etwas ist, das dich durchströmt, und nicht, was du von einem anderen erhalten kannst. Allmählich findest du heraus, daß Liebe die natürliche Ausdrucksform deiner Essenz ist. Am Ende entdeckst du, daß die Quelle der Liebe in dir selbst entspringt und nicht irgendwo außerhalb von dir.

Es gibt Menschen, die sagen, daß "sie sich nie wirklich verliebt hätten", obwohl sie "ein- oder zweimal fast darüber gestolpert wären". Erinnerst du dich an Zeiten, in denen du verliebt warst? Es ist so ähnlich wie bei der Ouvertüre zu einer romantischen Oper, in der alle Themen, die später ausgearbeitet werden, vorgestellt werden. Die Themen und Eigenschaften, die während der ersten Verliebtheit auftauchen, werden später die Partnerschaft bestimmen. Es ist alles von Anfang an da. Wir erhalten Einblicke in jene Bereiche, deren Energien später unsere Beziehung beherrschen werden.

Gewöhnlich geht es dir prächtig, wenn du dich verliebt hast. Du hörst die Vögel singen, der Himmel ist blau, selbst wenn er grau ist, du scheinst zu schweben und bist glücklich, eins mit dir und der Welt. Man kann leicht verstehen, daß manche Menschen wirklich das Gefühl haben, in die Liebe *hineinzufallen**, wenn sie sich verlieben.

Was geschieht eigentlich wirklich, wenn man "in die Liebe hineinfällt"? Wir glauben, daß der Mensch dann (endlich!) spürt, von einem anderen so geliebt zu werden, wie er ist. Die Erfahrung des Geliebtwerdens verdrängt für eine Weile die Überzeugung, nicht liebenswert zu sein, was übrigens fast alle von sich glauben. Es scheint so zu sein, als ob die Kupplung für eine gewisse Zeit nichts mehr mit dem alten Motor zu tun hat und alle alten Überzeugungen und Einstellungen uns selbst gegenüber damit abgekoppelt sind. Wir fühlen uns herrlich frei. Doch was geschieht in Wirklichkeit? Wir glauben, daß es für kurze Zeit gelingt, den Teil, der sich selbst liebt, nach außen auf den "Geliebten" zu projizieren. Durch diesen Menschen spüren wir unsere eigene Liebe zu uns selbst.

Das läßt nach einer gewissen Zeit nach. Nach einer Weile steigen deine inneren Mechanismen, die alten Überzeugungen, daß du nicht wirklich liebenswert bist, wieder an die Oberfläche und bestimmen erneut dein Erleben. Wenn das geschieht, siehst du den "Geliebten" plötzlich anders. Du fängst an, Dinge an ihm auszusetzen. Kleinigkeiten, die dir zwar aufgefallen waren, aber während des Honeymoons nicht erwähnenswert schienen, werden plötzlich wichtig. Diese Kleinigkeiten wachsen sich zu Streitpunkten aus, die dann als Beweise dafür dienen, daß die Beziehung nicht funktioniert. Du fällst aus der Liebe heraus. *"You are falling out of love."*

---

* Anm. d. Übers.: Wortspiel, im Amerikanischen heißt "to *fall* in love" sich verlieben.

In Wirklichkeit kehren nur jene inneren Aspekte, die dich nicht für liebenswert halten, an die Front zurück. Angesichts dieser Aspekte deiner inneren Gemeinschaft, die so wenig von dir halten, gelingt es dir nicht länger, das "Geliebtsein" auf den anderen zu übertragen. Statt dessen gibt der andere nun den Monitor für all deine kritischen, unzufriedenen und urteilssüchtigen Aspekte ab. Natürlich nimmst du den Partner nach diesem inneren Frontwechsel jetzt ganz anders wahr. Du wirst nur dann verstehen, was hier wirklich vor sich geht, wenn du weißt, daß die äußere Beziehung eine Ausdrucksform deines eigenen inneren Dramas ist, welches du auf den äußeren Bildschirm, den anderen nämlich, projizierst. Es gibt wirklich niemanden, der dir etwas antut. Wenn du das begriffen hast, wirst du mit deiner eigenen Fähigkeit – oder deiner Unfähigkeit – zur Eigenliebe konfrontiert. Die meisten von uns haben diese Eigenschaft nie entdeckt.

Wenn du verstanden hast, daß die Beziehung zu deinem äußeren "Geliebten" ein Spiegel deiner Beziehung, deiner Liebe zu dir selbst ist, kannst du dir, wenn es in der Partnerschaft Probleme gibt oder die einst so strömende Liebe zu versickern droht, die folgende Frage stellen: "Wer ist es, der mich nicht liebt?" Wenn du tief genug in dich hineinschaust, wirst du einige Aspekte deiner inneren Gemeinschaft bemerken, die andere Aspekte deiner Ganzheit nicht ausstehen können. Wenn du diese Mechanismen aufspürst und dich bewußt jenen Aspekten zuwendest, die dich lieben und anerkennen, wird sich dieser Wandel augenblicklich in deinem Partner manifestieren. Das ist eine weitere Möglichkeit, wie dir deine Beziehung dabei helfen kann, deine eigene innere Dynamik aufzudecken.

Die reifen Aspekte deiner Psyche können den anderen als einzigartige Ausdrucksform der Lebenskraft lieben. Die erwachsenen Aspekte wissen, daß ihr Überleben nicht vom anderen abhängt und es daher unnötig ist, dem anderen ein ganz bestimmtes Verhalten abzuverlangen. Das Angewiesensein der Kinderaspekte und der Unabhängigkeitsdrang der jugendlichen Aspekte wird von reiferen Aspekten ersetzt, welche die gegenseitige Abhängigkeit in einer Partnerschaft, die der Erfüllung beider Partner dient, billigen. Reife Liebe greift über die infantile Gleichsetzung von Liebe und Aufmerksamkeit hinaus. Reife Liebe kann die Erfüllung von Bedürfnissen und Wünschen zurückstellen und die dadurch entstehende Spannung so lange ertragen, bis es für alle Beteiligten stimmt.

Reife Liebe ist ein großes Mysterium. Bist du in ihre Kräfte eingeweiht, wird sie dich in immer tiefere Energie- und Erfahrungswirbel hineinziehen, über die du wenig Macht und überhaupt keine Kontrolle hast. Wenn du dich der reifen Liebe öffnest, entfalten sich in dir Mysterien, denen du dich stellen mußt; es geht nicht mehr darum, dein Selbst zu kontrollieren und zu schützen. Du erlebst eine völlig neue Dynamik, eine Bereitschaft, mit dem anderen zu "verschmelzen", die dein Ego kurzschließen kann und dich direkt mit deiner Essenz verbindet. Durch die sich vertiefende Nähe zu deinem Partner wirst du dich immer umfassender mit deiner eigenen Essenz verbinden können, da dein Partner dir diese Essenz spiegelt.

Wenn du zu deiner Essenz durchdringst und dich vom Schwert der Liebe verwunden läßt, wird natürlich all das alte Leid, das du im Zusammenhang mit Liebe erlitten und womit du dich noch nicht beschäftigt hast, letztlich an die Oberfläche dringen. Die meisten von uns würden lieber vor der Liebe fliehen, als dieses Leid zu spüren. In der sich vertiefenden Nähe deiner Beziehung kommen all die Ursachen hoch, warum du dich in erster Linie vor der Liebe verschlossen hast. Wenn du dein Herz öffnest, ist das erste, was dir begegnen wird, der Grund, warum du es einstmals abgekapselt hast. Ob du diese Erfahrung als Möglichkeit des Wachstums und der Bewußtwerdung begrüßt oder ob du davor flüchtest, indem du die Beziehung verläßt oder versuchst, die Partnerschaft auf einer eher oberflächlichen Basis fortzuführen, mußt du mit dir und deiner Seele ausmachen.

Entscheidest du dich jedoch dafür, die Beziehung als Weg der Bewußtwerdung zu nutzen, wirst du entdecken, daß du Schritt für Schritt zu deiner eigenen Essenz zurückgeführt wirst. Gibst du deine Projektionen und Abwehrmechanismen in Bezug auf den anderen auf, wirst du in Augenblicken der Gnade erkennen, daß du der andere bist. Deine Essenz und die Essenz deines Parters sind dasselbe. Tatsächlich kannst du auf der Ebene der Essenz erleben, daß du und der andere eins sind. Über diese Ebene kannst du hinausgehen und erfahren, daß deine Essenz, die Essenz deines Partners und die Essenz des Lebens alle eins sind. Du bist die Energie der inkarnierten Liebe, und das, was du außerhalb von dir siehst, ist nichts anderes als dein inneres Drama, das du auf den Bildschirm der Dimension, die wir "Welt" nennen, projizierst.

Verletzungen, und wie sie uns dienen

"Wenn wir bereit sind, uns von unseren alten Geschichten zu trennen, um zum Gefährt zu werden, durch welches sich die neue Geschichte in der Welt der Zeit ausdrücken kann, werden unsere Wunden heilig."

Jean Huston, "The Search for The Beloved"

Wenn wir immer tiefer in das Mysterium der Partnerschaft eindringen, kommt schließlich der Zeitpunkt, an dem wir uns mit den Verletzungen unserer Psyche auseinandersetzen sollten. Die traditionelle Psychotherapie behandelt diese Verletzungen wie Dämonen, die ausgetrieben werden müssen. Menschen, die offen zeigen, daß sie verletzt wurden, erregen Mitleid und den Wunsch, diese Wunden heilen zu helfen. Doch was, wenn unsere Verletzungen in Wirklichkeit unsere besten Freunde wären? Was, wenn unsere Wunden Katalysatoren und Energiespender wären, die uns auf dem Weg zur Erfüllung unseres Schicksals vorantreiben?

Jeder von uns wurde verletzt, jeder aus einem anderen Grunde. Wir haben uns die Dinge alle anders vorgestellt. Was blieb, das waren unsere Wunden! Du würdest wahrscheinlich gar nicht zu diesem Buch hier greifen, wenn du nie etwas abbekommen hättest. Die Erforschung deiner selbst hätte dich nie gereizt, wenn du nicht auf irgendeiner Ebene deines Wesens Heilung suchtest.

Unsere Verletzungen helfen uns, denn sie verschaffen uns Gelegenheiten, jene Energien zu entwickeln, die wir zur Erfüllung unseres Schicksals brauchen. Wie bitte? Du hast recht gehört: Unsere Wunden leisten uns die allerbesten Dienste! Jede Verletzung eröffnet uns Entwicklungsmöglichkeiten, die wir ohne diese spezielle Wunde nicht gehabt hätten – und das dient uns. Besondere Verletzungen lassen uns zu besonderen Kenntnissen gelangen. Tatsächlich ist es unsere eigene Psyche, die auf einer bestimmten Ebene unserer Ganzheit höchstselbst für jene Verletzungen sorgt, die wir gerade nötig haben, um die Kenntnisse zu entwickeln, mit deren Hilfe wir all das zum Leben beisteuern können, was uns vom Schicksal her bestimmt ist.

Nein, wir verkünden hier keine religiösen Leitsätze, wir behaupten nicht, daß Leiden gut sei oder den Charakter bilde oder daß jeder halt sein Kreuz zu tragen habe. Wir propagieren nicht das Leid an sich. Wir haben lediglich Brugh Joy's Beobachtung bestätigt gefunden, daß Krisen grundsätzlich Bewußtsein schaffen. Die Menschen, die Großes vollbracht haben – Künstler, Wissenschaftler, Dichter, Philosophen und Staatsmänner –, wuchsen sicher nicht in perfekten Ozzy-und-Harriet-Familien* auf. Fast immer entwickelten jene Menschen, die Überdurchschnittliches leisteten, ihre Gaben auf Grund einer Verletzung oder als Reaktion darauf.

Manchmal dienen die Wunden nicht uns, sondern dem Leben. Das Leben kümmert sich nicht um unsere Vorlieben. Zuweilen müssen wir uns für die anderen, die Menschheit, das Leben opfern. Ken Wilbur's Buch *"Grace and Grit" (Mut und Gnade),* in dem der Autor den Krebstod seiner bezaubernden Frau beschreibt, hat viele Herzen angerührt. Ihre gemeinsame Reise durch das Tal des Todes dient uns allen. Man könnte sagen, daß dieses Buch das Leiden der Frau aufgewogen hat, denn es diente der ganzen Menschheit.

Unzählige Menschen sind der Entwicklung des kollektiven Bewußtseins geopfert worden, und es werden noch viel mehr werden. Viele berühmte Menschen haben sich in Wahrheit der Menschheit geopfert. Wir sprechen nicht nur von Persönlichkeiten wie Martin Luther King und John F. Kennedy, sondern auch von solchen wie Michael Jackson, Prinzessin Diana und Bill Clinton. Wenn du je

---

* Anm. des Übers.: amerikanische Fernsehserie über eine perfekte Familie, vergleichbar der Bill Cosby Show.

inmitten der brodelnden Besuchermasse eines Rockkonzertes oder einer politischen Veranstaltung gesessen hast, weißt du, daß der Mensch, auf den sich all diese ungebremste Energie entlädt, etwas von seiner Persönlichkeit aufopfern muß, um die Rolle darzustellen, die er für sie alle spielt, ganz gleich, wie prominent er sein mag oder wieviel Geld er verdient. Jeder von uns muß Opfer bringen, wenn er dem Kollektiv dienen will. Als einzelne sind wir aufgerufen, eine Entwicklungsstufe, an der wir oft hängen, aufzugeben, um die nächsthöhere Stufe zu erreichen.

Meist dienen uns die Verletzungen, gerade weil sie uns Narben zufügen. In meiner (Gawains) Kindheit litt ich unter dem explosiven Temperament meines Vaters. Er schlug mich ziemlich häufig. Daher lernte ich, seine Stimmungen aus Gesichtsausdruck und Körpersprache abzuleiten. Ich witterte die Launen meines Vaters um drei Ecken herum und wußte, wann ich mich in Sicherheit befand und wann es ratsam war, rasch zu verduften. Dadurch erwarb ich mir eine erhöhte Sensibilität für den Bewußtseinszustand anderer Menschen und die Fähigkeit, Energie- und Körpersprache zu deuten, was mir als Seminarleiter unglaublich gute Dienste leistet. Im Kapitel über Muster und Schatten werde ich über die Gefahren sprechen, die diese Gabe mit sich bringen kann.

Ich (Rhea) lebte in meiner frühen Kindheit allein mit Mutter und Großmutter. Es gab keinen Vater, keine Geschwister und auch keine anderen Familienangehörigen. Meine Großmutter arbeitete den ganzen Tag, meine Mutter hatte eine Teilzeitstelle. Da meine Mutter während dieser Zeit emotional in großen Schwierigkeiten steckte, waren ihre Launen unberechenbar. In meiner Erinnerung – der Wirklichkeit meiner Kinderaspekte – konnte sie liebevoll und lustig sein, im nächsten Augenblick schrie sie mich an und schlug mich, um hinterher traurig zu weinen. Ich konnte nie sicher sein, wie sie sich verhalten würde. Wenn ich zurückschaue, erkenne ich, daß ich mich für sie verantwortlich fühlte. Ich war sehr allein und flüchtete in meine Innenwelt, um damit fertigzuwerden. Mein bester Freund war ein "Engel". Ich stellte mir verschiedene Freunde vor und erschuf innere Welten, Welten, in denen ich nicht alleine war. Dank der Wunde der Einsamkeit lernte ich, mich in den überpersönlichen Bewußtseinsbereichen zu Hause zu fühlen. Jetzt bin ich vom Schicksal ausersehen, anderen den Weg dorthin zu weisen.

Die Erfahrung, für die Mutter sorgen zu wollen oder zu müssen, übertrug sich später dann auch auf andere Menschen, um die ich mich kümmerte. Natürlich birgt auch dies Gefahren. Viel ist über die sogenannte negative Seite dieses Musters geschrieben worden, über die Notwendigkeit, für sich selbst zu sorgen und sich nicht nur auf die Sorge für andere zu konzentrieren. Das ist natürlich richtig. Jedoch hat dieses "Helfermuster" mich unterstützt, Therapeutin und Seminarleiterin zu werden. Es hat mir geholfen, das zu erfüllen, was ich als mein Schicksal ansehe.

Nebenbei solltest du wissen, daß die Erinnerung der inneren Kinder nichts mit dem zu tun haben muß, was die Eltern selbst erlebten. Die Eltern erfahren sich gewöhnlich völlig anders als die Kinder ihre Eltern. Außerdem haben Geschwister beileibe nicht dieselben Eltern! Ich (Rhea) saß vor kurzem mit meinen beiden Kindern zusammen und hörte zu, wie sie frühe Erinnerungen über ihre Mutter (also mich) austauschten. Es war offensichtlich, daß mein Sohn eine völlig andere Mutter hatte als meine Tochter, obwohl die beiden nur neunzehn Monate auseinander sind. Sie nahmen mich beide durch ihr projiziertes Material wahr. Mir selbst war allerdings sonnenklar, daß "ich" keine der beiden Mütter meiner Kinder war, sondern eine dritte völlig andere Person!

Mein Bruder wurde mit neunzehn Jahren beim Radfahren von einem Auto angefahren. Dabei erlitt er einen schweren Schädelbruch, bekam eine Stahlplatte in den Kopf und verbrachte ein ganzes Jahr tapfer damit, wieder laufen, sprechen und lesen zu lernen. Jetzt hat er ein Diplom in Rehabilitationsberatung und spezialisiert sich auf die Arbeit mit Kopfverletzten. Mein Sohn erlitt mit elf Jahren Verbrennungen dritten Grades am Bein und mußte drei Hauttransplantationen über sich ergehen lassen. Jetzt ist er Assistenzarzt bei einem Chirurgen und hat vor, sich in plastischer Chirurgie zu spezialisieren. Zweifellos kannst du eigene Beispiele hinzufügen. Therapeuten fühlen deshalb den Drang, anderen zu helfen, weil sie sich selbst heilen wollen. Exalkoholiker beraten Alkoholiker, wie sie "trocken" werden können. Ehemalige Fixer unterstützen Abhängige beim Entzug. Durch unsere Verletzungen dienen wir dem Leben.

Manchmal kommt es vor, daß wir in einer unserer Gruppen mit einem Teilnehmer an dessen Lebensbestimmung arbeiten. Wir versuchen, ihm dabei zu helfen, sein Schicksal zu entdecken, und untersuchen seine Verletzungen nach Hinweisen. Vielleicht fragst auch du dich nach deiner Lebensbestimmung, wenn du folgende Fragen liest:

Wie bist du verletzt worden?

Was geschah in deinem Leben, was dich deiner Meinung nach am schlimmsten verletzte?

Was hast du *durch* diese Verletzung entwickelt?

Welche Fähigkeiten oder Eigenschaften, über die du jetzt verfügst, hättest du ohne dieses Erlebnis nicht entwickelt?

Wo könntest du diese Fähigkeiten am besten einsetzen?

In welchen Beruf oder in welche gesellschaftliche Rolle würden sich diese Fähigkeiten am besten einfügen?

Viele Menschen entdecken nach Beantwortung dieser Fragen, daß die Verletzungen der Schlüssel zu ihrem Schicksal sind.

Als Menschen auf dem Weg zum Erwachen und als Eltern, die bewußt zu sein versuchen, würden die meisten von uns unsere Kinder nicht absichtlich verletzen. Wir haben jedoch die Beobachtung gemacht, daß die Kinder vom Leben verletzt werden, wenn die Eltern es nicht taten. Wenn du selbst Kinder hast, weißt du, daß es zu den schwersten Erfahrungen gehört, zusehen zu müssen, wie die eigenen Kinder vom Leben verwundet werden. Es spielt keine Rolle, wie sehr du dich bemüht hast, ihnen eine vollkommene Kindheit zu ermöglichen, das Leben kommt und trampelt deinen Kindern auf die Füße.

Eine unserer Freundinnen, die versucht, ein bewußtes Leben zu führen, war entschlossen, ihrem ersten Kind eine vollkommene Geburt auf dem besten Stand des gegenwärtigen Wissens zu ermöglichen. Wir nennen unsere Freundin in dieser Geschichte einfach "Joan". Joan verhielt sich während ihrer Schwangerschaft vorbildlich. Sie ernährte sich vegetarisch, rauchte nie, trank weder Alkohol noch Kaffee und verzichtete sogar auf Schokolade. Gemeinsam mit ihrem Mann las sie alle richtigen Bücher und besuchte die besten Geburtsvorbereitungskurse, die sie finden konnte. Joan schwamm jeden Tag, erhielt Akupressurbehandlungen und machte sogar Rebirthingssitzungen, damit ihr eigenes Geburtstrauma die Geburtserfahrung ihres Kindes nicht behinderte. Nur ein einziger Schatten fiel auf diese Schwangerschaft: Eine ihrer medial begabten Freundinnen stimmte sich im siebten Schwangerschaftsmonat auf das Baby ein und übermittelte folgende Botschaft des Ungeborenen: "Meine Mutter ist krank, doch sie weiß es nicht." Da Joan nachgewiesenermaßen völlig gesund war, ging sie dieser Nachricht nicht weiter nach.

Als der Termin für die Geburt nahte, wurde der neue "Hot-Tub" für die Wassergeburt mit Kristallen umgeben, weil bei dieser Form der Geburt das geringste Trauma zu erwarten war. Alle standen sie bereit: Hebamme, Akupresseur und Energietherapeut. Gawain und ich kamen angereist, um Zeuge des Ereignisses zu werden. Doch nichts geschah. Nach ein paar Tagen mußten wir die Koffer packen. Die Zeit verging. Die Hebamme begann, sich Sorgen zu machen. Viel später als erwartet kamen endlich die ersten Wehen. Joan verbrachte tapfer und entschlossen dreißig Stunden im Hot-Tub. Doch das Baby ließ weiterhin auf sich warten. Jetzt bestand die Hebamme darauf, ins Krankenhaus zu gehen. Die vollkommene Wassergeburt war im Eimer!

Nach weiteren zehnstündigen Wehen im Krankenhaus schlugen die Ärzte einen Kaiserschnitt vor. Joan weigerte sich und war entschlossen, ihrem Kinde wenigstens eine natürliche Geburt zu ermöglichen. Obwohl der Kopf bereits im Geburtskanal steckte, schien das Baby überhaupt keine Lust zu haben, auf die Welt zu kommen. Es ging einfach nicht weiter. Nach weiteren zehn Stunden begann Joan zu fiebern, und das Baby geriet in Gefahr. Die Ärzte bestanden jetzt auf einem Kaiserschnitt. Während der Operation entdeckten sie einen tennisballgroßen Tumor an einem von Joans Eierstöcken. Die Geschwulst wurde entfernt und war zum Glück gutartig. Dem Baby ging es nach dem fünfzigstündigen Geburtsmarathon gut, und Joan erholte sich dank ihrer ausgezeichneten körperlichen Verfassung relativ schnell. Wäre der Tumor unentdeckt geblieben, wäre er wahrscheinlich weitergewuchert und hätte sich so zu einem ernsten Gesundheitsproblem auswachsen können.

Was war geschehen? Das Leben hatte in seiner Weisheit eingegriffen und einen Strich durch Joans vortreffliche Ideen gemacht. Die Absicht, dem Baby die Verletzung des Geburtstraumas zu ersparen, wurde so durchkreuzt. Es bleibt abzuwarten, welche Muster das Kind durch das Geburtserlebnis zurückbehält. Es ist jedoch sicher, daß Joans Erfahrung und die ihres Kindes von tieferliegenden Kräften gesteuert wurden, die die Vorlieben des Verstandes ignorierten und dadurch eine Entwicklung anbahnten, die sich erst in einigen Jahren abzeichnen mag.

Wir alle haben so etwas mitgemacht. Wir sind frustriert, weil die Dinge nicht so laufen, wie wir gern hätten, nur um Jahre später zu entdecken, daß das Leben wirklich die bessere Ideen hat. Ist es dir nicht auch so schon ergangen? Sahst du dich vielleicht gezwungen, eine Arbeitsstelle aufzugeben oder eine Beziehung abzubrechen, nur um später festzustellen, daß du dadurch eine andere Stelle oder einen anderen Partner fandest, die weit besser zu dir paßten? Bist du nachträglich schon einmal zu der Einsicht gelangt, daß das, was sich wie eine Katastrophe anließ, im nachhinein dein Glück war?

Diese Beispiele sollen dir zeigen, daß es möglich ist, Verletzungen nicht als Feinde, sondern als Bundesgenossen zu betrachten. Da einige der von uns angeführten Beispiele ganz offensichtlich sind, wollen wir jetzt zeigen, daß Verletzungen auch viel subtilere Art transformieren können. Wie wir schon sagten, fügt dir dein Unbewußtes selbst die Wunden zu, indem es für die Ereignisse sorgt, die dich verletzen. Die Verletzung setzt dann ihrerseits eine Reihe von Ereignissen in Bewegung, die uns in eine Richtung drängen, die wir ohne die Wunden nicht eingeschlagen hätten. Man trifft bewußte und unbewußte Entscheidungen, die einen schließlich zur Erfüllung seines Schicksals führen. Im Kapitel über Muster und Schatten geben wir Beispiele, wie so etwas vor sich gehen kann.

Du brauchst Energie, um dich zu wandeln. Viele wissen gar nicht, daß Wunden einem Menschen Energie geben können. Diese Energie setzt eine bestimmte Serie von Ereignissen in Bewegung, die sonst nicht geschehen wären. Zu einem späteren Zeitpunkt erhältst du dann die Möglichkeit, dich mit der Verletzung auszusöhnen. Das bedeutet: Du erfährst, wozu dir die Verletzung gedient hat, und erkennst die Mittel, die du durch sie entwickelt hast, ausdrücklich an. Der bewußte Akt, die Energie der Verletzung in dich zurückzunehmen, führt zu einer Bewußtseinsveränderung und damit zur Versöhnung mit der Verletzung. Und dieser Prozeß läßt dich wachsen. Die Erfahrung deiner Ganzheit weitet sich. Damit hat die Verletzung ihren Sinn erfüllt.

Wir sagen damit nicht, daß sich jeder bewußt mit den Wunden aussöhnt, die er sich unbewußt selbst zugefügt hat. Viele Menschen gelangen nie über das Täter-Opfer-Denken hinaus. Doch selbst wenn diese Menschen sich nie bewußt mit ihren Verletzungen versöhnen, dienen sie trotzdem bereits dadurch dem Leben, daß sie durch den Prozeß des Verletztwerdens gehen. Der Mensch, der aus dem unbewußten Wunsch, sich selbst zu heilen, ein Heiler wird, mag seine wahre Motivation nie erkennen, und doch dient er, indem er andere heilt, dem Leben. Alle jene aber, die zur Fülle ihres Seins erwachen wollen, um ihre Ganzheit zu beanspruchen, werden sich dem bewußten Leiden aussetzen müssen, das die Versöhnung mit den Wunden nach sich zieht.

Jede tiefe, enge Beziehung wird unausweichlich deine Verletzungen ans Licht bringen. Du kannst lernen, mit ihnen umzugehen. Sei dir klar darüber, was du für sie bezahlt hast, erkenne gleichzeitig, wie sie dir und deinem Leben gedient haben, dann kannst du ihre Aktivierung in der Partnerschaft dazu benutzen, aufzuwachen. Du beginnst zu erkennen, daß dir dein Partner hilft, bewußt zu werden. Jeder Teil deiner Ganzheit, den du noch nicht angenommen hast, jede unterdrückte Emotion und jede unvollkommene Erfahrung wird letztlich an die Oberfläche treten. Wenn du dich der Liebe zwischen dir und deinem

Partner öffnest, mußt du auch deinen Schmerz an dich heranlassen. Du kannst dich nicht für eins entscheiden und das andere ausschließen. Genauso wenig kannst du dich nicht einem Gefühl verschließen, ohne deine Fähigkeit einzuschränken, andere Gefühle zu spüren. Du kannst nicht sagen: "Ich will die Liebe, aber nicht den Schmerz." Nach und nach wirst du entdecken, daß jegliches Leid, daß dein Partner bei dir auslöst, wirklich nichts mit ihm zu tun hat. Er mag das Leid auslösen, doch es ist dein Schmerz, und er war längst in dir, bevor dein Partner zu dir kam. Wenn du das einsiehst, bist du bereit, dich deinem Schattenmaterial zu öffnen.

Muster und Schatten

Jeder hat einen Schatten, und je weniger ein Mensch diesen bewußt lebt, um so schwärzer und dichter ist er.

C.G.Jung

Im Kapitel über Projektionen haben wir bereits über den Schatten gesprochen. Um es einfach auszudrücken: Das Schattenmaterial setzt sich aus all den Teilen deiner Psyche zusammen, die dir völlig unbewußt sind. Viele wichtige Entscheidungen und Handlungen werden von unserem Schattenmaterial bestimmt, und wir ahnen nichts davon! Wir wollen noch einmal darauf hinweisen, daß der Schatten nicht negativ ist; er umfaßt einfach alles, was wir nicht sehen – das ist wichtig! In diesem Kapitel wollen wir nun genauer untersuchen, wie sich der Schatten in der Partnerschaft auswirkt.

Durch unserer Arbeit mit Dr. Brugh Joy. haben wir erlebt, daß Leiden hervorgerufen wird, wenn man Schattenmaterial ins Bewußtsein ruft. Es ist nicht leicht, dich jenen Teilen deiner selbst zu stellen, die du mit großem Energieaufwand zu unterdrücken suchtest. Du mußt diese Wahrheit über dich erleiden, wenn du wirklich ganz werden willst. Unser Selbstbild wird verletzt, wenn wir Teilen unserer Ganzheit begegnen, von deren Existenz wir nichts gewußt haben. Als Seminarleiter wissen wir, daß der Versuch, den Menschen vor dieser Selbsterkenntnis zu schützen, um ihm Leid zu ersparen, diesem die Möglichkeit nimmt, bewußt zu werden. Erst das Leid, das entsteht, wenn wir unseren Schatten erkennen und endlich bereitwillig annehmen, macht uns bewußt.

Es gibt viele Möglichkeiten, dem eigenen Schatten zu begegnen. Da sind einmal deine Träume. Da sind zum anderen – wir haben schon davon gesprochen – deine Reaktionen auf die Außenwelt. Welche Filme meidest du zum Beispiel? Welche Verbrechen oder sonstigen Ereignisse beunruhigen dich am meisten, wenn du von ihnen in der Zeitung liest? Welche Menschen gleichen Geschlechts kannst du partout nicht ausstehen? Welche Eigenschaften ärgern dich an ihnen? – Richtig, irgendwo bist du genauso. Denke an deine Eltern und finde heraus, was dir an ihnen überhaupt nicht paßt, – und dann suche nach eine Variante dieser Eigenschaft in dir. Es ist gut zu wissen, daß dein Lebenspartner dein unbewußtes Material für dich auslebt. Alles, was du an deinem Partner nicht magst, was dich an ihm nervt, sind letztlich Eigenschaften deiner eigenen Ganzheit, die du noch nicht anerkannt hast. Wenn du deine Beziehung als Wegweiser zu deinem Schattenmaterial benutzt, dann bringst du Dunkelheit ins Licht und wirst bewußter.

In diesem Kapitel möchten wir euch mit Mustern und Schattenaspekten bekannt machen, die wir in uns entdeckt haben. Wenn wir eigene Erfahrungen weitergeben, wollen wir dich damit in die Lage versetzen, deine eigenen Anteile aufzuspüren. Vielleicht mußt du die Worte in deine Sprache übersetzen oder die Erlebnisse auf eigene Erfahrungen übertragen, doch möglicherweise klingt dein eigenes Material an, und du erhältst dadurch Einblicke, die dir auf deiner Reise zum Erwachen helfen mögen. Wenn du also diese Zeilen liest, bitten wir dich, auf dich selbst zu achten.

Der Name am Anfang jedes Abschnitts besagt, wer gerade spricht.

Gawain:

Ich bin begeisterter Surfer. In den letzten fünf Jahren habe ich viel Zeit darauf verwandt, meine Surftechnik auszufeilen und zur Meisterschaft zu bringen. Surfen ist nicht einfach; man muß körperlich stark sein, über einen guten Gleichgewichtssinn verfügen und in der Lage sein, sich den ständig wechselnden Naturgewalten anzupassen. Man muß sich außerdem aufs weite Meer hinauswagen und die Angst vor den Naturelementen überwinden. Da ich ein großer Anhänger dieser Sportart bin, versuchte sich Rhea ebenfalls darin und tat ihr Bestes, um die notwendigen Techniken zu erlernen, wobei ich ihr natürlich zur Seite stand.

Im Juli 1992 fuhren wir zum fünftenmal nach Fuerteventura, einem Surferparadies auf den Kanarischen Inseln. Der Ort, an dem wir uns aufhielten, hat einen schönen, felsenfreien Sandstrand. Bei Ebbe kann man mehr als hundert Meter weit hinaus ins Meer waten, kaum daß das Wasser bis zu den Hüften reicht. Es kann aber auch gefährlich werden, da die Winde meist ablandig wehen (was bedeutet, daß sie vom Land aufs Meer hinaus blasen – nächster Stop in Afrika!). Im Juli und August weht der Wind gewöhnlich mit einer Geschwindigkeit von dreißig bis fünfzig Stundenkilometern, und jedes Jahr werden ein oder zwei Surfer aufs Meer hinausgetrieben, da sie von niemandem, der sie retten könnte, gesehen werden. Unter diesen schwierigen Bedingungen übte Rhea mit meiner Hilfe das Surfen.

Vor zwei Jahren hatte ich Rhea eines Nachmittags ermutigt, sich weit hinauszuwagen. Doch der Wind hatte aufgefrischt, und ihr fehlte ganz einfach die Kraft, das Segel aus dem Wasser zu ziehen. Meine Versuche, ihr zurück zum Strand zu helfen, scheiterten. Zu unserem großen Glück hatten Nachbarn unsere Schwierigkeiten bemerkt und das Hotel alarmiert, welches uns ein Rettungsboot schickte. Als wir endlich eingesammelt wurden, waren wir bereits zwei Stunden lang auf den Ozean hinausgetrieben. Danach paßte Rhea natürlich auf, wie weit sie sich hinauswagte. Sie befürchtete immer, daß der Wind plötzlich auffrischen und sie nicht mehr zurück zum Strand kommen würde.

Dieser Zwischenfall hatte mir klargemacht, wie wenig ich mir der Grenzen anderer Menschen bewußt war. Ich bin ein erfahrener Schwimmer und kann mühelos mit meinem Körper umgehen, denn ich habe mein Leben lang Sport getrieben. Ich hatte keine Ahnung, wie diese schwierigen Surfbedingungen auf einen Menschen wirkten, der Angst vor tiefem Wasser hat und dessen Körper nicht so beweglich ist wie meiner. Dies war nicht besonders klug von mir, wenn man bedenkt, daß Rhea elf Jahre älter ist als ich und, bevor wir uns trafen, niemals Sport getrieben hatte. Sie wurde aufs Meer hinausgeblasen, weil ich wollte, daß sie gut surfte! Zu diesem Zeitpunkt war mir nicht klar, warum ich sie einer so gefährlichen Situation ausgesetzt hatte. Mir war lediglich bewußt, daß ich mich selber ständig antrieb, immer perfekter zu werden und mich unablässig mit anderen Surfern verglich, die ich für besser hielt.

Im Juli 1992 waren wir also wieder in Fuerteventura, und Rhea surfte. Sie übte ein sehr schwieriges Manöver, das "Wasserstart" genannt wird. Dabei muß der Surfer das im Wasser liegende Segel in einem ganz genauen Winkel zum Wind halten, so daß die Kraft des Windes das Segel aus dem Wasser drückt. Wenn ein Surfer dieses Manöver beherrscht, braucht er das Segel nicht mehr mit eigener Kraft aus dem Wasser zu ziehen. Bei starkem Wind ist es nämlich fast unmöglich, das Segel aus dem Wasser zu ziehen und so zu starten. Genau aus diesem Grunde hatte Rhea vor zwei Jahren Schwierigkeiten: Der Wind hatte aufgefrischt, und sie hatte das Segel nicht aufrichten können. Wenn sie damals den "Wasserstart" beherrscht hätte, wäre sie nicht hinausgetrieben.

Als Rhea diese neue Technik übte, kam mir zum Bewußtsein, daß ich sehr ungeduldig mit ihr umging. Ich nörgelte ständig an ihr herum und sprach auch dann nur über ihre Fehler, wenn sie etwas gut gemacht hatte. Ich rechtfertigte meinen kritischen Unterricht damit, daß man alles verbessern und nur so wirklich überragende Fähigkeiten entwickeln könnte. Rhea wurde diese ständige Kritik jedoch bald leid, und sie sagte mir das auch.

Nun fiel mir auch auf, daß sie sich ständig in Küstennähe aufhielt. Sie hatte wahrscheinlich immer noch Angst davor, ins Meer hinauszutreiben. Das machte mich wirklich ärgerlich. Als sie zurückkam, sagte ich erregt: "Wie kannst du erwarten, etwas wie das Gleiten zu lernen, wenn du nicht so weit hinausfährst, daß du zum Gleiten kommst!" (Gleiten bedeutet, daß man sehr schnell surft. Diese Seite des Sports macht wirklich süchtig!) Meine Verärgerung zeigte sich deutlich in meinem Gesicht und in meiner Stimme. Rhea antwortete: "Es macht keinen Spaß, wenn du dauernd an mir rumkritisierst." Ich stimmte zögernd zu, und sie fuhr wieder hinaus.

Diesmal hatte sie wirklich Schwierigkeiten, aus dem Wasser heraus zu starten. Schließlich schaffte sie es; doch bevor sie das freie Meer erreichte, drehte sie bei und kam zurück. Jetzt war ich wütend. Wieder war sie nicht weit genug hinausgefahren! Entrüstet kehrte ich ihr den Rücken zu und marschierte ab in unser Appartement. "Warum hört sie nicht auf mich?" dachte ich; "auf diese Weise wird sie das Surfen niemals lernen."

Nach einer Weile erschien Rhea. "Wo bist du geblieben?" fragte sie. "Bin schon reingegangen", murmelte ich. "Das habe ich gesehen", erwiderte sie, "was ist denn los?" Ich wurde zornig und hielt ihr vor, sie würde nie richtig surfen lernen, wenn sie ihre Angst vor tiefem Wasser nicht endlich überwände. Sie reagierte ironisch und schwärmte davon, wieviel Spaß es ihr gemacht habe. Ich bohrte: "Was soll das heißen?" Sie zuckte nur die Schultern. (Du weißt, wie so etwas läuft. Wahrscheinlich hast du es auch schon ein- oder zweimal erlebt.) Jetzt kam ich erst richtig in Fahrt: "Was soll das heißen, frag ich dich? Glaubst du, daß ich dir den Spaß nicht gönne? Surfen macht Spaß, doch zuerst mußt du es richtig lernen. Mir ging's doch auch nicht besser!" Darauf antwortete sie achselzuckend, daß ich überhaupt nicht verstehe, wovon sie spreche, und der Streit nahm seinen Lauf.

Nach einer gewissen Zeit besannen wir uns, daß wir wirklich miteinander reden wollten. Wir entschieden, uns beide auszusprechen, und hielten eine Kommunikationssitzung ab. Einer von uns sollte dem anderen nur zuhören, dann wollten wir die Rollen tauschen. Nach dieser Sitzung fühlten wir uns tatsächlich schon etwas klarer. Der Ärger war verraucht, denn wir waren in reifere Aspekte unserer inneren Gemeinschaft eingetreten, die sich darüber bewußt waren, wie sehr wir einander lieben. Das Problem war natürlich noch nicht "geknackt", doch wir fühlten uns jetzt besser. Wir einigten uns darauf, daß mein Ärger mit dem Wunsch zu tun hatte, eine Surfpartnerin zu haben, die imstande war, mit mir hinauszufahren.

Am nächsten Tage fing das Ganze dann von vorne an. Es war unser letzter Ferientag, am nächsten Morgen würden wir nach Hause fliegen. Der Wind war nicht zu stark, für Rheas augenblickliches Können also ideal. Sie fuhr hinaus und kehrte schon wieder vorzeitig um. Aufs neue stieg in mir diese Gereiztheit auf, die an Ärger grenzte: Nicht einmal diese glänzenden Bedingungen, diese geradezu idealen Voraussetzungen nutzte sie, um ordentlich zu üben!

Plötzlich fiel mir mein Vater ein, der sich so häufig über mich geärgert hatte. Ganz gleich, wie sehr ich mich auch anstrengte, ich konnte ihm nichts rechtmachen. Es fiel mir wie Schuppen von den Augen: Ich bin wie mein Vater! Ich verhielt mich ganz genau wie er. Ich war genauso ungeduldig und gereizt mit Rhea, wie er mit mir gewesen war. Ich war schockiert. Dann tauchte in mir das Wort "Versager" auf, und ich verstand. Ich kann die Erfahrung des Versagens nicht ertragen, weder bei mir noch bei Menschen, mit denen ich mich identifiziere. Versagen bedeutet Schmerz, bedeutet, etwas falsch gemacht zu haben. Es heißt ferner, daß mein Vater mich bestraft, körperlich und seelisch!

In diesem Augenblick begriff ich, daß ich das alte Drama, das etwa 1963 seinen Anfang nahm, nämlich als ich anfing, meinem Vater bei der Arbeit zu helfen, wieder aufführte. Der verängstigte Zehnjährige meiner inneren Gemeinschaft inszenierte jetzt, dreißig Jahre später, das Surfdrama mit Rhea. Für die Gefühlsstruktur des Zehnjährigen in mir bedeutete Versagen Schmerz und Strafe. Deshalb durfte ich um keinen Preis versagen, auch nicht jemand, mit dem ich mich identifizierte. Da ich mich zuweilen mit Rhea identifiziere, gab ich ihr eine Rolle in diesem inneren Drama. Ich erkannte darüber hinaus, daß mein Streben nach Meisterschaft in so vielen Bereichen und meine ständige Unzufriedenheit mit dem Erreichten von dieser Versagensangst gespeist wurde.

Nach dieser Offenbarung beobachtete ich, wie Rhea auf den Strand zufuhr, und empfand plötzlich nicht mehr die Spur von Ärger, Gereiztheit oder Ungeduld. Plötzlich sah alles, was sie machte, gut, ja sehr gut aus, wenn man ihr Alter und ihre mangelnde sportliche Veranlagung berücksichtigte. Plötzlich konnte ich wahrnehmen, wieviel sie schon erreicht hatte. Obwohl sportlich ungeübt, hatte sie es doch mit fünfzig Jahren noch geschafft, unter so schwierigen Bedingungen das Surfen zu erlernen. Absolut phantastisch!

Ich nahm die Wirklichkeit ganz anders wahr, als ich erkannte, welcher Aspekt meiner inneren Gemeinschaft für meine Psyche verantwortlich war (das verängstigte Kind) und durch welches Muster sich der Aspekt ausgedrückt hatte (vermeide Leid, indem du Versagen vermeidest!). Rhea erschien in meinen Augen völlig anders als kurz zuvor. Die äußere Wirklichkeit verändert sich schlagartig, wenn man die Filter entdeckt, durch die man sich und andere wahrnimmt.

Als diese Erkenntnis tiefer in mich eindrang, blieb mir der Schmerz. Endlich konnte ich all den Kummer des zehnjährigen Jungen zulassen, der verzweifelt versucht hatte, alles richtig zu machen, um dem Zorn des Vaters zu entgehen. Ich ließ den Schmerz zu. Ich erkannte, daß ich auch da das Verhalten meines Vaters kopiert hatte, als ich, erbost über Rheas mangelnde Fortschritte, einfach wegging. Auch mein Vater hatte sich wortlos abgewandt und mich jahrelang nicht mehr beachtet, als ich zu einer bestimmten Zeit in der Schule versagte. Ich hatte seine Erwartungen nicht erfüllt. Das tat sehr weh. Wieder war ich entsetzt, als ich erkannte, wie peinlich genau ich die Muster meines Vaters wiederholte, obwohl ich mir als Jugendlicher geschworen hatte, nie so wie er zu werden! Ich hatte unbewußt das ganze Drama meiner Kinderzeit auf das Windsurfen mit Rhea projiziert.

Dieses Muster gehörte vollständig zum Schatten. Obwohl ich im Rückblick erkannte, wie häufig es mein Leben beherrscht hatte, war ich mir dessen nie bewußt gewesen. Hättest du mich gefragt, ob ich Angst vor dem Versagen habe, hätte ich geantwortet: "Nein, natürlich nicht!" Durch diesen Vorfall wurde mir ein neuer Teil meiner Psyche samt seinen Mustern zugänglich. Ich erkannte die Quelle meines Ehrgeizes und meines Dranges nach ständiger Leistungssteigerung, der verhinderte, daß ich mich lange an etwas Erreichtem freuen konnte. Am Ende reicht es nie.

Obwohl ich, während ich dies hier niederschreibe, den alten Schmerz noch immer spüre, ist mir klar, daß dieses Muster meiner inneren Entwicklung andererseits auch sehr gedient hat. Ich hätte nie so viele Fähigkeiten erworben, wenn mich meine starke Versagensangst nicht dazu angefeuert hätte. Mich trieb die Angst vor dem Versagen, alles so vollkommen wie möglich zu tun. Wenn man von diesem

Muster beherrscht wird, kann man die Früchte seiner Arbeit leider nie genießen. Nachdem ich es erkannt habe, spüre ich, daß ich in Zukunft entspannter mit mir und meiner Umgebung umgehen und mich an dem, was ich geschafft habe, besser freuen kann.

Wenn du ein Muster erkannt und emotional durchlitten hast, fällt es dir viel leichter, es wiederzuerkennen und mit ihm umzugehen, wenn es von neuem auftaucht – was mit Sicherheit geschehen wird. In dem Augenblick, wo du ein Muster identifizierst, bricht seine Energie zusammen; es genügt zu denken: "Aha, da ist es wieder!" Wenn du dir klarmachst, wie sehr dein Verhalten von solchen Mustern bestimmt ist, lernst du Demut – bis du es wieder einmal vergißt und das Leben dich von neuem daran erinnert.

Rhea:

Eines meiner Lieblingszitate stammt von dem spanischen Dichter Lope de Vega, der im sechzehnten Jahrhundert lebte. Es lautet: *"La vida es sueno y los suenos, suenos son." (Das Leben ist ein Traum, und Träume sind auch nur Träume.)* Man kann Erlebnisse so deuten, als wären sie Träume. Das ist eine weitere Möglichkeit, unbewußtes Schattenmaterial aufzudecken.

Gerade hat Gawain erzählt, wie ich nicht mehr zum Strand zurück konnte und aufs Meer hinausgetrieben wurde. Später beschäftigte ich mich mit diesem Erlebnis und behandelte es so, als ob es ein Traum gewesen wäre. In diesem Traum ermuntert mich Gawain (einer meiner männlichen Aspekte), mich hinaus aufs Meer zu wagen (ins Unbewußte oder Überpersönliche). Ich stimme zu und fahre los. Doch ich gehe weiter, als meine Kräfte zulassen. Die Sache wächst mir buchstäblich über den Kopf! Ich habe keine Mittel, mit den Kräften (des Unbewußten) umzugehen. Meine eigenen männlichen Aspekte (dargestellt von Gawain) können mir nicht mehr helfen. Ich treibe immer weiter vom Strand und damit vom festen Boden weg. Ich glaube, sterben zu müssen, und habe furchtbare Angst.

Wir wissen zu diesem Zeitpunkt nicht, daß uns unsere Nachbarn beobachten und Hilfe holen. Durch ihren Einsatz werde ich gerettet und zur Küste zurückgebracht. Im "Traum" symbolisieren die Nachbarn Kräfte, die über mich wachen. Der Traum zeigt mir, daß ich von unsichtbaren Helfern beschützt werde, die mich an Land – auf festen Untergrund – zurückbringen, selbst wenn ich meine Fähigkeiten in den überpersönlichen Bewußtseinsbereichen überschätzen sollte.

Der Schattenaspekt meiner Psyche zeigte mir durch den Erlebnistraum, daß ich meine Kräfte in Bezug auf das Unbewußte durchaus überschätzen kann. Diese Kräfte hatten mich gewarnt, ihre Macht zu respektieren.

Ein Jahr später fuhren wir wieder nach Fuerteventura. Eines Abends verspürte ich plötzlich Lust auf einen Spaziergang. Ich ging "zufällig" zu demselben Strand, von dem aus ich aufs Meer getrieben worden war. Es war ungefähr dieselbe Tageszeit. Der Strand war menschenleer bis auf einen Mann, der auf einem der niedrigen Hügel nicht weit vom Ufer stand und etwas zu beobachten schien. Als ich mich dem Wasser näherte, sah ich einen Körper daliegen. Ich ging noch näher heran. Es war ein Mann, der offensichtlich ertrunken war.

Ich ging zu dem Beobachter auf dem Hügel, der mir mitteilte, er sei mit dem Ertrunkenen befreundet gewesen und habe die Polizei bereits alarmiert. Es gab nichts, was ich noch hätte tun können. Ich kehrte zu unserem Appartement zurück und erzählte Gawain von meinem Erlebnis. Daraufhin ging er ebenfalls an den Strand, fand aber nichts vor. Es war offensichtlich mein "Traum".

Ich erkannte, daß dieses Ereignis das Traumerlebnis des letzten Jahres fortsetzte. Zeit spielt für das Unbewußte keine Rolle. Es ist ohne Belang, daß ein Jahr dazwischenlag – die beiden Erlebnisse waren miteinander verbunden. Dieser Teil des Traumerlebnisses zeigte mir, daß einer meiner männlichen Aspekte die Kräfte des Unbewußten tatsächlich nicht überlebt hatte. Ich sah den toten Mann als Opfer, das stellvertretend für mich gestorben war, und als Hinweis, daß Teile von mir bei der Begegnung mit dem Ozean sterben würden. Ich verstand die Botschaft des Traumerlebnisses: Anteile meiner inneren Männlichkeit mußten sterben, wenn ich mich in die Kräfte des Unbewußten hinauswage.

Wenn du deine Erlebnisse so betrachtest, als wären sie Träume, hast du ein weiteres Werkzeug in der Hand, um dein unbewußtes Schattenmaterial bewußt zu machen. *"La vida es sueno..."*

Gawain:

In unseren Gruppen halten wir oft aktive Meditationen ab, die wir "Fünf-Rhythmen-Meditation" nennen. (Sie wird im Anhang ausführlich beschrieben.) Die Meditation arbeitet mit Eigenschaften, die durch fünf Grundrhythmen dargestellt werden: 1. fließend rund; 2. abgehackt, stakkato; 3. chaotisch; 4. lyrisch; 5. still. Wenn du mit der Meditation vertraut bist, wird dir klar, daß diese Grundrhythmen zu verschiedenen Menschentypen passen. Wir alle kennen Menschen, die sich rund und fließend ausdrücken, andere bewegen sich schnell und abgehackt, wieder andere geben sich chaotisch usw. Jedenfalls arbeitet ein großer Teil meiner Psyche in der Stakkatoenergie, während sich Rhea eher rund und fließend ausdrückt.

Wenn wir beide ein Seminar leiten, arbeiten wir oft in einer Art und Weise, die wir "Kreisarbeit" nennen. Wir sitzen mit den Teilnehmern der Gruppe im Kreis auf dem Boden; sie stellen Fragen oder erzählen Erlebnisse, und wir antworten. Wenn die Leute ihre Fragen an Rhea richten, läßt sie sich für die Antwort gewöhnlich Zeit. Manchmal glauben die Gruppenteilnehmer sogar, daß sie die Frage längst vergessen hat. Meine Antworten kommen gewöhnlich sehr rasch. Also, während dieser Kreisarbeit begann ich mich über Rhea zu ärgern, weil ihre Antworten langsam, manchmal sogar zögernd kamen. Noch mehr regte mich auf, wenn es den Anschein hatte, als sei sie sich einer Antwort nicht ganz sicher. Wenn das geschah, flüsterte ich: "Was machst du, Rhea? Die Leute warten. Was ist denn los?"

Ich litt wirklich unter ihrer zaudernden Art und glaubte allmählich, daß sie sich selbst nicht sicher sei. In der Pause stellte ich sie zur Rede und fragte sie nach dem Grund ihres Verhaltens; ich wollte wissen, was mit ihr los sei. Sie fand an ihren Reaktionen gewöhnlich nichts auszusetzen und wunderte sich über meinen Ärger. Ich erwiderte darauf, daß ich ihr Verhalten als Unsicherheit empfinde, und betonte, daß diese Unsicherheit so offensichtlich sei, daß ich mich vor der Gruppe für sie schäme. Auseinandersetzungen dieser Art kamen dann tatsächlich jahrelang immer mal wieder auf.

So auch eines Tages wieder. Ich wollte gerade meine gewöhnlichen Vorwürfe abspulen, als mir urplötzlich etwas aufging: Ich war unsicher und nicht Rhea! Ich war schockiert. Im gleichen Augenblick spürte ich, wie die Empfindung der Unsicherheit meinen ganzen Körper durchflutete. Nach der Sitzung teilte ich Rhea meine Erkenntnis mit. Sie lächelte und erwiderte, ihr sei das die ganze Zeit schon bewußt gewesen, doch ich habe selbst drauf kommen müssen. Dies ist ein Beispiel für einen richtigen Schatten. Ich hatte keine Ahnung, daß ich unsicher war und dieses Gefühl tatsächlich auf Rhea übertragen hatte. Indem ich sie angriff, konnte ich meinen eigenen Gefühlen ausweichen. Da ich Unsicherheit als Fehlverhalten ansah, konnte ich mich für mein eigenes Versagen verurteilen, indem ich Rhea beschuldigte.

Diese unbewußte Unsicherheit hängt mit der Versagensangst zusammen, die ich im vorigen Beispiel angesprochen habe. Meine unbewußte Strategie bestand darin, Rhea anzugreifen und von ihr zu verlangen, die Fragen schneller zu beantworten. Ich versuchte so, die Pause zwischen Frage und Antwort und damit die Möglichkeit des Versagens zu vermeiden. Ich hoffte, mich aus einer Situation zu befreien, durch die meine eigene Unsicherheit ausgelöst wurde. Dies ist ein gutes Beispiel für Projektion und Illusion. Meine Haltung Rhea gegenüber und die Gedanken, die ich mir über sie und die Situation machte, waren vollständig illusionär. Das, was ich für die vollkommene Wahrheit gehalten hatte, stellte sich als vollkommener Irrtum heraus. Darüber hinaus traf das, wofür ich Rhea beschuldigte, auf mich selbst zu! Mein Verhalten in diesen Situationen war nichts als eine unbewußte Strategie, mit der ich das Gefühl meiner eigenen Unsicherheit überdecken wollte.

Als ich dieses Muster untersuchte, fand ich heraus, daß ich mich mein Leben lang zu kraftvollen Menschen hingezogen gefühlt hatte, die selbstsicher zu sein schienen. Ich wollte nur mit Leuten zusammensein, die sich ihrer immer sicher waren, und versuchte so, mich vor der Erfahrung meiner eigenen Unsicherheit zu schützen. Natürlich ahmte ich meine Vorbilder nach. Deshalb mußten alle meine Lehrer und Gurus unfehlbar sein; sie mußten beweisen, daß sie ihr Leben hundertprozentig im Griff hatten. Selbst eine spirituelle Haltung, die besagte: "Lasse alles zu, wie es geschehen muß, dann wirst du glücklich!", war annehmbar für mich. Diese Haltung, die bewußt auf jegliche Kontrolle verzichtete, führte in Wirklichkeit jedoch nur zu einer neuen übergeordneten Form von Kontrolle.

Wenn einer meiner "Helden" versagte, ließ ich ihn fallen und erwählte einen neuen. Wenn ich zugelassen hätte, daß mein Held versagte und ich ihm trotzdem treu geblieben wäre, hätte ich meine eigene Unsicherheit und meine Angst vor dem Versagen konfrontieren müssen. Auf einer bestimmten Ebene wußte ich natürlich von dieser Angst und Unsicherheit. Deshalb versuchte ich unbewußt, den damit verbundenen Schmerz zu vermeiden. Es war einfach zu schlimm. Mir fiel es viel leichter, am Ideal der möglichen Vollkommenheit festzuhalten und einfach nach einem neuen Helden Ausschau zu halten, der diesem Bild zu entsprechen schien.

Wenn du das Idol eines Menschen betrachtest, kannst du viel über die Unzulänglichkeiten und inneren Ängste dieses Menschen erfahren. Der Held wird jene Eigenschaften verkörpern, die dem Menschen abzugehen scheinen und nach denen er sich sehnt. Da er sich unbewußt dafür verurteilt, versucht er dies durch die Verehrung seines Helden zu kompensieren. Mit der Suche nach einem vollkommenen Lehrer kompensierte ich meine Unzufriedenheit mit der eigenen Unvollkommenheit.

Diese Erkenntnis lehrte mich eine Menge über meine Entscheidungen und meine Haltung dem Leben gegenüber, und Rhea half mir, indem sie diesen Teil für mich auslebte und selbst dann noch mit mir redete, als ich sie zu Unrecht angriff. Dies ist wieder ein Beispiel dafür, wie eine engagierte Beziehung uns bei der Bewußtwerdung helfen kann. Vor dem Beginn meiner Beziehung zu Rhea habe ich Situationen stets vermieden, in denen ich offensichtlich oder auch nur scheinbar schwach zu sein schien. Doch als ich hinter das Geheimnis meiner scheinbaren Schwäche gekommen war, wurde mir das Schattenmaterial meiner eigenen Psyche bewußt. Noch einmal: Paß auf, auf wen du mit dem Finger zeigst und wie du es tust. Dein Urteil über andere sagt stets mehr über dich selbst aus als über den, den du beurteilst.

Rhea:

Gawain und ich stritten uns. Wir kamen von einem Seminar, das wir in Zürich geleitet hatten. Als wir uns über die Gruppe unterhielten, sprach Gawain darüber, daß er mit dem, was ich zu einer bestimmten Teilnehmerin gesagt hatte, nicht einverstanden sei. Er war der Ansicht, daß ich mich durch ihren Widerspruch habe aktivieren lassen. Schließlich warf er mir vor, daß ich offenbar unfähig sei, Kritik zu ertragen. Das reichte. Ich war nicht in meiner Mitte, zog nicht einmal die Möglichkeit in Betracht, einen reiferen Aspekt meines Bewußtseins zu wählen. Ich war stinksauer! Ich gab zurück: "Was meinst du damit, daß ich mich nicht kritisieren lasse? Warum mußt du mich ständig niedermachen und mir alles auftischen, was dir an mir nicht paßt?" Der Streit war in vollem Gange.

Hinter meinem Ärger litt ich selbstverständlich. Das, was er mir ankreidete, hatte mich wirklich tief verletzt. Ich fühlte mich verheerend. Als ich darüber nachdachte, warum mich Gawains Worte so getroffen hatten, fand ich keinen zureichenden Grund. Es schien so, als seien es seine Worte gewesen, die meinen Schmerz auslösten, doch ich wußte, daß ich unverhältnismäßig stark litt. Ich hatte seine Worte zwar durchaus als Demütigung empfunden, doch für diesen grenzenlosen Kummer konnten sie nicht verantwortlich sein. Ich ging nach innen und suchte nach der Quelle dieses Kummers. Und dann staunte ich: Ich stieß auf Schuldgefühle und einen nagenden Schmerz darüber, wie sehr ich meine Mutter verurteilt hatte. Als Teenager hatte ich sie erbarmungslos schuldig gesprochen. Obwohl ich kaum je ein Wort darüber verloren hatte, war meine selbstgerechte Verachtung doch so deutlich abzulesen gewesen, daß meiner Mutter klar sein mußte, bei mir vollständig verspielt zu haben.

Im Rückblick konnte ich diese Haltung zwar als einen notwendigen Schritt zu meiner Persönlichkeitsbildung ansehen, doch der Schmerz darüber, was ich diesem über alles geliebten Menschen damit angetan hatte, überwältigte mich fast. Jetzt erkannte ich, daß das selbstgerechte Gefühl, das sich immer dann einstellte, wenn negative Kritik an mir laut wurde, mich vor diesem Schmerz bewahren sollte. Ich hatte unbewußt Schuldgefühle, weil ich meine Mutter als Jugendliche so hart angegangen war, und so projizierte ich diese Schuld auf andere und setzte sie herab, wenn sie mich kritisierten. Ich benutzte sie sozusagen dazu, mich selbst schuldig zu sprechen. Indem ich sie für ihre abwertende Haltung verurteilte, konnte ich mich unbewußt dafür verurteilen, was ich meiner Mutter angetan hatte. Diese unbewußte Schuld war höchstwahrscheinlich auch dafür verantwortlich, daß ich Gawain manchmal dazu brachte, mich zu bestrafen, indem er aussprach, was ihn an mir störte.

Wir hatten gerade einen Wochenendworkshop in Utah hinter uns. Es war das erste Seminar, das wir nach einer Pause von mehreren Jahren wieder in den Vereinigten Staaten geleitet hatten. Kurz zuvor hatte ich einem Freund am Telefon mitgeteilt, ich fühle mich wie ein Vulkan kurz vor dem Ausbruch. Wenige Stunden später war mein ganzes Gesicht ohne erkennbaren Anlaß von einem schmerzhaften Ausschlag bedeckt. Als wir nach Santa Fe zurückfuhren, brachen Gawain und ich einen Streit vom Zaun. Ich geriet dabei in heftige Wut. Wieder stellte ich fest, daß ich im Verhältnis zur Ursache der Auseinandersetzung übermäßig stark reagierte. Ich schaute tiefer. Plötzlich erkannte ich, daß mein Zorn, dieser innere Vulkan, gar nicht gegen Gawain gerichtet war. Der Ärger über ihn war nur eine Möglichkeit für mich, diese Emotion auszudrücken. In Wirklichkeit war ich wütend, daß der göttliche Aspekt meines Bewußtseins, der gerade die Verantwortung trug, der Ansicht zu sein schien, ich hätte meine Arbeit erledigt – "Arbeit" auf amerikanischem Boden schien irgendwie zu bedeuten, daß ich sie abgeleistet hatte – womit "ER" recht gehabt hätte, mich hierher (in einem Körper auf die Erde) geschickt zu haben, und das fand ich ***nicht*** in Ordnung! Ich wollte nicht, daß "ER" gewann. Wenn ich meine

Arbeit erledigte (symbolisiert dadurch, daß ich in den Staaten "spirituelle" Gruppen leitete – es schien momentan nicht zu zählen, daß ich im Ausland Seminare gab, so wie Einkaufen mit fremdem Geld nicht zählt), war mir, als rechtfertigte ich damit all das Leid, was die Verkörperung als Mensch mit sich brachte. Ich hätte mein Recht verwirkt, über das "Steckenbleiben" auf der Erde zu protestieren.

Vielleicht kommt dir das seltsam vor, doch ich habe beobachtet, daß die meisten von uns einen Aspekt in sich tragen, der sich auf der Erde nicht wohlfühlt. Dieser Aspekt scheint zu denken, daß der kosmischen Bürokratie ein Fehler unterlaufen ist und wir rein zufällig in die falsche Dimension geschickt wurden. Oder daß unser Raumschiff eigentlich zum Sirius wollte und nach einer Panne auf dem falschen Planeten strandete. (Eine Art Erwachsenenversion des Kindes, das *weiß*, daß es adoptiert sein muß: Dies *können nicht* seine wirklichen Eltern sein!) Dieser Aspekt meiner inneren Gemeinschaft hatte also gerade das Mikrophon und bestimmte meine Gefühle. Ich wütete gegen Gott. Ich ließ den Rebellen brüllen. Dann – nach Einsicht, Zusammenbruch und Tränen – ließ ich den trotzigen Aspekt meiner inneren Gemeinschaft zu und begann, ihn in mich aufzunehmen. Ich spürte, wie ich allmählich in einen anderen Aspekt hinüberwechselte, der das Menschsein akzeptierte und sogar Freude daran hatte.

Wenn ich auf diese beiden Konflikte mit Gawain zurückblicke, sehe ich, welch unglaublichen Dienst mir die Partnerschaft erweist, denn sie erlaubt mir, zu Ebenen des Schmerzes vorzudringen, von deren Existenz ich gar nichts wußte. Ich konnte erkennen, daß ich den Kummer im Streit mit Gawain dazu benutzte, um zu dem Schmerz vorzudringen, der jenseits meiner Bewußtseinsebene lag, aber an das Licht des Tages drängte. Ich brauchte irgendeinen Katalysator, um an das lang vergrabene Leid heranzukommen, und der Streit lieferte den Anlaß. Ich konnte buchstäblich spüren, wie ein Teil meiner selbst den Streit vom Zaun brach, damit diese Schatten ans Licht gelangen konnten.

Natürlich half mir meine Ausbildung. Ich glaube, daß Menschen, die dieses Training nicht aufzuweisen haben – die nicht gelernt haben, mitten in der Auseinandersetzung innezuhalten und sich zu fragen, was hier wirklich vorgeht, was die Hintergründe sind –, daß solche Menschen auf der Ebene des oberflächlichen Konfliktes steckenbleiben und nicht bis in die Tiefe vordringen. Deshalb müssen sie immer neue Konflikte (oder schmerzliche Erfahrungen) hervorrufen, um sich selbst die Chance zu geben, endlich all das Leid aufzudecken, was den Streit verursachte, obwohl es tatsächlich wenig oder nichts mit dem anderen Menschen zu tun hat! Glücklicherweise konnte mein Partner den Konflikt sofort loslassen, als klar wurde, daß etwas ganz anderes vor sich ging – daß ein viel tieferes Mysterium aufgetaucht war. Gawain machte mir ein großes Geschenk, indem er mir half, diesen Prozeß durchzustehen.

Gawain:

Die schmierige Seite der Sexualität hat mich seit jeher angezogen, und ich neige dazu, das zu verheimlichen. Als ich Rhea kennenlernte, sprach ich mich mit ihr darüber aus; ich nannte ihr meine sexuellen Vorlieben und Abneigungen, obwohl es mir peinlich war. Ich erkannte, daß es Zeiten gab, in denen ich nicht mit ihr schlief und statt dessen Pornofilme und Sexhefte ansah und dabei onanierte. Ich merkte, daß das Madonnen-Huren-Syndrom in meiner Psyche wirksam war.

Wie schon im Kapitel über Sexualität besprochen, ist das Madonnen-Huren-Syndrom ein Verteidigungsmechanismus, den viele Männer anwenden, um sich nicht mit ihren inzestuösen Wünschen an die Mutter auseinandersetzen zu müssen. Der Mann spaltet "die Frau" in einen hellen und in einen dunklen Teil. Der dunkle Aspekt, die Hure, ist für die verdrängte Sexualität zuständig, der lichte, die Madonna, dient jenen Anteilen, die ihm helfen, das Mutterbild sauber zu halten. Auf diese Art versucht der Mann der gefährlichen Wahrheit auszuweichen, daß ihn die Mutter sexuell angezogen hat oder noch immer anzieht und daß jede Frau (auch seine Mutter!) ein vollständiges Wesen ist, das sowohl Hure wie Madonna in sich birgt. Männer, die ihr Bild von der Mutter als asexuellem Wesen bewahren wollen, verfallen automatisch diesem Syndrom. Sie reservieren die Missionarsstellung für die Ehefrau und gehen der dunklen Seite der Sexualität außerhalb der Ehe nach.

Das ist der Hintergrund – jetzt folgt die Geschichte. Wir waren in Santa Fe. Rhea war außer Hause, ich sah mir einen Sexfilm an und onanierte. Als Rhea zurückkam, erzählte ich ihr von meinem Tun; wir hatten ja abgemacht, nichts voreinander zu verheimlichen. Da es mir, wie gesagt, von jeher schwerfiel, über meine sexuellen Bedürfnisse zu reden, hatte ich mich entschieden, solche Dinge sofort mit Rhea zu besprechen, um den Kreislauf von Scham und Vertuschung schon im Anfang zu durchbrechen. Ich erzählte ihr also, was ich getan hatte, und merkte im gleichen Augenblick, daß sie verärgert reagierte. Sie verließ das Büro, in dem ich gerade arbeitete, und zog sich ins Schlafzimmer zurück, um mir ihre Ablehnung zu bekunden. Ich wurde wütend. Warum war sie sauer? Wahrscheinlich hatte sie einen sexuellen Durchhänger, den sie sich nicht eingestehen wollte! Dabei hatte sie mir immer versichert, es gehe einzig um die Wahrheit! Und jetzt stellte sie sich so an! Das mußte ja was mit ihrem eigenen Kram zu tun haben... so dachte ich hin und her.

Mit der Zeit steigerte ich mich in eine immer größere Wut hinein. Mit welchem Recht verdarb sie mir durch ihre Launen den ganzen Tag? Wir hatten es so schön miteinander gehabt, und jetzt versaute sie alles durch ihren "Trip". Ich ging ins Schlafzimmer und sagte: "Komm, Rhea, hör auf damit! Ich habe nur getan, was abgemacht war. Du hast kein Recht, die Beleidigte zu spielen!" Doch Rhea dachte gar nicht daran, aufzuhören, und so explodierte ich. Ich schrie, daß sie offensichtlich keine Verantwortung für ihren Trip übernehmen wolle, und ich hätte nun darunter zu leiden.

Ich war außer mir. Ich raffte ein paar Sachen zusammen und verließ das Haus. Ich troff nur so von berechtigter Empörung. Ich stieg ins Auto und raste in Richtung Colorado. (Wir wissen alle, daß Abhauen ein Versuch ist, dem inneren Schmerz zu entgehen, was natürlich unmöglich ist!) Als ich in Colorado vor einem Motel parkte, fühlte ich mich immer noch im Recht, doch der Schmerz begann bereits meine Verteidigungsanlagen zu durchsickern. Wenn ich diesen Schmerz eine kurze Zeitlang nicht spürte, gingen mir Gedanken über "Freiheit" durch den Kopf. Ich dachte: "Warum muß ich eigentlich irgend jemandem sagen, was ich denke oder was ich tue? Als ich allein lebte, ging das niemanden etwas an, und ich fühlte mich gut dabei. Warum muß ich ihr alles sagen? Man sollte aus freiem Willen zusammensein, weil man sich liebt. Niemand sollte etwas vom anderen fordern – man sollte sich nur dann austauschen, wenn Raum dafür vorhanden ist. Wenn das nicht der Fall ist, sollte man dem anderen zugestehen, so zu sein, wie er ist, ohne zu verlangen, daß er sich ändert." Mir kam ein Zitat von Werner Erhard in den Sinn: "Wahre Liebe bedeutet, daß du deinen Partner so liebst, wie er ist und wie er nicht ist." Offensichtich entsprach Rhea ganz und gar nicht diesem Ideal.

Am nächsten Morgen rief ich Rhea an und gestand mir zögernd ein, daß es vielleicht doch übereilt sei, die Beziehung wegen dieses einen Konfliktes abzubrechen. Als ich in Santa Fe in die Garage fuhr, kam sie aus dem Haus und empfing mich freundlich und offen. Ich nicht! Ich hatte immer noch das Gefühl, moralisch im Recht zu sein. Nachdem ich einige Stunden lang versucht hatte, ihr die Schuld zuzuschieben (was sie nicht schluckte, sie blieb in ihrer Mitte), spürte ich plötzlich meinen Schmerz. Meine Verteidigung, daß Rhea mir Unrecht getan hatte, begann in sich zusammenzubrechen.

Ich glaube, wenn wir das Gefühl haben, im "Recht" zu sein, geht es meist darum, uns vor unserem eigenen Schmerz zu schützen. Da sich Rhea nicht länger gegen meine abweisende Energie stellte und statt dessen in ihrer Mitte blieb, gab es niemanden, der "mir den Ball zurückspielte", und meine wahren Gefühle stiegen an die Oberfläche. Rhea verwandelte sich plötzlich für mich von einer rechthaberischen Ziege in ein wunderbar einfühlsames Wesen, und ich konnte mich wieder spüren.

Wir gingen ins Schlafzimmer, und ich legte mich aufs Bett. Ich begann, in meine Gefühle hineinzuatmen, um den Schmerz ganz bewußt zu fühlen, damit ich anschauen konnte, was sich wirklich in mir abspielte. Eine erstaunliche Geschichte kam dann hoch. Ich sah mich als dreijährigen Jungen, der mit seinem Penis spielte. Meine Mutter kam dazu und fuhr mich mit strenger Stimme an: "Tu das nie wieder! Das ist böse!" Plötzlich fühlte ich mich schrecklich. Meine geliebte Mutter hatte gerade gesagt, ich sei schlecht! In so frühem Alter war es mir nicht möglich, zwischen der Handlung und mir selbst zu unterscheiden. Zum erstenmal in meinem Leben glaubte ich wirklich, schlecht zu sein (was bedeutet, daß das verborgene Muster aktiviert wurde). Automatisch folgte darauf der Gedanke: "Ich bin böse, und deshalb liebt meine Mutter mich nicht mehr."

Ich lag auf unserem Bett in Santa Fe, atmete in die Gefühle, die mit dieser frühen Entscheidung verbunden waren, und ein immer größerer Kummer stieg an die Oberfläche. Ich schluchzte. Meine Mutter, das Zentrum des Universums, hatte mich zurückgewiesen! Für ein kleines Kind ist dies eine überaus starke Verletzung. Meist wird das Kind jetzt einen Grund dafür finden, warum es abgelehnt wird. Es glaubt, daß Vater oder Mutter recht haben, es zurückzuweisen, und sucht den Fehler bei sich selbst – wo sonst? Das Kind weiß nicht, daß Vater oder Mutter ihre eigenen Verletzungen nach außen projizieren, um den damit verbundenen Schmerz zu vermeiden. Für das Kind sind die Eltern wie Gott selbst. Da mit ihnen alles in Ordnung ist, muß der Fehler beim Kind liegen.

Aus der Überzeugung: "Ich bin böse", ergab sich die nächste: "Ich kann niemals gut werden." Viele von uns kommen zu diesem Schluß. Er ist die andere Seite von "Ich bin ein schlechter Mensch". Das Ganze wird durch das Gefühl verstärkt, daß man das Schreckliche, das man angerichtet hat, nie wieder gutmachen kann. Im Alter von drei Jahren traf ich die nächste Entscheidung: "Ich bin allein". (Wir haben diese Reihenfolge bei vielen Gruppenteilnehmern beobachtet.) Die Mutter ist für ein kleines Kind der Hauptorientierungspunkt im äußeren Universum. In dem Augenblick, in dem ein Kind zum erstenmal von der Mutter abgewiesen wird, erfährt es, daß es ein getrenntes Wesen ist. Diese Erfahrung ist äußerst schmerzhaft. Die Trennung ist ein Widerhall der großen Trennung, der Geburt. Deshalb ist jede Trennung von einem geliebten Menschen so schmerzhaft für unsere Kinderaspekte – sie aktiviert die allererste Trennung von der Mutter.

Als ich die überwältigende Einsamkeit zuließ, die ich als Kind nicht wirklich spüren konnte, öffnete sich mir eine neue Ebene des Leids. Dieses Leid offenbarte mir die nächste wichtige innere Entscheidung, die ich als Kind getroffen hatte. Diese Entscheidung lautete: "Ich gehöre nicht hierher. Ich bin verloren." (Ein neues latentes Muster wurde aktiviert.) Als ich die Gefühle zuließ, die mit diesen frühen, damals unbewußten Entscheidungen zusammenhingen, sah ich plötzlich mein gesamtes Leben in einem ganz neuen Licht. Ich konnte erkennen, daß viele meiner wichtigsten Entscheidungen von jener schlimmen Verletzung beeinflußt worden waren, die meine Mutter dem Dreijährigen zugefügt hatte.

Die Überzeugung, "schlecht" zu sein, überstieg die Fassungskraft des kleinen Kindes bei weitem. Ausgestreckt auf meinem Bett in Santa Fe, erkannte ich ferner, daß ich nach dem Erlebnis meiner Kindheit versucht hatte, "gut" zu sein, obwohl ich von meiner "Schlechtigkeit" überzeugt war. Das hatte für mich zur Folge, daß ich mich mit "guten" Menschen umgeben mußte, um meine eigene "Schlechtigkeit" zu überwinden. Da ich trotzdem weiterhin der Überzeugung blieb, nie wirklich gut werden zu können, betonte dies nur diesen Teil des Musters. Ich mußte mit Menschen zusammensein, die ich für gut hielt, weil ich mir damit eine spürbare Verbindung zur Anerkennung der Mutter und dem verlorenen Paradies ihrer Liebe sicherte.

Ich erkannte, daß meine Lebensphilosophie zum überwiegenden Teil durch diese frühen Entscheidungen beeinflußt worden war. Meine Sehnsucht nach der Gesellschaft "guter Menschen", die mir die Möglichkeit eröffneten, alles wieder in Ordnung bringen zu können und eines Tages selbst "gut" zu sein, gehörte zu diesem Muster. Ich suchte Menschen, die mir halfen, mich, den "schlechten Menschen", zu verändern. Meine spätere Verbindung mit Lehrern und Gurus wie Werner Erhard, Michael Barnett, Bhagwan, ja selbst mit Rhea, meiner Frau, wurde von dieser frühen Verletzung ausgelöst.

Natürlich setzt die Verletzung, die sich aus der ersten emotionalen Trennung von der Mutter ergibt, eine ganze Reihe von Begebenheiten in Gang, die einem schließlich ermöglichen, als eigenständige Persönlichkeit in dieser Welt zu leben. Wenn es nicht zur emotionalen Trennung von der Mutter kommt, ist die eigene Entwicklung schlichtweg vereitelt. Die potentiellen Fähigkeiten des Menschen werden sich dann nie wirklich verkörpern. Der Mensch muß sich psychisch, emotional und physisch von der Nabelschnur trennen, damit sich alle seine Möglichkeiten manifestieren können. Deshalb wird das Unbewußte für

Verletzungen sorgen. Manchmal sind sie schwer, manchmal weitaus weniger dramatisch – wenn zum Beispiel eine Mutter zu ihrem kleinen Sohn sagt, er solle nicht mit seinem Penis spielen! – ; doch für das Kind ist die Verletzung trotzdem schlimm.

So kam ich in Santa Fe durch dieses Erlebnis im Jahre 1992 einer sehr wichtigen unbewußten Seelendynamik auf die Spur. Jetzt verstand ich meinen Wunsch, allein zu sein, und mein Gefühl, ein Fremder in einer Welt zu sein, zu der ich nicht gehörte. Mir wurde meine tiefe Überzeugung bewußt, ein schlechter Mensch zu sein, und ich erkannte, daß ich trotz dieses Glaubens ständig darum kämpfte, gut zu werden. Die große Nähe zu Rhea und mein Vertrauen in unsere Ehe erlaubten mir schließlich, die Verletzung und die damit verbundenen Muster anzuschauen.

Ich konnte auch sehen, wie mir diese Verletzung gedient hatte. Der Glaube, schlecht zu sein, brachte mich zur Kirche. Ganz gleich, wie fehlgeleitet ich deren Glaubensformen zuweilen empfinde, bekam ich durch die Kirche ein tiefes Gefühl für das Transzendente. Das Bewußtsein, etwas Schreckliches, Unverzeihliches getan zu haben, veranlaßte mich, "gut" sein zu wollen. Deshalb zog mich die spirituelle Ebene an.

Ich versuchte außerdem, das Gefühl meiner Schlechtigkeit durch die Perfektion, die ich in den meisten Dingen an den Tag legte, zu kompensieren. Ich versuchte, als Tänzer, Masseur, Meditierender und spiritueller Therapeut vollkommen zu sein. Durch meine Berufe und die Fähigkeiten, die ich auf der Suche nach Vollkommenheit erwarb, konnte ich vielen, vielen Menschen helfen. Als Tänzer erfreute ich mein Publikum; als Masseur gab ich meinen Patienten entspannende und heilende Energien; als spiritueller Therapeut rührte ich Tausende von Menschen tief an. All dies tat ich, weil meine Verletzung mich dazu antrieb.

Ich hatte mich im Alter von drei Jahren dafür entschieden, allein zu sein. Von da an sah ich die Welt mit anderen Augen, mit verletzten, wacheren Augen. Jetzt verstehe ich, daß ich von diesem Augenblick an begann, die Dinge vom Standpunkt des bewußten Überlebens zu betrachten. Ich wußte, daß ich meine Eltern brauchte, um zu überleben, und ich mußte herausfinden, wie ich mich verhalten sollte, damit sie weiter für mich sorgten. Deshalb wollte ich mich und meine Beziehung zu anderen Menschen verstehen. Natürlich war das vor allem eine Überlebensstrategie, doch sie schuf Bewußtheit. Im Laufe der Zeit wurde daraus die Fähigkeit zu erkennen, was andere von mir wollten, gefolgt vom Wunsch, ihre Erwartungen zu erfüllen, um gut zu sein, Anerkennung/Liebe zu erhalten und folglich mein Überleben abzusichern. Die Gabe, mich in andere Menschen einzufühlen, half mir, ihren Gesichtsausdruck zu deuten. Diese Fähigkeit kommt meiner Gruppenarbeit sehr zustatten.

Ich vermied enge Beziehungen, weil ich mich allein fühlte und die Erfahrung gemacht hatte, daß Liebe wehtut. In den Jahren, in denen andere Familien gründen und ihr Leben einrichten, streifte ich durch die Welt und versuchte, die Geheimnisse meiner Seele zu ergründen. Dadurch lernte ich, wie unterschiedlich die Lebens- und Arbeitsbedingungen der Menschen sind, und auch das hilft mir heute bei meiner Arbeit. Dies alles wäre nie geschehen, wenn ich wie viele meiner Altersgenossen in meiner Heimatstadt geblieben wäre und eine Familie gegründet hätte. Rhea war der erste Mensch, den ich wirklich rückhaltlos an mich heranließ.

Ich erkenne jetzt: Meine Lebensphilosophie, mein Bedürfnis nach Unabhängigkeit und Stärke, meine tiefe Überzeugung, daß jeder mit sich selbst allein ist (Ich habe früher oft gesagt: "Jeder stirbt allein und muß den Kampf des Lebens allein führen!"), rührte von dieser frühen Entscheidung her und gründete sich auf das Muster des "einsamen Wolfs". Wir haben hier ein vollkommenes Beispiel dafür, was geschieht, wenn man die eigenen Projektionen zurückzieht. Ich glaubte, daß das Leben so sei, wie ich es wahrnahm. Jetzt sehe ich, daß ich den "einsamen Wolf" auf das Leben projiziert hatte. Seit ich beginne, diese Projektion zurückzunehmen, steht mir durch die Beziehung (mit Rhea) ein ganz anderes Spektrum von Lebenserfahrungen zur Verfügung, das mein Leben überaus bereichert und den "einsamen Wolf" immer seltener aufauchen läßt.

Es war also mein scheinbarer Streit mit Rhea, durch den ich all diese frühen Entscheidungen aufdeckte und damit die Muster, die diese

Entscheidungen in meiner Psyche ausgelöst hatten. Weil es mir gelang, hinter die Oberfläche und damit hinter die Dynamik des Streits zu blicken, und weil ich mich letztlich nicht mehr aktivieren ließ, konnte ich mir über die Muster klar werden, die unbewußt mein Leben bestimmt hatten. Wenn du dein persönliches Leid annehmen kannst, besonders dann, wenn es in deiner Partnerschaft an die Oberfläche steigt, wenn du deinen automatischen Reaktionen nicht länger nachgibst, in der engagierten Partnerschaft bleibst und die ungemütlichen Zeiten erträgst, dann glaube ich, daß du unbezahlbare Einsichten in das Mysterium deiner selbst erhältst. Dann wirst du das Leben und seine Geschenke viel tiefer genießen können. Am Ende stehe ich staunend vor der überwältigenden Vollkommenheit von dem, was ist.

Rhea:

Hier ist meine Seite dieser Geschichte:

Da die Harmonie unseres Zusammenseins so leicht aus den Fugen zu bringen war, mußte es – da war ich sicher – auf einer tieferen Ebene brodeln. Aus diesem Grunde hatten wir unseren Aufenthalt in Santa Fe ja auch für uns persönlich freigehalten. Wir stellen das, was uns selbst angeht, während unserer Gruppenarbeit gewöhnlich zurück und konzentrieren uns auf die Prozesse der anderen, besonders dann, wenn wir Gruppen leiten, die sehr intensiv sind und in die Tiefe gehen. Wir brauchen danach Zeit, unser eigenes Material an die Oberfläche kommen zu lassen, damit wir das neue Bewußtsein integrieren können, das sich während der Gruppenarbeit entwickelt hat. Doch wenn unsere eigenen Muster und Schattenaspekte dann wirklich an die Oberfläche drängen, empfangen wir sie meist nicht sonderlich begeistert. "Was willst du denn hier? Ich habe frei! Verschwinde!"

So waren wir also in Santa Fe und hatten vor, uns zu entspannen, die neuesten Filme anzusehen, Freunde aufzusuchen, an diesem Buch zu arbeiten und im übrigen für uns zu sein. Doch statt zu entspannen, schienen wir auf Zehenspitzen über ein Minenfeld zu gehen. Jeder kleine Fehltritt bewirkte eine Explosion. Was war nur los? Mir fiel auf, daß Gawain mich ständig kritisierte und schlechtmachte. Alles, was ich tat, war in seinen Augen falsch. Ich versuchte ihm näherzukommen, die Verbindung wiederherzustellen, doch ich tat es auf eine Art, die keineswegs zu dem erwünschten Ziel führte. Ich beobachtete mich dabei, daß ich Dinge tat, von denen ich wußte, daß sie ihn wahrscheinlich auf die Palme bringen würden: Schmusen oder reden, wenn er gerade ein Fußballspiel anschaute, Beachtung, wenn er mit Freunden sprach, oder ich gab mich ironisch, akzeptierte nichts, war lieblos, kritisch und glaubte (natürlich!), daß er es war, der mich so schlecht behandelte.

Allgemein gesagt, konnte er mir auch nichts recht machen, und ich wälzte sehr negative, zerstörerische Gedanken über ihn und unsere Partnerschaft. Ich erkannte, daß die Energie dieser Gedanken eher manisch war und außer Kontrolle geriet, ich wußte, daß mein Ego dafür verantwortlich war, und doch konnte ich mich nicht lange genug sammeln, um den Kreislauf zu durchbrechen. Ich wollte etwas von Gawain, versuchte es zu bekommen, war mit dem Ergebnis unzufrieden, kritisierte ihn, zog mich zurück, fühlte mich daraufhin einsam, näherte mich ihm, damit er mir half, mich besser zu fühlen, und das Karussell begann von neuem.

Dies ging schon ein paar Tage so, als das geschah, wovon Gawain gerade berichtet hat. Als ich nach Hause kam und er mir erzählte, er habe einen Pornofilm gesehen und dabei onaniert, wurde ich aktiviert. Ich hielt es für besser, mich hinzulegen, um den inneren Grund meines Ärgers aufzuspüren. Diesen Streitpunkt hatten wir bereits seit Jahren, und ich war froh, daß wir an einem Punkt angekommen zu sein schienen, an dem wir offen daran arbeiten konnten. Wenn Gawain mir die Pornovideos oder -hefte vorenthielt oder, schlimmer noch, mich aus diesem Grund belog, hatte ich die Erfahrung gemacht, daß der Übertreten/Vorenthalten-Mechanismus ins Spiel kam. Er brachte mich dazu, ihm etwas anzutun, worüber er sich ärgern konnte, und damit war seine Lüge oder sein Schweigen gerechtfertigt. Diesen Kreislauf fand ich weitaus problematischer als die Wahrheit, obwohl mir die Wahrheit auch nicht sonderlich gefiel.

Vorausgesetzt, daß dies ein alter Hut war, weshalb regte ich mich dann so auf? Ich legte mich hin, schloß die Augen, entspannte mich mit dem Atem und stellte mir diese Frage. Nach kurzer Zeit begann ich zu weinen. Wie konnte "ich" einen Mann haben, der so etwas tat? Was war von der vollkommenen Ehe übriggeblieben, von dere ich als junges Mädchen geträumt hatte? Wir waren hier, um ein Buch über Beziehungen zu schreiben, und hatten solche Probleme! Was, wenn jemand davon erführe? Was würden die Leute denken? Wie konnte er mich lieben, wenn er "so etwas" tat? Ich spürte, daß die Gedanken an der Oberfläche kreisten, doch der Schmerz war real, und die Tränen flossen weiter. Als Gawain zu mir kam und Verbindung aufzunehmen versuchte, war ich immer noch aktiviert. Ich dachte, daß ich vielleicht eine Weile im Garten arbeiten sollte, um mich von diesem erregten Aspekt zu befreien.

Dann knallte es richtig. Er sagte, er gehe fort – eines seiner Muster, dem es fast stets gelingt, mein eigenes gut entwickeltes verlassenes Kind auszulösen. So kam es dann auch. Es gab eine Szene, die wirklich so peinlich und dabei so leicht vorauszusehen war, daß ich nicht weiter darauf eingehen möchte. Vielleicht weißt du, wovon ich spreche. Er ging. Ich war vernichtet. Als er aus Colorado anrief und sagte, er mache Schluß, und dann den Hörer auflegte, schwankte ich zwischen Hilf- und Hoffnungslosigkeit hin und her. Ich fragte mich ständig: "Worum geht es hier eigentlich?" Irgendwann, mitten in der schlaflosen Nacht, dämmerte es mir. Wir arbeiteten ja immerhin an einem Buch, in dem es darum ging, die Vereinigung mit dem Partner als Weg zu nutzen, die Illusion des Egos zu durchschauen und sich mit dem Selbst zu verbinden, und plötzlich redete er von Freiheit, davon, daß er Raum und Zeit für sich brauche, keine Übereinkünfte und Einschränkungen mehr wolle und sich wie im Gefängnis fühle – welcher Aspekt konnte das wohl sein? Und dann fing ich tatsächlich an zu lachen. Es war so offensichtlich, daß ich nicht begriff, warum ich nicht schon früher darauf gekommen war. Sein armes Ego fühlte sich bedroht! Nach Monaten der Nähe und Harmonie schrieben wir unsere Erfahrungen mit der Einheit wirklich nieder. Wir machten uns stark für etwas, was das Ego unter allen Umständen vermeiden wollte: nämlich Einheit, Kontrollverlust und Aufgabe seiner eigenen getrennten Identität. Natürlich tat das Ego alles, um es nicht soweit kommen zu lassen.

Es war mir so sonnenklar, daß ich in meiner Mitte bleiben konnte, als Gawain zurückkam, obwohl er meine Einsicht gar nicht komisch finden konnte. Die Atemsitzung, bei der ich ihn unterstützen durfte, berührte mich sehr tief. Wie wir uns alle ähneln! Ich war demselben Schmerz und denselben Entscheidungen während meiner Arbeit als spirituelle Therapeutin schon bei so vielen Menschen aus so vielen unterschiedlichen Kulturen begegnet, daß mich Gawains Mut bewegte, seine eigene, einzigartige Version eines Schmerzes zu konfrontieren, den so viele von uns mit sich herumschleppen.

Als Gawain klar wurde, was alles unter der Oberfläche des Konfliktes gebrodelt hatte, legte sich die Spannung zwischen uns ein paar Tage lang, und wir beschlossen, den Computer einzupacken und zusammen nach Colorado zu fahren. Mir war wohl bewußt, daß er sich mit seinem Anteil auseinandergesetzt hatte, doch ich hatte mir immer noch nicht angesehen, warum ich den Streit herausgefordert und mich derart hatte aktivieren lassen. Es war verlockend zu glauben, er allein sei verantwortlich und ich nur ein Stichwortgeber in seinem Drama gewesen. Leider wußte ich es besser. Irgend etwas brodelte auch in mir, war jedoch nicht dicht genug an der Oberfläche, um bewußt zu werden.

Kaum waren wir eine Stunde in Colorado, begann ich natürlich wieder zu streiten. Ich beobachtete mich tatsächlich dabei, wie ich etwas zu Gawain sagte, daß ihn mit Sicherheit aufbringen mußte. Dann schaute ich zu, wie ich die Unschuldige, die Vernünftige spielte, während er immer wütender wurde. Nach kurzer Zeit waren wir genau da, wo wir vor wenigen Tagen aufgehört hatten, mit dem einzigen Unterschied, daß wir jetzt beide in Colorado hockten, und er mir androhte, nach Hause zu fahren. Ich wußte, daß ich diesen Konflikt verursacht hatte, fand aber wieder keinen Weg heraus. Wir schafften es immerhin, den Konflikt so lange zu vertagen, bis wir ein Hotel gefunden und zu Abend gegessen hatten; dann schwiegen wir uns den Rest des Abends an.

Ich fühlte mich hoffnungslos. Ich konnte mich aus dem Sumpf der Gefühle und Reaktionen, aus dem Durcheinander von Angriff, Verteidigung und Rückzug nicht befreien. Ich ging ins Bett und bat um einen Traum, der mir zeigen sollte, was wirklich in mir vorging.

Mitten in der Nacht wachte ich auf und hatte folgenden Satz im Kopf: "Ich darf nie glücklich werden, weil ich schlecht bin!" Wo kam das her? Ich erinnerte mich, mit welcher Frage ich eingeschlafen war, und erkannte in den Worten ein Geschenk des Unbewußten. Ich stand auf, ging ins Nebenzimmer, nahm Stift und Papier und begann zu schreiben. Ich versuchte, den schläfrigen Zustand zu bewahren, um die Verbindung mit dem, was aus dem Unbewußten aufstieg, nicht zu verlieren – und um das Geschnatter meines Verstandes auszuschalten. Ich schrieb oben auf das Blatt: "Ich kann niemals glücklich werden, weil ich schlecht bin." Ich entspannte mich, versetzte mich in einen Zustand sanfter Konzentration und schrieb. Und das kam dabei heraus:

"Ich bin schlecht. Ich bin ein schlechter Mensch. Ich darf niemals glücklich werden. Ich darf keinen Erfolg haben. Ich darf kein Glück haben. Ich verdiene kein Glück. Ich verdiene es nicht, schöne Dinge zu besitzen. Ich werde nie glücklich sein. (Und dann die Entscheidung, die jeder von uns einmal getroffen hat und die am meisten wehtut.) Ich werde immer allein sein. Niemand wird mich jemals lieben, weil ich schlecht bin."

Ich frage dich, welche Chance hatte Gawain oder irgendein anderer Mensch, zu mir hindurchzudringen, wenn diese Platte auf meiner unbewußten Jukebox spielte? Wie konnte ich jemals wirklich zufrieden sein? Welche Art von Liebe konnte mir je genügen? Es war einfach nicht möglich! Bitte rufe dir ins Gedächtnis zurück, daß ich mich für einen grundsätzlich zufriedenen, glücklichen und erfolgreichen Menschen halte. Viele Leute, die mich gut kennen, würden dem zustimmen. Und doch war der oben beschriebene Filter ganz klar Teil eines meiner unbewußten Muster.

Da ich diese Arbeit schon sehr oft mit mir und anderen gemacht habe, weiß ich, daß die Entscheidungen zuerst ihre Energie ablassen müssen. Danach mußte ich nach dem Ereignis oder Augenblick suchen, wo ich die Entscheidung getroffen hatte. Ich forschte nach einem Erlebnis. Ich sah meine Eltern streiten. Ich stand in meinem Bettchen und beobachtete sie. Sie schrien sich an, und dann ging mein Vater hinaus. Diesen Augenblick kannte ich aus früheren Prozessen. Ich weiß, daß dies das letztemal war, daß ich meinen Vater sah, bis meine Eltern geschieden wurden, und da war ich bereits zwei Jahre alt. Trotzdem blieb ich skeptisch, daß es sich um dieses Erlebnis handelte, denn im Zusammenhang damit hatte ich bereits viele Gefühle losgelassen. Dann erschien plötzlich ein anders Bild:

Ich bin etwa vier Jahre alt. Ich stehe mit meiner Mutter im Eßzimmer neben dem Radio (vielleicht erinnern sich einige von euch an die Zeit, als ein Radio so groß wie ein vierjähriges Kind war.) Sie war erregt und schrie mich wütend an. Ich hörte mich sagen: "Ich geh weg zu Papa!" Dann sah ich ihre Hand auf mich zukommen; ich fühlte sie auf meiner Backe brennen und hörte die verhängnisvollen Worte: "Dein Vater will dich gar nicht und ich auch nicht – du bist ein böses Mädchen!" Selbst jetzt noch, während ich diese Worte zu Papier bringe, spüre ich den Druck in meiner Brust. Ich saß mitten in der Nacht im Hotel in Colorado, erinnerte mich nach so vielen Jahren an dieses Erlebnis und brach in Schluchzen aus. Ich hatte nicht gewußt, daß man so viel Schmerz aushalten kann; ich glaubte, meine Brust müsse zerspringen. Ich zwang mich, so lange in diese Emotion hineinzuatmen, bis sie vorüber war. Es war mir klar, daß das vierjährige Mädchen mit diesem Schmerz nicht hatte umgehen können. Er war einfach zu groß. Das kleine Mädchen fühlte sich so vernichtet, daß es zu sterben fürchtete. Selbst ein halbes Jahrhundert später glaubte ich unter dem Druck des Schmerzes in Milliarden Atome zerbersten zu müssen.

In gewisser Weise wurde ich vernichtet, als ich den Schmerz durchlebte. Das unterdrückte Leid hatte einen Teil meiner Persönlichkeit zusammengehalten, und dadurch, daß ich ihn erlebte und losließ, war ich nicht länger mehr der Mensch, der ich gewesen war: Ich war verwandelt. So geschieht Verwandlung! All die Energie, die im Schmerz und in den Mechanismen zur Vermeidung dieses Schmerzes gebunden waren, standen plötzlich wieder zur Verfügung.

Wie Gawain schon erwähnte, wird sich das Kind gewöhnlich die Schuld für alles "Böse" geben, was zwischen den Eltern vor sich geht. Es fällt ihm viel leichter, die Entscheidung zu treffen: "Mein Papa liebt mich nicht, weil ich schlecht bin", als den Gedanken zu konfrontieren, daß Papa es – ohne besonderen Grund – nicht liebt. Wenn es dagegen einen Grund gibt, mag dieser auch noch so großes Leid verursachen, fühlt er sich irgendwie wohler. Man verkraftet den Mangel an Liebe besser, wenn man ihn auf eigenes Verschulden zurückführen kann. Ich erkenne jetzt, daß ich mir mein Vaterbild erhielt, indem ich ihm einen Grund gab, mich nicht zu lieben. Er hatte recht, denn ich war ja böse. Ich schützte ihn. Ich gab ihm Recht und nahm die Schuld auf mich. Das war leichter zu ertragen. Das Kind liebt die Eltern so sehr, daß es alles tut, damit sie recht behalten.

Der Schmerz, der mit dem Gedanken: "Mein Vater liebt mich nicht" zusammenhing, war qualvoll. Ich weinte wie ein vierjähriges Kind, oder besser: Das vierjährige Kind erlebte den Schmerz, den es fast ein halbes Jahrhundert unterdrückt hatte. Als ich schließlich aufhörte zu schluchzen, ging ich zurück ins Bett und kuschelte mich an Gawain. Er drehte sich schlafend um und hielt mich fest. Die Unstimmigkeiten des Abends waren vergessen. Morgens befanden wir uns wieder in vollkommener Harmonie. Wir verbrachten zwei wunderbare Tage in den Bergen Colorados und fuhren dann nach Santa Fe zurück. Unsere Beziehung hatte sich von Grund auf verändert. Gawain hörte auf, mich zu beschuldigen, was bedeutet, daß er mir nicht mehr den unbewußten Gedanken spiegeln mußte, ich sei schlecht, und ich erfuhr ihn wieder dankbar als meinen perfekten Partner im Spiel des Erwachens.

Einige Tage nachdem wir nach Santa Fe zurückgekehrt waren, gab ich einer Freundin eine Sitzung. Normalerweise gebe ich keine privaten Sitzungen mehr, doch bei dieser Freundin – sie war in einen Autounfall verwickelt gewesen – machte ich eine Ausnahme. Ich arbeitete mit ihr, wie ich es jahrelang in meiner privaten Praxis getan hatte. Gleich nachdem sie sich hingelegt und ich mich auf sie eingestimmt hatte, erhielt ich eine Flut von Informationen über sie. Die junge Frau war von Kräften umgeben, die sich als Führer und Lehrer vorstellten. Ich staunte über den Umfang und die Tiefe des Wissens, das mir zur Verfügung stand. Ich hatte vor zwei Wochen eine Sitzung mit einer anderen Freundin gemacht. Welch ein Unterschied zwischen dem, was mir vor Jahren, vor zwei Wochen und was mir jetzt zur Verfügung stand! Er war mehr als deutlich. Ich muß zugeben, daß ich große Lust verspürte, in die psychischen Bereiche, die sich meiner inneren Erfahrung öffneten, abzudriften, und ich mußte mich zur Ordnung rufen, um die Sitzung fortzuführen.

Diese neue Öffnung verblüffte mich. Dann erinnerte ich mich daran, daß ich wenige Tage zuvor so viel altes Leid losgelassen hatte. Ich erkannte, daß die neue innere Öffnung damit verbunden war, daß ich mir endlich erlaubt hatte, diese alten Gefühle zu spüren. Als ich vor vielen Jahren mit der EST-Organisation arbeitete, fand ich es interessant, daß so viele Menschen, die an der psychologischen Arbeit dieser Organisation teilgenommen hatten, sich danach stark auf spirituelle Arbeit konzentrierten. Jetzt verstehe ich den Grund. Meine neue Offenheit unterstrich nur meine Beobachtung, daß du Raum für überpersönliches Bewußtsein schaffst, wenn du persönliche Traumata klärst.

Gawain:

Wenn man aus tiefer Hingabe an das eigene Erwachen in einer Beziehung lebt, entdeckt man, daß der Partner ein unergründliches Geheimnis ist. Eines Morgens – wir lagen noch im Bett – unterhielten wir uns über den oben beschriebenen Streit. Dabei analysierte Rhea mein Verhalten mit unglaublicher Genauigkeit. Plötzlich fühlte ich, wie ich mich zurückzuziehen begann. Wir hatten einander in den Armen gelegen, doch während sie sprach, setzte ich mich auf und schlang die Arme um die Knie. Prompt kommentierte sie meine Körpersprache, und ich wurde sauer. Ein vertrauter Gedanke ging mir durch den Kopf: "Sie will bestimmen, wie ich zu reagieren habe!" Ich stand auf und ging hinaus, wobei ich dachte: "Ich kann tun, was ich will, es ist nie genug!" Dies ist einer der Seifenopernmonologe, die ich in Augenblicken des Schmerzes oder der Krise gewöhnlich abhalte.

Innerhalb kürzester Zeit erkannte ich den Mechanismus, der sich gerade abspielte. Er besteht darin, daß wir uns einen Partner wählen und ihn dann dazu benutzen, Schmerz zu vermeiden. Wenn wir uns verlieben, glauben wir anfänglich, daß das Zusammensein mit diesem Menschen die Antwort auf unsere Hoffnungen und Träume ist. Wir glauben, daß er uns glücklich macht. Er ist die Erfüllung unseres Wunsches, den eigenen Schmerz nicht zu spüren. Dies läuft natürlich nicht alles bewußt ab, doch wir haben irgendwie das Gefühl, vor dem Leben gerettet worden zu sein. Der Prinz, die Prinzessin sind endlich doch gekommen. In dem Augenblick, wo unser Schmerz wieder an die Oberfläche dringt (was unweigerlich geschieht), fühlen wir uns oft betrogen. Dann setzen wir alle Hebel in Bewegung, unseren Schmerz nicht fühlen zu müssen.

Die Verteidigung nimmt gewöhnlich die Form eines Konflikts mit unserem Partner an, den wir zur Quelle unseres Schmerzes erklären. Wir wollen, daß sich unser Partner so verhält, daß unser Schmerz nicht berührt wird. Wir versuchen, den Schmerz, den sein Verhalten auslöst, zu vermeiden, indem wir von ihm verlangen, sich zu ändern. Dies ist die Ursache für die Kritik, die Partner häufig aneinander üben. Warum wollen wir ihn anders haben? Weil sein Verhalten an unseren Schmerz rührt, und das soll er gefälligst lassen, damit wir nicht spüren müssen, was wir fühlen. Daraus entsteht eine komplizierte Choreographie, nach der so viele Paare tanzen. Manchmal wird das Verhalten des anderen ganz subtil manipuliert; dann wieder versucht man direkter, den Partner in den eigenen Sicherheitsbereich zu quetschen. In jedem Falle ist es gewöhnlich der Versuch, das Unbehagen des eigenen Schmerzes, der durch das "offensive" Verhalten des Partners ausgelöst wird, zu vermeiden.

Als ich dies erkannte, fiel meine Vermeidungsstrategie in sich zusammen, und mit ihr schwand mein Ärger. Ich kehrte ins Schlafzimmer zurück. Natürlich kehrte auch der Schmerz zurück, dem ich ja dadurch aus dem Wege gehen wollte, daß ich Rhea beschuldigte und das Schlafzimmer verließ. Ich beugte mich über sie, um sie in die Arme zu schließen – und kam plötzlich zu einer erstaunlichen Erkenntnis. Ich erkannte, daß ich die gute Mutter, die gute Rhea zu umarmen versuchte, gerade jenen Teil also, der mich vor meinem eigenen Gefühl des Unwertes und der Schlechtigkeit bewahren würde. In einem einzigen Augenblick sah ich die ganze Rhea vor mir, spürte all ihre bekannten und verborgenen Aspekte.

Mein Schmerz schmolz wie der Schnee an der Sonne. Ich erkannte, daß wir innerhalb der Partnerschaft die Möglichkeit haben, Erleuchtung zu erlangen, und ohne die Filter unserer Vorlieben und die Strategien zur Vermeidung persönlichen Schmerzes zu sehen. Wir haben die Gelegenheit zu erkennen, daß unser Partner ein tiefes Geheimnis ist, eine unglaublich komplexe Ausdrucksform des Lebens, die man nur würdigen, nicht aber manipulieren und ändern kann. In diesem Augenblick unserer Umarmung verstand ich, was Ganzheit bedeutet, und erkannte in Rhea einen wunderbaren Menschen mit unglaublich vielen Möglichkeiten, die Lebenskraft auszudrücken. Ich sah, daß ich sie nur dann wirklich schätzen konnte – und damit auch mich selbst! –, wenn ich sie in dieser vollständigen Form wahrnahm, und das war Lichtjahre entfernt vom Kleinkrieg des Schmerzvermeidungsspieles.

Ich bin überzeugt, daß mir diese Einsichten ohne die intensive, lebendige Erfahrung einer Beziehung wesentlich schwerer zugänglich gewesen wären. Die eindringliche Konfrontation mit dem eigenen Inneren, die in einer engen Beziehung stattfinden kann, vermag dich dem Leben und dir selbst zu öffnen. Nur wenige andere Situationen im Leben stellen dir ein solch ein Spielfeld des Erwachens zur Verfügung. Wenn du wirklich erwachen willst, wirst du deinen Hauptproblemen in einer Beziehung wesentlich schwerer ausweichen können, als wenn du alleine lebst. In einer Partnerschaft wirst du immer wieder mit dir selbst konfrontiert, und wenn du wahrhaft bereit bist, kannst du über diesen Dreschboden hinaus zur vollständigen Bewußtheit deiner selbst gelangen, zur vollkommenen Würdigung des Mysteriums des Lebens.

Rhea:

Es scheint, daß wir in einer Zeit leben, in der Klarheit geschaffen wird, und zwar sowohl im Kollektiv wie beim einzelnen Menschen. Ungelöste Fragen, seien sie auch noch so winzig, drängen an die Oberfläche, um angeschaut und dann losgelassen zu werden. Vielleicht hast du bemerkt, daß auch in deinem Leben rauhe Kanten glattgeschliffen werden. Hier folgt einer meiner ungelösten Punkte, der mir fast entgangen wäre. Ich hatte keine Ahnung, daß dieser scheinbar harmlose Aspekt mein Verhalten bestimmte.

Gawain hatte seine Arbeit an diesem Buch beendet, und ich war an der Reihe. Mir machte es nichts aus, allein zu arbeiten, wenn er ebenfalls arbeitete – im Büro oder im Haus, das spielte keine Rolle –, solange ich also nicht die einzige war, die arbeiten mußte. Wenn er jedoch vor dem Fernseher saß oder Musik hörte, begann ich ärgerlich zu werden. Ich sagte ihm, daß es mich ablenken würde, wenn er "spielte", während ich "arbeitete". Ich sagte, daß er "unser" Projekt besser unterstützte, wenn auch er arbeitete, selbst wenn es für ihn im Augenblick nichts am Buch zu tun gab. Ich sprach sehr vernünftig, sehr logisch und überzeugte mich davon, eine gerechte Sache zu verfechten.

Gawain war grundsätzlich einverstanden, doch als es nichts mehr zu tun gab, sagte er, ich müsse mich damit abfinden, daß ich jetzt alleine weiterarbeiten müsse. Ich wurde sauer. Ich wurde rechthaberisch. Ich spielte die Märtyrerin. Gawain zuckte die Schultern, sagte, dies sei mein Trip, schwang sich aufs Fahrrad und radelte davon. Jetzt wurde ich richtig wütend! Doch ich arbeitete immerhin an diesem Buch, und so stand mir alles Material zur Verfügung, was ich in diesem Augenblick brauchte. Ich hielt inne und fragte mich: "Was geht hier wirklich vor sich?" Plötzlich zogen Szenen aus der Vergangenheit an meinem inneren Auge vorüber. Ich hatte als Kind ein Menge Pflichten im Haushalt zu erfüllen. Meine Freunde wurden bei weitem nicht so eingespannt wie ich und kamen oft, um mich zum Spielen abzuholen. Imm wieder sagte meine Mutter: "Du gehst erst hinaus, wenn die Arbeit getan ist." So stand ich bügelnd am Fenster unseres Eßzimmers und sah den Spielen meiner Freunde auf der Straße zu. Mir war bisher nie aufgefallen, wie weh mir das getan hatte.

Der tiefere Schmerz gehörte zu meinem "Außenseitermuster", welches dadurch ausgelöst wurde, daß ich am Fenster stand und zusehen mußte, wie sich die anderen Kinder vergnügten. Viele von uns machen die Erfahrung, daß sie nicht "dazugehören". Ich manifestierte dieses Muster in meiner Familie sehr deutlich. Mein Vater und meine Mutter heirateten nach ihrer Scheidung jeweils andere Partner, als ich noch sehr klein war. Beide hatten mit ihren neuen Partnern Kinder. Ich fühlte mich weder der neuen Familie meines Vaters noch der meiner Mutter zugehörig. Das "Außenseitermuster" tat sehr weh. Ich erkenne jedoch, daß ich gerade hierdurch mein Selbstbewußtsein und meine Verbundenheit zu den überpersönlichen Bereichen entwickelt habe. Ich wage sogar zu behaupten, daß der Schmerz, der mit diesem Muster verbunden ist, mich dazu brachte, durch unsere Gruppenarbeit meine eigene "Familie" zu schaffen, und vielleicht hat dies anderen Menschen ja auch geholfen. Unsere Muster dienen dem Leben, selbst wenn sie uns verletzen.

Wenn mich jemand gefragt hätte, ob ich darunter gelitten habe, daß meine Mutter mich zum Spielen immer erst hinausließ, wenn ich meine häuslichen Pflichten erledigt hatte, hätte ich wahrscheinlich entrüstet verneint. Und doch hatte ich mich jetzt auf Grund dieses unterdrückten Schmerzes mit Gawain angelegt. Genau wir er es in seinem Beispiel beschrieben hat, versuchte auch ich, sein Verhalten zu ändern, um den lange unterdrückten Schmerz zu unterdrücken. Hätte er mit mir zusammen gearbeitet, wie ich so vernünftig vorschlug, wäre mir das Unbehagen erspart geblieben, arbeiten zu müssen, während er "spielte". Dann wäre das Leid der Vergangenheit in meinem Unbewußten vergraben geblieben. Doch dieses alte Leid drängte an die Oberfläche, und deshalb setzte meine Psyche das Drama in Szene, damit es ins Bewußtsein treten konnte. Wir machen das alle so. Wir sind keine Opfer. Jeder von uns will aufwachen. Jeder von uns schafft sich genau die Umstände, die er braucht, um zu erkennen, wer und was er ist. Es ist mir jedesmal peinlich, wenn ich erkenne, daß ich mich nur deshalb über einen Menschen oder eine Situation aufrege, weil mein eigenes inneres Material aktiviert wird.

Gawain:

Auch Träume sind in der Lage, Schattenmaterial bewußt zu machen. Vor kurzem hatte ich einen emotional sehr geladenen Traum. Dieser

Traum ist sehr wichtig für mich, und in gewisser gewisser Hinsicht trifft er für viele Männer zu. In diesem Traum befand ich mich neben einigen anderen Menschen mit drei Eidechsen zusammen in einem Raum. Die Reptilien, von denen zwei etwa meine Größe hatten, wirkten zunächst ganz gesittet, doch dann merkte ich, daß sie nur so taten. Eine der großen Echsen, die sichtlich Appetit auf den etwas kleineren Artgenossen hatte, sperrte plötzlich das Maul weit auf und begann ihn in sich hineinzuschlingen. Doch das Tier war zu groß und Teile seines Körpers baumelten aus dem Maul der größeren Echse heraus. Ich riß in Todesangst die Tür auf und fand mich im Treppenhaus eines sehr schäbigen Hauses wieder. Während ich die Stufen hinunterhastete, kamen mir zwei Männer mit gezogener Pistole entgegen und liefen an mir vorbei. Ich war völlig durcheinander, fürchtete mich unsäglich, kehrte aber dennoch auf dem Absatz um und begann den beiden Revolverhelden zu folgen; ich hatte Angst, daß sie in unsere Wohnung eindringen könnten.

Dieser Traum illustriert ein Grundmuster meines Bewußtseins. Kurz gesagt symbolisieren die Traumbilder meine Angst, vom Weiblichen, den Eidechsen, verschlungen zu werden. Der Traum verdeutlicht diese Furcht und den Versuch, sie durch die Art und Weise zu kompensieren, wie ich mit meiner Sexualität umgehe; das wird durch die Revolvermänner symbolisiert. In gewisser Weise treffen die Grundmuster des Traums auf die Bewußtseinslage vieler Männer zu. Damit der Traum richtig verstanden wird, möchte ich mich ein wenig über das biologische Muster des Mannes auslassen, so wie ich es verstehe.

Ich bin zu der Ansicht gelangt, daß die männliche Psyche zu einem Großteil vom Schicksal des Spermas in seiner Beziehung zum weiblichen Ei geprägt wird. Viele Millionen Spermen werden ausgestoßen, doch (außer im seltenen Fall zweieiiger Zwillinge) gelingt es immer nur einem einzigen Samenfädchen, das weibliche Ei zu befruchten. Viele sterben nach der Ejakulation im sauren Milieu der weiblichen Scheide. Von denen, die es bis zur Gebärmutter schaffen, versuchen viele, die Gebärmutterwand zu befruchten, und werden abgestoßen. Millionen von Spermen sausen in wilder Hast dem Ei entgegen, und in dem Augenblick, wo einer von ihnen es geschafft hat, ist allen anderen der Weg versperrt. Würdest du nicht auch sagen, daß die kleinen Kerle einem Konkurrenzstreß ausgesetzt sind, der seinesgleichen sucht? Hast du es dann tatsächlich geschafft und alle deine Mitbewerber aus dem Rennen geworfen, kannst du deines Siegs nicht einmal froh werden: Denn nach diesem wahrhaft traumatischen Erlebnis wirst du augenblicklich vom weiblichen Ei verschlungen. Man nimmt dir deine Statur und modelt dich in etwas völlig anderes um. Nach dem wahnwitzigen Rennen wirst du dadurch belohnt, daß du dich verformen und letztlich auflösen darfst! Der Körper, der dir die Erfüllung ermöglichte, wird im Augenblick des Triumphes überflüssig!

Zuerst ist da die ungeheure Konkurrenz, bei der nur einer von Millionen gewinnen kann, und dann winkt als Prämie für den Sieg die Auflösung. Wie findest du das? Bieten sich da Vergleiche an? Erinnert dich das an etwas? Wir glauben, daß viele Menschen, besonders die Männer (oder die männlichen Aspekte der Frauen), um soziale Anerkennung, um Ruhm und Reichtum kämpfen, und im Augenblick der Erfüllung empfinden sie dann eine gewisse Leere oder spüren, wie flüchtig die Errungenschaft ist. Alles, was dich der Erfüllung näherbrachte, mußt du augenblicklich wieder loslassen, damit sich die nächste Entwicklungsstufe vollständig manifestieren kann und die Energie weitergetragen wird. Doch die Notwenigkeit, alte Formen aufzulösen, wird vom Männlichen oft nicht beachtet, denn im Unterschied zum Sperma verfügt es über ein Ego, das ums Überleben kämpft. Das Männliche scheint intuitiv zu wissen, daß es sich auflöst und seine Identität verliert, wenn es sich wirklich seinem Schicksal hingibt und das Weibliche umarmt, und deshalb verweigert es die Hingabe. Das ist wirklich paradox! Du willst Erfüllung und versuchst sie auf jede Art und Weise zu erlangen, doch du kannst sie dir nicht wirklich erlauben, denn das würde bedeuten, daß du nicht mehr der bist, der du bisher zu sein glaubtest. Dies trifft natürlich auch auf die männlichen Anteile der Frauen zu.

Also ist die wilde Hatz zum Ziel letztlich ein Mißerfolg. Statt nur ein Vorspiel zu sein, wird der Kampf um den Erfolg selbst zum Ziel. Da das Ego seine Strukturen nicht aufgeben will, wird die Vollendung abgelehnt. Die Schätze der weiblichen Aspekte des Bewußtseins werden der männlichen Angst vor dem Verschlungenwerden geopfert. Schon zu Beginn deiner Verkörperung zeigt sich, daß das Männliche ein Entwicklungsstadium ist, das losgelassen werden muß, damit sich das Potential deiner selbst verwirklichen kann. Das gehört zu den Grundmustern der Verwandlung: Wenn die nächste Entwicklungsstufe dämmert, muß alles vorherige geopfert werden, was dich bis zur Schwelle dieser Transformationsstufe brachte. Letzten Endes bedeutet Gewinnen Verlieren. Das Ziel ist die Auflösung, die Transformation.

Ich spüre, daß wir an einem Punkt der menschlichen Bewußtseinsentwicklung angelangt sind, wo wir die Fähigkeit entwickeln müssen, frühere Formen abzulegen, wenn wir wirklich gewinnen und das, was wir verwirklichen könnten, erreichen wollen. Die Verwandlung der eigenen Energien bedeutet, daß du all jenen Bewußtseinsaspekten gestattest, in den Hintergrund deiner Psyche zu treten, mit denen du dich früher identifiziert hast. Nur dann kannst du zu einem neuen Menschen werden. Wenn du dich als Mann mit deinen männlichen Aspekten identifiziert hast, kannst du mit Hilfe deiner Partnerin die Schleusen zu deinen weiblichen Kräften öffnen. Wenn du dich als Frau mit deinen weiblichen Aspekten identifiziert hast, kann dir dein Partner dabei helfen, dich deinen männlichen Attributen zu widmen. So kannst du dein Selbstbild transzendieren und dich der Fülle deines Seins hingeben.

Zurück zu meinem Traum. Die Eidechsen stellen einen dunklen Aspekt des Weiblichen dar. Ich habe Angst, vom Weiblichen verschlungen zu werden. Der Traum zeigt meine Furcht, von einer ungeheuer unpersönlichen weiblichen Kraft verzehrt zu werden. Diese Kraft ist so urwüchsig wie die Gattung der Eidechsen, die ja so viel älter als die der Menschen ist. (Steven Spielberg hat mit seinem Film "Jurassic Parc" die kollektive Angst vor dem Negativ-Weiblichen angesprochen. Daß der Film mehr Geld einspielte als jeder andere vor ihm, hat einen Grund: er rührt ganz tief an die kollektive Psyche. Für die tiefe Psyche sind die Dinosaurier im Film Symbole des Negativ-Weiblichen. Der Film/der Mythos gibt uns die Gelegenheit, uns dieser Angst in sicherer Umgebung zu stellen.) In meinem Traum flüchte ich aus Angst vor den

Eidechsen die Treppen hinunter: Das Drama spielt sich also im oberen Stockwerk, dem Zentrum der Intuition, ab. Ich begebe mich also in die eher kraftorientierten Zentren der Psyche, in die unteren Chakras. Dort treffe ich auf bewaffnete Männer, was bedeutet, daß ich mich an die Energien des Solarplexus und des Hara wende. Am Ende des Traumes befürchte ich indes, daß nun die männlichen Kräfte überhandnehmen könnten, und renne wieder nach oben, den Männern nach. Der Traum zeigt mir die Konstellation der Kräfte, die im gegenwärtigen Augenblick mein Bewußtsein beeinflussen.

Ich fühle, daß sich die meisten Männer mit dem größten Teil dieses Materials ein Leben lang herumschlagen müssen: Wie hebe ich mich von der ungeheuren Kraft des Weiblichen ab? Wie kann das Männliche vermeiden, in der riesigen Leere des Weiblichen verlorenzugehen? Wie kann ein Mann sein Selbstgefühl im Angesicht der weiblichen Mysterien bewahren? Wir definieren uns über das Weibliche. Unser Selbstgefühl stammt aus unserer Beziehung zum Weiblichen. Deshalb wird auch unser Widerstand von den Kräften des Weiblichen gelenkt. Wenn du dies dank einem Bewußtseinsfunken als deine Wahrheit erfährst, siehst du dich plötzlich in einem anderen Licht. Letztendlich werden wir alle wieder vom Mysterium absorbiert, und das Mysterium ist vor allem weiblicher Natur. Mir genügte das Wissen um diese Tatsache und die mit ihr zusammenhängende Energie, damit sich etwas in mir entspannen konnte. Aus der Entspannung strömten neue Erkentnisse, neues Bewußtsein für die männlichen Mysterien und neue Bereitschaft, mich ihnen hinzugeben. Wenn du auf gleicher Höhe mit deinem Schicksal stehst, wenn du es respektierst und feierst, dann erfährst du die Erfüllung. Erfüllung ist nur möglich, wenn du dich wirklich anerkennst. Ich glaube, wenn du dein wahres Sein zuläßt, dann hast du deine wahre Heimat gefunden.

In diesem Kapitel haben wir beschrieben, wie wir unsere Reaktionen dazu benutzten, unbewußte psychische Muster – unser Schattenmaterial – bewußt zu machen. Es liegt eine große Herausforderung darin, in unseren Reaktionen Indikatoren für unser Innenleben zu sehen, statt zu glauben, daß wir ehrlich auf die Außenwelt reagieren. Und doch ist es so. Das, was uns "anmacht", was "unsere Knöpfe drückt", versucht, uns das Geschenk der Selbsterkenntnis zu überreichen. Unsere Reaktionen – auf Ereignisse, Umstände oder andere Menschen – sind Möglichkeiten, die Teile unserer Psyche kennenzulernen, die unserem Bewußtsein entzogen sind.

Das, was dich an deinem Partner aufregt, ist dein eigener Anteil. Natürlich hat auch dein Partner damit zu tun, doch darum geht es nicht. Wenn du daran interessiert bist, durch deine Beziehung zu erwachen, statt weiter durch unbewußte Muster zu funktionieren, mußt du deine Reaktionen als deine besten Hilfsmittel auf dem Weg der Selbsterkenntnis würdigen.

Rhythmen und Kreisläufe

Das Leben besteht aus Kreisläufen. Die meisten von uns neigen jedoch unbewußt dazu, das Leben linear wahrzunehmen. Der Verstand betrachtet das Leben als einen Weg, der zu irgendeinem Ziel führt, zu sozialer Anerkennung, zu materiellem Reichtum, einer erfüllenden Beziehung, einem befriedigenden Beruf, zu politischer Macht, spiritueller Erleuchtung, Weisheit oder zu eben jenen Zielen, die das ausmachen, was man für den Sinn des Lebens hält.

Wir neigen dazu, Krankheit, Scheidung, finanzielle Schwierigkeiten und anderen "Lebensprobleme" nur als Unterbrechungen unserer Reise zum wahren Lebensziel (was immer wir uns darunter vorstellen!) zu sehen. Nur selten erleben wir diese "störenden" Ereignisse als integrale Bestandteile des Lebensflusses. Nur hin und wieder sind wir wach genug, solche Erfahrungen nicht als "Hindernisse", sondern als Elemente eines erfüllten Schicksals zu begreifen. Wir denken gewöhnlich, daß der Weg zu jedem Ziel in den Grenzen linearer Zeit verläuft. Das bedeutet, daß wir die Dinge in einer bestimmten Reihenfolge tun und hoffen, das gesteckte Ziel auf diese Art zu erreichen. Während wir uns so abmühen, plagen uns Sorgen, Hoffnungen und Ängste, ob wir es wohl schaffen werden. Als ob das nicht aufregend genug gewesen wäre, drückt uns, wenn wir am Ziel sind, möglicherweise die Sorge, am Ende alles wieder zu verlieren.

Doch wir nehmen uns nur selten die Zeit, darüber nachzudenken, daß das Leben kein linearer Prozeß ist, der mit der Geburt beginnt und mit dem Tod endet. Das Leben war bereits vor unserer Geburt und wird sich nach unserem Tod fortsetzen. Es ist auch kein vollständiger oder perfekter Prozeß. Das Leben bewegt sich in Rhythmen und Kreisläufen. Es ist von Natur aus unvollständig und unvollkommen, gebiert, besteht und löst sich wieder auf. Da du als eine Ausdrucksform der verkörperten Lebenskraft Teil des Lebens bist, bist auch du seiner zyklischen Natur unterworfen. Wenn du das Leben als Kreis und nicht als Linie von einem Ort zum nächsten wahrnimmst, bemerkst du, daß die Dinge in Erscheinung treten, andauern, sich auflösen und wiederkehren. Die Liebe kommt immer wieder. Wenn du in einer Beziehung lebst, solltest du wissen, daß die Energie, die wir Liebe nennen, dieses Gefühl der Verbundenheit, genauso kommt und geht wie alles andere auch.

Obwohl wir (wenigstens verstandesmäßig) wissen, daß letztlich alles Liebe ist, entspricht die Art und Weise, wie diese Energie ausgedrückt und erfahren wird, nicht unbedingt dem Bild, das wir uns von ihr machen. Es kann Zeiten geben, in denen sich der eine zurückzieht. Vielleicht ist er zuweilen ärgerlich oder gibt sich einem unsichtbaren inneren Prozeß hin, statt sich liebevoll dem anderen zuzuwenden. Wenn du die Wirklichkeit nur linear begreifst, bist du vielleicht beunruhigt, wenn dein Partner sein Verhalten dir gegenüber ändert. Bis dahin glaubtest du, alles sei in bester Ordnung, doch auf einmal sieht alles miserabel aus! Du gerätst in Panik, denkst an die Vergänglichkeit der Liebe und schreibst womöglich die Beziehung ab.

Wenn du andererseits die zyklische Natur der Wirklichkeit verinnerlicht hast, wirst du dich entspannen. Einmal empfindest du Nähe, dann ziehst du dich zurück, da andere Aspekte deiner Psyche deine Aufmerksamkeit brauchen, und dann näherst du dich wieder. Du bist mit deinem Partner durch die Rhythmen und Kreisläufe des Lebens eng verbunden. Wenn du das weißt, wirst du deinem Partner Raum für seinen inneren Prozeß zugestehen können. Irgend etwas in dir wird der runden, immer wiederkehrenden Natur der Erfahrung, die wir Liebe nennen, vertrauen. Wenn du dich wirklich dem Fluß des Lebens öffnest, gelangst du zur Hingabe. Wenn du erkennst, daß sich das Leben mit seinen Rhythmen und Kreisläufen in dir selbst ausdrückt, so wie sich die vier Jahreszeiten im Leben eines Baumes ausdrücken, beginnst du dich zu entspannen – und du vertraust. Du fängst an, deinen Partner wie dich selbst als Ausdrucksform der Lebenskraft zu sehen. Diese

Erfahrung schafft Raum, Raum für den Partner, so sein zu dürfen, wie er sich im Augenblick fühlt, und Raum für dich, dich deinen eigenen Kreisläufen hinzugeben.

Wir alle können uns mit dem alten "Peanuts" Kartoon von Charles Schultz identifizieren, in dem sich Lucy überlegt: "Warum muß es Höhen und Tiefen geben? Warum gibt es nicht nur Höhen und Höhen?" Doch wenn man sich entspannt dem Rhythmus des Lebens hingibt, dann spürt man wieder die Heiligkeit des Lebens und wird von der Liebe in all ihren Erscheinungsformen gesegnet.

Durch Vertrauen und Hingabe erhältst du Zugang zu deinem wahren Selbst. Dieses Selbst ist die inkarnierte Lebenskraft. Durch die tiefe, enge Verbindung mit diesem Selbst erfährst du dich nicht länger als einzelnes sich abstrampelndes Individuum, sondern als Organismus, der mit einem viel größeren Organismus verbunden ist; du erlebst dich als Teil eines größeren Ganzen. Wenn du dies wirklich erlebt hast, geschieht die Hingabe ganz natürlich. Du lieferst dich aus und läßt los. Du wirst eins mit dem Lebensfluß. Dein Partner kann der Katalysator für solch eine Erkenntnis sein. Diese tiefe Wahrheit wird nicht davon berührt, wie sich deine Partnerschaft im Augenblick rein äußerlich manifestiert. Dein Partner ist eine Ausdrucksform der inkarnierten Lebenskraft, so wie du selbst. Wenn du ihn so achtest, wie er ist, achtest du das Leben.

Hingabe

Unser Verständnis vom Leben ist noch sehr unreif. Wie die Kinder sind wir hauptsächlich mit uns selbst beschäftigt. Ob wir etwas gut oder schlecht finden, messen wir immer noch an unseren persönlichen Vorlieben und Abneigungen. Wir betrachten das Universum durch den Filter unserer Bedürfnisse und Wünsche. Unser Verstand ist noch so wenig ausgereift, daß wir gar nicht merken, daß sich das Leben nicht um unsere Wünsche kümmert. Das Leben existiert nicht, um uns zu dienen – wir sind auf der Welt, um dem Leben zu dienen. Wir sind so damit beschäftigt, das Leben zu verstehen (sprich: zu kontrollieren) und für unsere Zwecke zu nutzen, daß wir selbst deutliche Hinweise übersehen, daß so etwas gar nicht möglich ist. Das Leben benutzt uns!

Der überwiegende Teil unserer "New Age"-Spiritualität gründet sich immer noch auf die Prinzipien des männlichen Verstandes. Dabei handelt es sich um eine Form von Magie, mit deren Hilfe wir versuchen, das Leben zu beeinflussen und zu lenken, um es angenehmer für uns zu gestaltem. Wir rufen nach Kontrolle, damit die inneren Kinder von den Kräften, die durch und um uns wirken, nicht überwältigt werden. Doch das Leben läßt sich nicht kontrollieren. Keine deiner Visualisationen und Affirmationen wird je die ungeheure Lebenskraft vor deinen Karren spannen!

Viele von uns (sag die Wahrheit!) fühlen sich deshalb von dem, was heute allgemein unter dem Namen "Spiritualität" läuft, angezogen, weil sie darin ein Mittel gegen ihre Hilflosigkeit erblicken, die angesichts der ehrfurchtgebietenden Macht des Lebens aufkommt. Unsere schwachen Versuche, unsere Wirklichkeit zu erschaffen, richten sich einzig und allein nach den Vorlieben und Wünschen unseres Verstandes und nicht nach den Bedürfnissen und Plänen der Lebenskraft, und sind nichts anderes als Anstrengungen, das Leben zu kontrollieren. Wir bemühen uns herauszufinden, wie das Leben, das Gesetz des Universums funktioniert. Damit reihen wir uns auch heute in die Schlange derer ein, die immer schon versuchten, die ehrfurchtgebietende, nicht vorhersehbare Erfahrung zu handhaben, daß sie ein in der Dimension der Form manifestiertes Bewußtsein sind. Wir wollen wissen, wie das Leben läuft, denn das Machtgefühl, das wir durch dieses Wissen erwerben, kompensiert unsere Machtlosigkeit angesichts der bedrohlichen Allgewalt der Kräfte. Wir brauchen das Gefühl, die Sache im Griff zu haben. Deshalb haben wir immer versucht, den Dingen auf den Grund zu gehen.

Unsere Affirmationen, Visualisationen, Zielsetzungen und viele andere Techniken sind Versuche, dem Chaos der Wirklichkeit den eigenen Willen aufzudrücken. Diese Techniken sind Ausdrucksformen des männlichen Verstandes, der im Tempel der Magie versucht, das Leben zu beherrschen und es den eigenen Wünschen und Vorlieben dienstbar zu machen. Doch der Verstand ist nicht die höchste Autorität im Universum. Der Verstand ist Diener der Lebenskraft, nicht umgekehrt! Er ist ein nützliches Instrument für die Reise im physischen Universum. Er hilft uns eine Straße überqueren, ohne uns mit einem Auto anzulegen, er sorgt für die Beschaffung angemessener Nahrung und für die Weitergabe wichtiger Informationen. Er hat ganz sicher seinen Platz im System der Dinge. Doch das bedeutet nicht, daß er selbstzufrieden die Spitze einer hierarchisch angeordneten Pyramide einnimmt. Hast du noch nicht bemerkt, daß das Leben seine Ziele verfolgt, ganz gleich, was wir uns dazu denken? Wunderbare spirituelle Menschen (Vegetarier) sterben an Krebs; durch noch so gutgemeinte Affirmationen erhalten die hungernden Menschen in Afrika kein Brot; daß sie mit bunten Aufklebern für den Frieden in der Welt werben, mag den Besitzern der Autos ein gutes Gefühl verleihen (vielleicht sogar, besser als die anderen zu sein), doch es vermag die ethnischen Säuberungen nicht zu verhindern. Wie wäre es, wenn wir einmal in unsere weiblichen Aspekte wechselten und uns dem Leben hingäben, damit wir von ihm lernten, was es von uns will, statt zu versuchen, das Leben zu beherrschen und ihm aufzudrängen, was wir von ihm erwarten?

Für eine Frau führt der Weg zur Ganzheit über das Weibliche. Vielzu oft suchen Frauen ihre Erfüllung im Männlichen. Das bedeutet, daß sie sich den Wertvorstellungen des Männlichen angleichen und in diese Richtung gehen, statt in ihrem Inneren danach zu suchen, was sie selbst erfüllt. Das ist verständlich, denn in den letzten drei Jahrtausenden wurde unsere kollektive Psyche von männlichen Werten dominiert. Bitte denke daran, daß wir nicht unbedingt Männer und Frauen meinen, wenn wir männlich und weiblich sagen. Frauen wie Männer haben männliche Prinzipien wie Logik, Verstand, Einsicht, Unterscheidungsvermögen und begriffliches Denken entwickelt. Wir alle haben uns vor den Altären der Wissenschaft und Technik verbeugt – durchaus zu Recht, denn das war für die Entwicklung des Bewußtseins bis zu diesem Punkt hin nötig.

Frauen können ihre Ganzheit aber nicht im Männlichen finden. Ein Mann mag ihnen dabei helfen, besser gesagt, die Liebe zu einem Mann kann das Weibliche in ihnen wecken, doch das innere Weibliche und nicht das äußere Männliche bedeutet die Rettung ihrer Seele. So viele Frauen haben ihre Seele an das Männliche verkauft – im Grunde an Papa! Der Vater hatte oft das Sagen in der Familie, alle unterwarfen sich seinem Willen oder dem Willen eines anderen Mannes im Lebenskreis des Kindes. Dabei erlebten die meisten von uns, daß es Vorteile hatte, ein Junge zu sein. Deshalb entwickelten wir jene Eigenschaften, die der Vater guthieß oder die ihm als Mann abgingen.

Die Frauen der Emanzipationsbewegung mußten sich zum Beispiel vollständig mit dem Männlichen identifizieren, also gleichsam zum Manne werden, um sich als Frauen zu entdecken. Die wahre Antwort kann aber keineswegs der Mann im Rock sein. Gleiche Rechte, ja! Natürlich auch gleiche Bezahlung. Doch wenn eine Frau es schafft, in der Welt der Männer "Erfolg" zu haben, bedeutet das keineswegs, daß das Weibliche hier erfolgreich war. Das Weibliche entspricht einem gänzlich anderen Bewußtseinszustand als dem, den man braucht, um in einem männlichen Wertesystem Erfolg zu haben.

Wir empfehlen als Antwort auf das Bedürfnis der weiblichen Kräfte, sich im täglichen Leben zu manifestieren, kein naives "Zurück zur Göttin". Wir brauchen eine neue Synthese männlicher und weiblicher Kräfte in jedem Menschen. Wir wissen noch nicht, wie so etwas aussehen soll. Wenn wir es wüßten, würden wir es verkörpern. Wir befinden uns in einem Übergangsstadium und kämpfen um eine neue Form, ohne zu wissen, wie diese Form beschaffen sein soll. Wir wissen nicht, ob wir diese Form schätzen werden; wir wissen nicht, ob sie unseren Vorlieben oder unseren guten Ideen entspricht. Wir müssen die Spannung, die das Nichtwissen verursacht, aushalten und der neuen Form erlauben, sich darzustellen. Wir können nicht kraft unseres Verstandes versuchen, die Form der neuen Synthese zu bestimmen oder zu schaffen. Wir müssen zulassen, daß sie sich in Übereinstimmung mit der Weisheit des Lebens entwickelt. Wir müssen uns hingeben. Dies ist gewiß keine einfache Aufgabe, wir leben in keiner einfachen Zeit. Sie *ist* jedoch außerordentlich spannend!

Wenn wir uns dem Leben hingeben, versuchen wir nicht mehr, unser Schicksal zu bestimmen. Wir halten nach Zeichen Ausschau, die uns die Richtung des Lebensflusses angeben und bereiten uns darauf vor, in genau diese Richtung zu gehen. Wir betrachten unsere Träume und die Ereignisse des Lebens als Hinweise dafür, was geschehen will. Wenn wir klug sind, handeln wir danach.

Wir hörten vor kurzem ein dramatisches Beispiel, das genau diese Hingabe illustriert. Wir unterhielten uns mit einem Bewohner Santa Fes und fragten ihn, warum er hierher gezogen sei. Er sagte, daß er eigentlich nur jemanden besucht hatte. Es habe ihm hier außerordentlich gut gefallen. Als er die Stadt wieder verlassen wollte, bemerkte er, daß er seinen Fuß nicht dazu bringen konnte, Gas zu geben. Er erkannte, daß er bleiben wollte und beschloß, zu seiner Wohnung am Strand von Kauai (eine der hawaiianischen Inseln) zu fahren, um dort zu überlegen, ob er nicht nach Santa Fe ziehen sollte. Er war erst wenige Tage auf der Insel, da schlug ein gewaltiger Hurricane zu und blies ihn fast buchstäblich davon. Er verstand die Botschaft. Der Wind heulte durch die zerstörten Fenster seiner Wohnung, er stellte sicher, daß die Versicherung die Schäden bezahlen würde, nahm den ersten Flug, einen Militärtransport, um die Insel zu verlassen, und fuhr so schnell wie möglich nach Santa Fe.

Wenn wir uns dem Leben hingeben, dann lebt das Leben uns! Wir fließen mit dem Fluß, statt zu versuchen, seinen Lauf zu bestimmen. Wir sagen "ja" zum Leben und nicht: "Moment, ich hab' da eine bessere Idee!"

Joseph Campbell trifft in seinem Buch *"Die Kraft der Mythen"* eine wichtige Unterscheidung. Er stellt fest, daß man sich nicht dem Partner hingibt, wenn man sich der Ehe hingibt. Man überantwortet sich der Partnerschaft. Er sagt: "In einer Ehe oder Liebesverbindung spielt sich das wirkliche Leben in der Partnerschaft ab, denn da befindet ihr euch beide. Siehst du, die Partnerschaft ist wie ein Yin-Yang-Symbol. Hier bin ich, dort ist der andere, und hier sind wir beide. Wenn ich ein Opfer bringe, dann bringe ich es nicht dem anderen, sondern der Beziehung, denn dort spielt sich jetzt mein Leben ab." Die Beziehung wird zu einer dritten Wesenheit. Sie hat ein Eigenleben, das über die beiden Menschen hinausgeht. Zwei einzelne Menschen sind durch ihre Verbindung miteinander zu etwas Neuem geworden. Die Vereinigung der Gegensätze, die Substanz, aus der das körperliche Leben besteht, hat eine neue Wesenheit hervorgebracht: die Partnerschaft. Wenn du dich der Partnerschaft hingibst, gibst du dich dem Leben hin, und da du eine Ausdrucksform des Lebens bist, überläßt du dich etwas Wesentlichem in dir selbst.

Hingabe geht Hand in Hand mit Vergebung. Wenn du dich deiner Essenz hingibst, beginnst du, die Vollkommenheit des Seins zu entdecken. Wenn du zu allem "Ja" sagst, was ist, öffnest du dich ganz natürlich der Vergebung. Du erkennst, daß alles immer vollkommen gewesen ist und auch so bleiben wird. Auf einer sehr tiefen Ebene wird dir klar, daß es tatsächlich nichts zu vergeben gibt. Dies ist ein Schluß, der nicht leichtfällt. Er fällt besonders jenen Menschen schwer, die in einer Kultur aufgewachsen sind, in denen das Prinzip des Opfers allgemein anerkannt ist. Wir glauben eben, daß es Opfer und Täter gibt, "gute" und "schlechte" Menschen. Es ist wirklich eine Herausforderung, uns aus der kulturell anerkannten Hingabe an das Opferprinzip zu lösen und für die Möglichkeit zu öffnen, daß das Leben vollkommen ist wie es ist – ohne Rücksicht auf unsere Meinungen und Vorlieben. Noch einmal: Unsere Verletzungen sind oft Geschenke, die uns die Erfüllung unseres Schicksals ermöglichen. Natürlich gibt es Situationen, in denen es so scheint, als ob ein Mensch zum Opfer wird, und man muß die Emotionen anerkennen, die durch solch ein Erlebnis entstehen.

Wenn man beginnt, das Leben so zu nehmen wie es ist, ergibt sich daraus ganz natürlich die Vergebung. Du vergibst dir all das, was du glaubst, deinem Partner oder anderen Menschen angetan zu haben, und du verzeihst all das, was, wie du glaubst, die anderen dir angetan haben. Vergebung ist an einem ganz bestimmten Punkt unserer Reise sehr wichtig. Je mehr wir verstehen, um so weniger brauchen wir sie. Wenn du deine Projektionen zurücknimmst, findest du dich in jenen Menschen, die du verurteilt hast. Du erfährst immer mehr von dir. Wenn du so viel Mut hast, dein Schattenmaterial zu erforschen und zu integrieren, weitet sich die Erfahrung deiner selbst. Du öffnest dich deiner Verbundenheit mit der Natur und anderen Lebenwesen, das Gefühl der Getrenntheit löst sich auf, und du erfährst dich in immer größerem Rahmen.

Schließlich entdeckst du, daß du alles bist: der Täter und das Opfer. Die Erfahrung deines wirklichen Seins ist die Essenz der Vergebung. Du erlebst, daß du eins mit allem Leben bist, am Ende bist du Alles Was Ist. Nach dieser Erfahrung bedarfst du keiner Vergebung mehr. Du erkennst plötzlich, daß alles die Entwicklung des Lebens unterstützt, daß das Leben vollkommen ist, vollkommen war und vollkommen sein wird, ganz gleich, wie es sich gegenwärtig ausdrücken mag. Dann schwindet sogar das Bedürfnis, zu vergeben oder Vergebung zu erlangen.

Partnerschaft als spiritueller Weg

Als ich meine erste Liebesgeschichte hörte,
begann ich, überall nach dir zu suchen,
und merkte nicht, wie blind ich war.
Liebende treffen nicht endlich aufeinander.
Sie sind immer voneinander durchdrungen.

Rumi

Dein Partner ist in dir, wie Rumi schreibt, weil dein Partner ein Teil deiner selbst ist. Er ist ein Aspekt deiner Ganzheit. Durch deinen Partner vermagst du eigene Aspekte kennenlernen, die dir sonst verborgen geblieben wären. Der Partner kann der Spiegel sein, in dem du letztlich dein Selbst erkennst. Dies ist das Geschenk einer Beziehung. So wird das bewußte Leben in einer Beziehung zum Übungsweg, auf dem du erwachen kannst.

Das ist jedoch nicht einfach. Wie Prometheus müssen wir einen Preis dafür bezahlen, daß wir Bewußtsein aus dem Reich der Götter stehlen. Denn wenn du dich der Liebe öffnest, wirst du dich ebenso dem lange verdrängten Leid öffnen. Du wirst dich mit Teilen deiner Selbst auseinandersetzen müssen, die deinem Ego nicht schmeicheln, mit Aspekten, die andere Aspekte gar nicht mögen oder gutheißen. Das ist der Preis, den wir zahlen müssen, wenn wir uns wirklich kennenlernen wollen. Wenn du dich mit diesem verdrängten Leid beschäftigst und es zuläßt, gibst du dir selbst die Möglichkeit, alte Energien zu befreien, die deine Spontaneität und deine Freude blockiert haben. Du bereitest dich darauf vor, vollständig im Augenblick zu leben, weil du dich gegen nichts Vergangenes mehr verteidigen mußt.

Die Nähe in einer engagierten Partnerschaft rührt an deine Verletzungen. Wenn deine Bereitschaft zu dieser Beziehung dir dabei hilft, deine Verletzungen zu untersuchen, statt zu versuchen, vor der Nähe und damit vor dem Leid zu fliehen, kannst du diese Wunden heilen, indem du erkennst, wozu sie dir gedient haben. Du kannst herausfinden, wie dir die Verletzungen der Vergangenheit geholfen haben, zu dem zu werden, was du heute bist und kannst. Auf diese Weise bist du in der Lage, die Gaben und Geschenke, die du entwickelt hast, bewußter anzunehmen. Außerdem wirst du nicht nur die Vollkommenheit deines Lebens, sondern die Vollkommenheit aller Ausdrucksformen des Lebens würdigen. Ganz bewußt verwandelst du dich von einem Opfer des Lebens in dessen Verbündeten. Du kannst dich nach dem Fluß des Lebens auszurichten, statt zu versuchen, das Leben mit den begrenzten Fähigkeiten deines Verstandes zu kontrollieren.

Es gibt Techniken und Einsichten in die Mechanismen einer Beziehung, die dir helfen können, das Beste aus deiner Partnerschaft zu machen. Dein Partner kann dir helfen, deine Projektionen zurückzunehmen, wenn du zu erkennen beginnst, daß du all das, was dich an deinem Partner irritiert, an dir selbst nicht magst. Er kann dir helfen, dein unbewußtes Schattenmaterial bewußtzumachen, indem er es dir spiegelt. Wenn du deine Projektionen zurückziehst und dein verdrängtes Schattenmaterial annimmst, erfährst du dich immer umfassender und bewegst dich auf die Ganzheit zu.

Viele Menschen leben ihren Schmerz in der Beziehung unbewußt aus, statt den Partner zum Gehilfen des Erwachens zu machen. Das bedeutet, daß sie ihre Muster unbewußt und mechanisch immer wieder abspulen, ohne jemals zu erkennen, daß es auch andere Möglichkeiten gibt. Diese Menschen versuchen ihre Beziehung als Bollwerk gegen lange verdrängtes Leid zu benutzen. Auf die Dauer gesehen ist das unmöglich. Wenn man sich wirklicher Liebe öffnet, muß man sich auch dem Leid öffnen. Du kannst dich nicht nur für die Liebe entscheiden. Wenn du eine Emotion zuläßt, mußt du sie alle zulassen. Darum entscheiden sich so viele Menschen gegen die tiefe Liebe. Statt dessen sammeln sie bunte und oft unterhaltsame Geschichten darüber, wie ihnen von ihrem Mann oder ihrer Frau – schon wieder – Unrecht getan wurde. Die Opferrolle ist so beliebt, weil sie so einfach ist. Auf der anderen Seite gibt sie keine wirkliche Befriedigung.

Man sagt, daß man entweder das hat, was man will oder daß es Gründe gibt, warum man das, was man will, nicht hat. Wir sagen, daß man immer das hat, was man will. Wenn du nicht die Beziehung führst, die dir vorschwebt, kann das zwei Gründe haben: Auch wenn dein Verstand glauben mag, daß er eine Beziehung will, kann ein tieferer Teil deines Wesens gegenteiliger Auffassung sein. Vielleicht entspricht dir diese Lebensform nicht und gehört nicht zu deinem Schicksal. Wenn das der Fall ist, dann freue dich, daß du deinem Schicksal auf der Spur bist. Vielleicht ist deine Beziehung aber auch deshalb nicht so, wie du sie dir wünschst, weil du dich nicht wirklich mit dem auseinandersetzen willst, womit du dich in einer tiefen Partnerschaft auseinandersetzen müßtest. In diesem Fall schlagen wir vor, daß du dich dieser Wahrheit stellst und dich freust, daß du genau das hast, was du wirklich willst – eine Beziehung, in der du dich nicht mit deinem Schmerz auseinandersetzen mußt. Dieser Widerstand ist natürlich. Es ist möglich, daß er sich auf das tiefe Wissen gründet, daß du noch nicht über die Mittel verfügst, mit dem Schmerz umzugehen. Wenn das der Grund ist, warum du dich nicht tiefer auf die Beziehung einläßt, können dich das Material und die Techniken, die in diesem Buch vermittelt werden, – besonders aber die Sammlung im Herzen – darin unterstützen, in dir selbst Mittel zu entwickeln, alles zu konfrontieren, was der Beziehung, die du wirklich willst, im Wege steht.

Wenn du dich dem stellst, was durch die tiefe Beziehung in dir hochgespült wird, kannst du das Unbewußte ins Licht des Bewußtseins rücken. Nur so wird Partnerschaft zum Werkzeug der Erleuchtung: Die tiefe Bereitschaft zur Beziehung, in der einer den anderen liebt, ermächtigt euch dazu, euer Selbst ins Licht des eigenen Bewußtseins zu stellen.

Letzten Endes ist Partnerschaft ein Mysterium, ein Geschenk, das Geschenk, einander lieben zu können und sich geliebt zu fühlen. Dies ist eine der reichsten und glücklichsten Erfahrungen, die wir als Menschen erleben können. Wenn du wirklich bewußt werden willst, kann dir die Beziehung auf machtvolle Weise dabei helfen. Der Weg zur Einheit mit diesem geheimnisvollen anderen kann Glück und Herausforderung zugleich sein. Der andere, der Geliebte, kann dir zum Tor werden, durch das du – wenn du mutig bist – in dein eigenes Selbst trittst.

Anhang

Inhalt

Für uns ist Partnerschaft ihrem innersten Wesen nach ein unergründliches Mysterium; man kann es nicht in Begriffe und schon gar nicht in festumrissene Verhaltensmuster pressen, man kann es nur erleben und würdigen. Partnerschaft ist ein "Seinszustand" und keine Abfolge von Handlungen, die man auszuführen hat. Und doch kannst du bestimmte Dinge tun, die dich in die Lage versetzen, noch offener für die Geschenke der Beziehung zu werden. Wir achten das Mysterium, doch lassen wir auch jene Teile in uns nicht aus den Augen, die das Leben verstehen und bis zu einem gewissen Grade meistern wollen. In diesem Sinne übergeben wir dir den Anhang zu diesem Buch, der sich mit dem "Wie" befaßt. Er soll dir als Landkarte dienen und dir die Möglichkeit geben, dir jene Wege herauszusuchen, mit Hilfe derer du die tiefer liegenden Aspekte in dir und deiner Partnerschaft aufzuspüren vermagst.

Die folgenden Übungen sollen dich dabei unterstützen, Partnerschaft als spirituellen Weg zu erfahren. Sie werden dich streckenweise aufs äußerste herausfordern, doch sie sollen dir auch Spaß machen und die Nähe zwischen dir und deinem Partner stärken. Wenn du in keiner engagierten Partnerschaft lebst oder dein Partner kein Interesse an den Übungen hat, kannst du sie auch mit einem Freund oder ganz alleine machen. Bist du solo, schlagen wir vor, daß du zu den Übungen, in denen Fragen vorkommen, ein Tonband heranziehst. Nimm die Entspannung und die Fragen auf und arbeite sie dann durch.

Wir haben diese Übungen sehr oft in unseren Gruppen und Seminaren abgehalten und wissen, daß sie äußerst wirksam sind. Wenn du in einer Beziehung lebst und gemeinsam mit deinem Partner übst, ist es hilfreich, sie als eine gemeinsame Forschungs- oder Abenteuerreise aufzufassen; denn es verlangt wirklich Mut, sich den unangenehmen (und vielleicht unbewußten) Bereichen des Lebens und der Partnerschaft zu stellen. Es kann aber auch sehr viel Freude machen, sich einander immer tiefer zu öffnen, und das geschieht unweigerlich, wenn ihr euch mit den Übungen und Meditationen der folgenden Seiten auseinandersetzt.

Es kann sein, daß die Übungen Prozesse in Gang setzen, die derart intensive Gefühle auslösen, daß sie deine Kräfte zu diesem Zeitpunkt übersteigen. In diesem Fall ist es besser abzuwarten, bis du mehr in deiner Mitte bist oder dich mit dir oder deiner Partnerschaft wieder auf sicherem Boden fühlst. Steckt ihr gerade bis zum Hals in einer Krise, die es euch schwermacht, in euren reiferen Aspekten zu bleiben, wenn ihr miteinander redet, kann es von Vorteil sein, eine dritte Person hinzuzuziehen; sie erleichtert die Verständigung zwischen euch und hält – wenn du so willst – den Umgangston sauber. Bist du ehrlich entschlossen, dich dieser Arbeit hinzugeben und sie aufrichtig und konzentriert zu verfolgen, kannst du dich und deine Beziehung unglaublich bereichern.

Mach dich auf etwas gefaßt! Viel Spaß!

Das Herz

Die Sammlung im Herzen ist ein zentrales Thema unserer Arbeit, und deshalb werden wir dieses Kapitel mit einer Einführung in die Herzmeditation beginnen. Wir raten dir, diesen Abschnitt erst einmal zu lesen, um dich dann Schritt für Schritt durch die Meditation führen zu lassen.

Schaffe dir einen Ort, an dem du etwa zwanzig Minuten lang ungestört bleibst. Beginne die Meditation, indem du dich mit möglichst geradem Rücken auf den Boden oder auf einen Stuhl setzt, doch achte darauf, daß du bequem sitzt und dich nicht verspannst. Atme einige Male tief durch und bringe dich zur Ruhe. Deine Hände liegen locker auf den Knien. Spüre deine Hände. Konzentriere dich auf sie und führe ihnen durch deine Aufmerksamkeit Energie zu. Dann bereite dich auf das Mysterium der Berührung vor. Dr. Brugh Joy., der diese Meditation entwickelte, sagt dazu, daß es der tiefen Psyche einerlei sei, wer den Körper berühre; die Qualität der Berührung sei ausschlaggebend. Bereite dich darauf vor, dein Herzzentrum mit derselben Energie und demselben Bewußtsein zu berühren, wie du ein Kind beruhigen oder einen verzweifelten Menschen trösten würdest. Die tiefe Psyche kümmert sich nicht um Persönlichkeiten, Ideen oder Vorstellungen. Die tiefe Psyche weiß nur, daß sie berührt wurde, und erfaßt die Qualität der Berührung. Wenn du dies weißt, dann kannst du dich den Mysterien deiner eigenen Heilkraft öffnen und über den Gedanken hinauswachsen, daß Heilungsenergie von außen kommen muß.

Lege deine Hände bewußt auf das Herzchakra. Dieses Energiezentrum befindet sich in der Mitte deiner Brust über dem Solarplexus, etwa im letzten Drittel des Brustbeins. Lege die Hände so übereinander, daß sich die Daumen berühren. Wenn du spürst, daß deine Hände deinen

Körper berühren, dann habe die Empfindung, als ob jemand anderes dich durch deine Hände berührte. Vielleicht ist es ein Mensch, den du nicht besonders gut kennst. Vielleicht verfügt er über große Heilkräfte. Öffne dich dem Energiefluß deiner Hände und stelle dir die Energie als große Lichtkugeln vor. Spüre, wie die Energie deiner Hände deine Zellen und Gewebe durchdringt. Öffne dich. Öffne dich dem Gefühl, daß Wellen des Wohlbefindens durch alle Teile deines Körpers fluten.

Dann beginne, dich den vier Eigenschaften des Herzzentrums zu öffnen: zuerst dem Mitgefühl, jener Fähigkeit, so tief mit einem anderen Menschen zu fühlen, daß seine Erfahrung zu der deinen wird, ohne daß du dein Selbstgefühl aufgibst. Schöpfe Atem. Spüre, wie du dich nicht nur dem persönlichen, sondern dem kollektiven Mitgefühl öffnest. Erfahre Mitgefühl. Habe die Empfindung, daß du vom Mitgefühl getragen wirst. Öffne dich der Energie hinter dem Wort "Mitgefühl", der Kraft im Universum, die sich hinter dieser Vorstellung verbirgt. Öffne dich dem Mitgefühl.

Nachdem du Mitgefühl erlebt hast, beginne dich der zweiten Eigenschaft des Herzzentrums zu öffnen, der Harmonie, die dir ursprünglich zu eigen war. Sie schenkt dir die Fähigkeit, dein Selbstgefühl an einem stillen Ort des Bewußtseins zu sammeln – ganz gleich, was um dich her, was in dir selbst geschehen mag –, jene Fähigkeit, inmitten des Chaos Ruhe zu empfinden, Frieden im Zentrum des Orkans.

Dann öffne dich der dritten Eigenschaft des Herzzentrums, der heilenden Kraft. Öffne dich der Kraft im Universum, die heilen kann und alle Ebenen deines Seins harmonisiert, erhöht und ausgleicht. Öffne dich deiner eigenen Fähigkeit, diese Heilungsenergie auf dich, auf andere und auf den Planeten zu lenken. Spüre, wie dich diese Energie erfüllt. Sie steht dir zur Verfügung und anderen durch dich.

Öffne dich zuletzt der bedingungslosen Liebe. Diese Liebe muß nicht verdient oder erarbeitet werden. Sie steht jenseits persönlicher Vorlieben und Bewertungen. Diese Liebe existiert einfach. Spüre sie als einen unendlichen Energiefluß, der aus deinem Herzen strömt.

Dann sitze eine Weile ganz still und wiederhole die Eigenschaften des Herzzentrums, als ob sie Mantras wären: Mitgefühl, ursprüngliche Harmonie, heilende Kraft, bedingungslose Liebe. Anfangs machen diese Worte unter Umständen keinen besonderen Eindruck auf dich, doch wenn du diese Meditation betreibst, kann viel geschehen. Bist du wirklich im Herzen konzentriert, kann sich zum Beispiel die Geschwindigkeit deiner Körperfunktionen verändern; du hast vielleicht die Empfindung, daß sich alles verlangsamt; wenn du dich den Eigenschaften des Herzzentrums immer weiter öffnest, können viele Bilder und Assoziationen in dir aufsteigen.

Stelle dir Bilder oder Erfahrungen deines Alltagslebens vor, die die Eigenschaften des Herzzentrums ausdrücken. Vielleicht kennst du Menschen, die diese Attribute verkörpern; ob es sich um historische Persönlichkeiten oder um Menschen deiner Tage handelt, spielt keine Rolle. Wenn du an diese Menschen denkst, belebst du die Energie der Eigenschaft. Es kann aber auch sein, daß dir eine Landschaft einfällt, ein Kunstwerk, ein Musikstück oder ein Gedicht, das die Kräfte dieser Eigenschaften in dir weckt. Was es nun auch sein mag, versuche, dich bei der Meditation an solche Assoziationen zu erinnern. Das wird dir helfen, diese Energien immer selbstverständlicher in dein tägliches Leben einfließen zu lassen.

Die Herzmeditation ist eine sehr nützliche spirituelle Übung. Wir leben in einer Zeit, in der sich die Entwicklung der Menschheit in einem Übergangsstadium befindet. Sowohl in der Innen- wie der Außenwelt wird das Chaos wachsen. Die Gründung einer Heimat (die man mitnehmen kann!) und die Fähigkeit zur Sammlung nehmen in chaotischen Zeiten einen zunehmend höheren Stellenwert ein. Wenn man sich in seiner Mitte sammeln kann, hat man die Möglichkeit, den Aspekt der Vielheit zu wählen, der einer heiklen Lage angemessen ist, statt immer wieder automatisch auf das Auf und Ab des Lebens zu reagieren. Wir haben die Chance, bewußt in unsere erwachsenen Aspekte zu wechseln, statt den Augenblick wieder einmal den Kindern zu überlassen. Die Sammlung im Herzzentrum hilft außerdem, die unteren und die oberen Chakras aufeinander abzustimmen. Dies verhilft uns zu einem Gleichgewicht zwischen dem Teil unserer selbst, der mit dem täglichen Leben zu tun hat, und dem Teil, der der kollektiven oder überpersönlichen Ebene geöffnet ist. Im Herzzentrum treffen sich wirklich Himmel und Erde.

Herz für zwei

Es gibt noch eine weitere Herzübung, die wir dir gern vermitteln möchten. Wir schlagen vor, daß du die Anweisungen vor Beginn ein paarmal durchliest, so daß du die Übung ausführen kannst, ohne immer wieder nachlesen zu müssen. Du kannst die Anweisungen aber auch auf Band aufnehmen und dich von der Kassette durch die Meditation führen lassen. Wir haben nichts gegen sanfte Musik im Hintergrund. Oft hilft Musik, das Bewußtsein von der äußeren Welt abzuziehen und auf die Innenwelt zu lenken.

Sitze deinem Partner gegenüber, so daß sich eure Knie fast berühren. Atme ganz bewußt mit geschlossenen Augen, um den Körper zu entspannen. Entspanne deine Schultern und den Kiefer. Deine Hände liegen entspannt mit den Handflächen nach oben auf den Knien. Werde dir deines Körpers bewußt. Spüre, was in deinem Körper vor sich geht, und atme bewußt in diese Gefühle. Dringe tief in die Empfindungswelt des Körpers ein und öffne dich deinen Knochen. Spüre in alle Knochen deines Körpers hinein.

Dann öffne dich den Muskeln, Bändern und Sehnen, die deine Knochen umgeben. Spüre hinein. Öffne dich deinen inneren Organen und den Zellen und Geweben. Öffne dich deiner Haut, dem größten Organ des Körpers, das ihn völlig einhüllt. Spüre hinein und atme sanft in deine Empfindungen.

Beginne, dich im Herzen zu sammeln, und laß die Bilder aufsteigen, die das Mysterium dieses Zentrums für dich spiegeln. Öffne dich dann den Eigenschaften des Herzzentrums: dem Mitgefühl, der ursprünglichen Harmonie, der heilenden Gegenwart und der bedingungslosen Liebe. Wenn du spürst, daß du dich diesen Eigenschaften immer mehr verbindest, hebe sanft die Hände und lege sie auf dein Herzzentrum. Diese Berührung soll deine Verbindung mit dem vierten Chakra stärken. Spüre, wie dein Atem ganz bewußt durch dieses Zentrum ein- und ausgeht. Dann öffne ganz entspannt die Augen. Erlaube deinen Augen, sich ohne deine Hilfe zu öffnen. Das wird dein Empfinden von Entspannung noch verstärken, der Vorgang des Öffnens reißt dich nicht aus ihm heraus. Laß deine Augen anschauen, was immer sie wollen. Dann wende sie sanft deinem Partner zu und schaue auf sein Herzzentrum. Entspanne deine Augen etwa eine Minute lang noch mehr. Betrachte das Herzzentrum deines Partners und erlaube deinen Augen, sich immer weiter zu öffnen. Mach einer Weile wirst du nicht nur die Mitte seiner Brust, sondern seinen ganzen Körper, die Umgebung und, wenn du wirklich sehr entspannt bist, sogar Teile deines eigenen Körpers sehen. Das Zentrum dieses entspannten Schauens ist das Herzzentrum deines Partners, doch deine Augen sind sehr weit offen und entspannt, so daß du das Gefühl hast, gleichzeitig alles und nichts zu sehen.

Öffne dann sanft die Arme; zwischen deinem Ober-und Unterarm entsteht etwa ein rechter Winkel. Die Handflächen zeigen nach oben. Erlaube deinen Händen zu schweben. Es ist bei diesem Teil der Übung wichtig, daß du das Herzzentrum deines Partners stets entspannt im Auge hältst. Spüre einige Augenblicke in das Energiefeld der neuen Handhaltung hinein. Vielleicht fühlst du, daß deine Hände von einem elektrischen Feld umgeben sind, vielleicht fühlen sie sich sehr groß an oder du hast die Empfindung von dicken Baumwollbällen. Begib dich einfach in das Gefühl hinein.

Wenn du nichts fühlst, dann spüre in dieses sogenannte "Nicht-Fühlen" hinein, denn auch das ist ein bestimmtes Gefühl. Auf der Gefühlsebene gibt es in der Tat kein "Nichts", da auch das "Nichts" ein Raum ist, den man spüren kann. Wenn Menschen sagen, daß sie "nichts" spüren, sind meist nur ihre Erwartungen enttäuscht. Manchmal müssen sie einfach nur genauer hinspüren, was wirklich *ist.* Spüre auf jeden Fall, was mit deinen Händen vor sich geht. Spüre, daß deine Hände von einer Kraft getragen werden. Spüre sie ganz leicht. Immer noch ruht dein entspannter Blick auf dem Herzzentrum deines Partners.

Stimmt euch jetzt auf eure Partner ein und legt ganz langsam eure Hände im selben Rhythmus auf euer Herzzentrum. Laßt sie dort eine Weile liegen und führt sie dann gleichzeitig wieder nach außen. Der gleiche Rhythmus hilft euch, euch ohne Worte aufeinander einzustimmen. Ihr findet zu einem Gleichklang, der die äußeren Verstandesebenen transzendiert, und könnt aus diesem Raum heraus harmonisch handeln. Führt die Bewegung der Hände noch viermal aus, so daß ihr im ganzen auf fünf Male kommt. Es ist ganz wichtig, daß sich eure Hände dabei nicht berühren und eure Augen entspannt auf das Herzzentrum des anderen schauen.

Nachdem die Hände zum letztenmal auf dem Herzzentrum geruht haben, löse sie vom Herzzentrum und berühre die Hände deines Partners. Schließt die Augen. Laßt euch von euren Händen führen. Jetzt braucht ihr keine Anweisungen mehr. Spürt in das hinein, was vor sich geht, und öffnet euch allem, was spontan aufsteigt. Überlaßt euch ruhig der inneren Führung, statt dem Verstand zu erlauben, den Ablauf zu bestimmen.

Dies ist eine wunderbare Übung, das Herzzentrum mit einem anderen Menschen zu erleben, besonders wenn man diesen Menschen liebt. Durch diese Übung könnt ihr euch über die Ebene des täglichen Lebens hinaus verständigen; so wichtig das tägliche Leben auch ist, es ist bei weitem nicht alles für einen im Körper manifestierten Geist. Mit dieser Übung nehmt ihr Urlaub von den äußeren Ebenen, indem ihr in das tiefe, klare Becken des Seins eintaucht.

Der Enthüllungsprozeß

Hegst du vor deinem Partner, vor anderen Menschen oder vor dir selbst Geheimnisse, bindest du übermäßig viel Energie, die dir für deine Beziehung dann nicht mehr zur Verfügung steht. Wenn du etwas verbirgst, kannst du es dir nicht leisten, spontan zu sein; du beschneidest damit ernstlich deine Möglichkeit, wirkliche Nähe in der Beziehung zu erleben. Außerdem verleihst du dem, was du verbirgst, unnötig viel Gewicht. Du bindest dich an das, was du versteckst, und setzt dich mit ihm gleich, als ob dieses Geheimnis etwas über dich aussagen könnte. Dadurch wird dein Selbstbild starr, und du hast es viel schwerer, dich dem Strömen deiner Vielheit und Großartigkeit zu überlassen. Die folgende Übung gibt dir Gelegenheit, all das freizugeben, was du unnötigerweise festhältst.

Bevor ihr diesen Prozeß, der einiges auslösen kann, beginnt, müßt ihr euch beide sicher sein, daß ihr die Übung bis zum Ende durchhalten wollt. Du mußt die Übung nicht nur für dich zu Ende führen, sondern auch deinem Partner Zeit geben, die Übung für sich abzuschließen.

Wir schlagen vor, daß ihr zuvor eine Abmachung trefft: Gebt euch das Versprechen, das Wissen, das ihr voneinander erhaltet, nicht gegeneinander zu verwenden, und schon gar nicht bei einem Streit! (Obwohl wir zugeben müssen, daß dies zuweilen äußerst verlockend ist.) Es wäre gut, wenn ihr nach der Übung für **beide** eine Zeit einplanen würdet, in der ihr euch darüber austauschen könnt, wie es euch damit ging, die Geheimnisse des anderen zu erfahren – was etwa schwer zu verkraften war, wobei ihr euch das Lachen verkneifen mußtet, welche Gedanken oder Erlebnisse euch zu den Geständnissen einfielen und was euch schon längst bekannt war. In den Tagen nach der Übung kann durchaus noch weiteres an die Oberfläche steigen und es wäre klug, wenn ihr euch auch jetzt die Zeit nähmt, all das durchzusprechen. Wählt dafür eine Zeit aus, in der ihr sicher seid, daß ihr in eurer Mitte bleibt und beide bereit seid, einander ruhig anzuhören. Diese Übung macht nämlich sehr verletzlich. Ihr müßt den anderen (die andere Seele, die genau wie du das Mysterium durchlebt, ein Mensch zu sein) wirklich mit Liebe und Achtung behandeln. Sonst wäre es wirklich besser, diese Übung gar nicht erst zu beginnen.

Wir schlagen vor, daß du die Übung erst dann liest, wenn du sie mit deinem Partner machst. Solltest du es trotzdem tun, mußt du wissen, daß die Antworten aus deinem persönlich Unbewußten während der Übung möglicherweise anders ausfallen als jene, die dir automatisch in den Sinn kommen, wenn du die Fragen einfach nur liest. Sei also darauf gefaßt, daß so etwas geschehen kann.

Nehmt euch für diese Übung mindestens zwei Stunden Zeit. Ihr müßt beide bereit sein, die Übung zu Ende zu führen, auch wenn sie länger dauern sollte. Trefft Vorkehrungen gegen jedwede Störung durch Familie, Freunde oder Telefon. Entscheidet, wer die Fragen zuerst beantwortet und wer sie liest.

Es ist wichtig, daß der Antwortende das ausspricht, was ihm als erstes in den Sinn kommt. Keine Zensur bitte! Der Zweck der Übung besteht ja gerade darin, alle Geheimnisse zu lüften, die du vor deinem Partner hast, und deshalb würde es diesem Ziel entgegenwirken, wenn du gewisse Dinge zurückhieltest. Nachdem Frage g) beantwortet ist, wiederholt der lesende Partner die folgenden Fragen so oft, bis dem Antwortenden nichts mehr dazu einfällt. Wiederhole die Frage mit den Worten: "Was ist da sonst noch...", mit anderen Worten: Wiederhole jede Frage so oft, bis alles geklärt ist, was mit ihr geklärt werden kann.

Der lesende Partner hört ausschließlich zu. Er muß aufpassen, nichts zu tun, was als Urteil aufgefaßt werden könnte. Es ist nicht unbedingt hilfreich, schockiert die Augenbrauen hochzuziehen, die Luft anzuhalten oder etwas ähnliches von sich zu geben wie: "So was hast du getan? Wie konntest du nur!" Es geht darum, eine neutrale Atmosphäre zu schaffen, in der Geheimnisse offenbart werden können, und dem Partner die Möglichkeit zu geben, sich wirklich auszusprechen. Der antwortende Partner konfrontiert genügend eigene Urteile, denn sonst hätte er die Dinge ja nicht für sich behalten. Ein einfaches Kopfnicken oder eine neutrale Antwort wie "in Ordnung" oder "gut" reicht aus, um dem antwortenden Partner zu verstehen zu geben, daß seine Antwort aufgenommen worden ist. Der Zuhörer muß wirklich zuhören! Er muß sehr wach sein und in seiner Mitte bleiben. Höchstwahrscheinlich gibt es einige Antworten, die ihn aktivieren. Als Zuhörer darfst du keinesfalls den Aspekt verlassen, der das Umfeld für diese Übung bewahrt. Diesem Aspekt geht es einzig darum, in der Beziehung einen Raum zu schaffen, in dem Nähe und Spontaneität möglich sind. Die Übung soll eure Partnerschaft stärken. Selbst wenn es schwerfällt, einige Informationen zu verkraften, muß der Zuhörer der Versuchung widerstehen, in die Aspekte seiner eigenen verlassenen Kinder oder urteilsfreudigen Eltern zu verfallen. Bleibe in der Mitte. Atme!

Setzt euch gegenüber, haltet eure Hände und schaut euch eine Weile an. Atmet ein paarmal tief ein und aus, um den Kopf freizumachen, und stimmt euch aufeinander ein. Dann laßt einander los, und derjenige, der den Prozeß führt, liest die erste Frage vor. Schau deinen Partner nach jeder Frage an und behalte, während er antwortet, Blickkontakt.

Hier ist die Übung:

a) Erinnere dich an die glücklichste Zeit deiner Kindheit.

b) Erinnere dich an eine andere glückliche Zeit in der Kindheit.

c) Erinnere dich an ein Erlebnis in der Kindheit, auf das du stolz bist, wofür man dich jedoch nie gelobt hat.

d) Erinnere dich an etwas, was du als Kind getan hast, wovon niemand etwas weiß.

e) Erinnere dich an das Erlebnis deiner Kindheit, das dir am peinlichsten war.

f) Erinnere dich an ein anderes Erlebnis deiner Kindheit, das dir peinlich war, von dem aber niemand etwas weiß.

g) Was befürchtest du am meisten, wenn du deine Geheimnisse preisgibst?
(Wiederhole: Was befürchtest du sonst noch...)

h) Was verbirgst du im Bezug auf dein jetzigen Leben, was du bereit zu enthüllen bist? (Wiederhole: Was sonst...)

i) Was verbirgst du im Bezug auf dein heutiges Leben, was du auf keinen Fall preisgeben willst? (Wiederhole)

j) Gibt es etwas im Bezug auf dein Berufsleben, was du verbirgst? (Wiederhole)

k) Gibt es etwas in deinem Berufsleben, was du verbirgst und niemals preisgeben willst? (Wiederhole)

l) Bei welchem Geheimnis deines Berufslebens hast du am meisten Angst, daß jemand darauf kommen könnte? (Wiederhole)

m) Welche Geheimnisse in Bezug auf deinen Körper bist du bereit aufzudecken? (Wiederhole)

n) Welche Geheimnisse in Bezug auf deinen Körper bist du nicht bereit, preiszugeben? (Wiederhole)

o) Welche Geheimnisse in Bezug auf Essen, Drogen und Alkohol bist du bereit aufzudecken? (Wiederhole)

p) Welche Geheimnisse in Bezug auf Essen, Drogen und Alkohol bist du nicht bereit preiszugeben? (Wiederhole)

q) Welche Geheimnisse in Bezug auf Geld bist du bereit offenzulegen? (Wiederhole)

r) Welche Geheimnisse in Bezug auf Geld bist du nicht bereit, preiszugeben? (Wiederhole)

s) Welche Geheimnisse im Bereich des Sexuellen bist du bereit, preiszugeben? (Wiederhole)

t) Welche Geheimnisse im Bereich des Sexuellen bist du nicht bereit, preiszugeben? (Wiederhole)

u) Was ist dein größtes Geheimnis im Bereich des Sexuellen?

v) Gibt es noch andere Geheimnisse im Bereich des Sexuellen? (Wiederhole)

w) Was verbirgst du in Bezug auf deine Partnerschaft? (Wiederhole)

x) Welche Geheimnisse in Bezug auf deine Partnerschaft bist du nicht bereit, preiszugeben? (Wiederhole)

y) Was hast du noch nie zu jemandem gesagt? (Wiederhole)

z) Gibt es noch etwas, was du bei dieser Gelegenheit gern loswerden würdest? (Wiederhole)

Damit ist die Übung zu Ende. Hole tief Luft und entspanne dich. Tauscht dann die Rollen. Wenn ihr beide alle Fragen beantwortet habt, nehmt euch Zeit, darüber zu sprechen. Das Gespräch ist Teil der Übung, deshalb denkt daran, gesammelt zu bleiben, und gebt das Mikrophon nicht an die inneren Kinder weiter!

Wie sagst du: “Ich liebe dich”?

Dies ist eine einfache, lustige und doch sehr klärende Übung in nonverbaler Kommunikation.

Beide Partner nehmen ein Blatt Papier zur Hand und schreiben zehn Minuten lang all die Dinge auf, die sie “tun”, um ihre Liebe für den anderen zu zeigen. Jeder macht das für sich, ohne darüber zu sprechen.

In den nächsten zehn Minuten schreiben beide auf, was ihrer Meinung nach der Partner tut, um zu zeigen, daß er sie liebt.

In den nächsten zehn Minuten schreiben beide dann all die Dinge auf, die sie tun (oder unterlassen), um dem Partner ihren Ärger zu zeigen.

In den letzten zehn Minuten schreiben beide auf, was der Partner ihrer Meinung nach tut oder unterläßt, wenn er sich über sie ärgert.

Vergleicht jetzt eure Listen!

Am Ende einer früheren Beziehung kamen mein (damaliger) Partner und ich auf diese Übung. Wir fanden heraus, daß wir völlig unbewußt ganz unterschiedlichen Verfahrensweisen folgten, unsere Liebe füreinander auszudrücken oder unseren Ärger oder den Mangel an Liebe für den anderen deutlich zu machen. In seinem Verhaltenssystem drückte er Liebe dadurch aus, daß er mir Tampons mitbrachte; ich dagegen wartete auf Blumen!

Der Aspektprozeß
(oder: Ist sonst noch jemand da?)

Wenn man weiß, daß sich das menschliche Bewußtsein aus Aspekten zusammensetzt, hat man große Vorteile bei der Auseinandersetzung mit dem Mysterium des Menschseins. Die folgenden drei Übungen sollen dir jene Kinderaspekte, jene jugendlichen Aspekte und jene Aspekte des jungen Erwachsenen deutlich machen, die deine Psyche und damit die Art, wie du dein Leben erfährst und ausdrückst, am meisten bestimmen. Wenn du mit Hilfe dieser Übungen die jungen Aspekte deiner Psyche kennengelernt hast, wird es dir leichterfallen, dich den reiferen Aspekten deiner inneren Gemeinschaft zu öffnen und dich ihrer Weisheit, ihrer Mittel und ihrer Gaben zu bedienen.

Vorbereitung

Diese Übung machst du mit einem Partner. Einer von beiden liest die Übung, der andere führt sie aus. Wir haben Hunderte durch diesen Prozeß hindurchgeführt und wissen, daß er wirkt. Wir schlagen vor, daß sich derjenige, der liest, genau an den Text hält, obwohl er versucht sein mag, eigene Fragen einzustreuen, wenn er verstanden hat, in welche Richtung die Sache läuft. Die Übung beginnt mit einer ganz normalen Entspannung und leitet dann zu den Fragen über. Wenn keine direkten Fragen gestellt werden, sind auch keine Antworten nötig, obwohl es während des Entspannungsprozesses hilfreich ist, wenn derjenige, der sich entspannt, mit dem Kopf nickt oder einen Finger hebt, um anzuzeigen, daß er für die nächste Stufe des Prozesses bereit ist. Das hindert den Lesenden, zu schnell weiterzugehen. Der Übende verliert das Zeitgefühl. Deshalb ist es manchmal schwer abzuschätzen, wie schnell der Entspannungstext gelesen werden soll. Was dem Lesenden langsam erscheint, kann für den Übenden zu rasch sein.

Nach den ersten beiden Fragen wiederholt der Leser alle Fragen, bis dem Antwortenden nichts mehr einfällt. Zum Beispiel: "Wie sonst erfährst du dein Leben?" (Antwort) "Gut, und wie sonst erfährst du dein Leben?" (Antwort) "In Ordnung, und wie erfährst du dein Leben sonst?"

Wahrscheinlich steigen während der Übung Emotionen und Gefühle auf. Das ist gut. Lasse alle Gefühle zu und bleibe bei der Übung. Der Lesende verhält sich neutral und fährt mit der Übung fort, sobald das wieder möglich ist. Du mußt also abwarten, daß die Emotionen abgeklungen sind, bevor du weiterfragen kannst, doch dann fahre fort. Laß dich nicht ablenken, indem du deinen Partner tröstest oder die Übung abbrichst. Es ist wirklich gut, wenn Gefühle hochkommen, denn dadurch wird die Energie, die in dem Aspekt gebunden war, freigesetzt. Vielleicht mußt du dich bewußt sammeln, damit dein Widerstand gegen dein eigenes emotionales Material nicht aktiviert wird.

Wie bei jeder Übung sollte auf eine direkte Frage das geantwortet werden, was dir ganz unmittelbar in den Sinn kommt. Ändere deine Antworten nicht ab und versuche auch nicht, sie deinen Vorstellungen anzugleichen. Laß einfach alles fließen. Sehr zu begrüßen ist, wenn sich Stimmfärbung oder Körpersprache so ändern, daß sie dem gerade ausgedrückten Aspekt auf ganz natürliche Weise entsprechen. Der Aspekt soll sich so umfassend wie möglich ausdrücken. Hüte dich jedoch davor, diesen Vorgang zu verstärken. Jeder Aspekt sollte sich nämlich so rein wie möglich darstellen.

Wie schon besprochen, hilft es dem Übenden, wenn der lesende Partner durch neutrale Kommentare zu verstehen gibt, daß seine Antwort angekommen ist. "In Ordnung", "mmh" oder "gut" genügt.

Jeder von euch benötigt eine Stunde für die Übung. Wenn ihr beide üben wollt, dann stellt sicher, daß ihr zwei Stunden ungestört bleibt. Der Übende sollte sich bequem hinlegen. Der Entspannungsprozeß, den wir vorschlagen, führt in einen veränderten Bewußtseinszustand. Dabei ist es ganz natürlich, daß die Körpertemperatur sinkt. Decke den Übenden vorher mit einer leichten Decke zu, damit er durch nichts abgelenkt wird. Der Lesende setzt sich neben den Liegenden. Es ist hilfreich, den Entspannungstext mit ruhiger, entspannter Stimme zu lesen.

Es ist nützlich, bei dieser Übung im Herzen gesammelt zu bleiben. Wenn ihr beide bereit seid, nehmt euch also ein paar Minuten Zeit, um euch zu sammeln. Schließt die Augen, atmet ein paarmal tief durch, laßt alle störenden Gedanken beiseite und geht in eure Mitte. Wenn derjenige, der den Prozeß führt, bereit ist, öffnet er die Augen und liest den Text:

Das Kind

Schließe die Augen und stelle dir einen Raum vor, in dem du dich ganz sicher, bequem und entspannt fühlst. Schau dich um und sorge dafür, daß alles genau so ist, wie du es haben willst. In diesem Zimmer gibt es etwas, worauf du dich legen kannst. Gehe dorthin, lege dich nieder und fühle dich behaglich und entspannt.

Erlaube deinem Körper mit Hilfe deines Atems, sich immer behaglicher zu fühlen. Spüre beim Einatmen, ob du Spannungen oder Verkrampfungen fühlst, und laß diese beim Ausatmen los. Schau jetzt im Liegen auf deine Füße und stell dir vor, daß eine goldene Flüssigkeit in deine Zehen strömt. Diese goldene Flüssigkeit hinterläßt überall nur Ruhe, Heilung und Entspannung. Stell dir vor, wie diese goldene Flüssigkeit durch deine Zehen fließt. Spüre, wie sie langsam und entspannend durch die Muskeln deiner Füße fließt, durch die Knöchel bis in deine Unterschenkel. Spüre, wie die goldene Flüssigkeit sanft und entspannend durch deine Knie in die Oberschenkel fließt. Entspanne bewußt die langen Muskeln deiner Oberschenkel und spüre, wie die goldene Flüssigkeit durch beide Beine strömt, spüre die Wellen der Entspannung und Behaglichkeit.

Dann erlaube der goldenen Flüssigkeit, sanft durch deine Hüften in den Unterleib zu fließen. Spüre, wie die goldene Flüssigkeit sanft und entspannend deine Muskeln und Organe umströmt, während sie langsam höhersteigt. Erlaube der goldenen Flüssigkeit, durch dein Zwerchfell in die Brust zu steigen. Hole tief Atem und entspanne beim Ausatmen die Muskeln, die die Brust umgeben. Stelle dir vor, wie die goldene Flüssigkeit sanft durch deinen Herzmuskel fließt und deinen Herzschlag stärkt und beruhigt. Erlaube der goldenen Flüssigkeit, bis in deine Schultern zu steigen, und lasse sie sanft in deine Oberarme strömen, in die Ellenbogen, in die Unterarme. Hole tief Luft und entspanne dich. Spüre, wie Wellen der Ruhe und Entspannung sanft durch deine Handgelenke in deine Hände bis in die Fingerspitzen fließen. Dann spüre, wie die goldene Flüssigkeit sanft deinen Hals emporsteigt und deinen Kopf mit Wellen der Ruhe und Entspannung füllt. Jetzt ist dein ganzer Körper angefüllt mit ruhiger, entspannender goldener Flüssigkeit.

Spüre in deinen Körper hinein und prüfe, ob du irgendwo noch Spannung oder Verkrampfung fühlst. Wenn das so ist, atme hinein und stell dir vor, daß sich diese Spannung in der goldenen Flüssigkeit auflöst.

Wisse, daß die goldene Flüssigkeit deinen Körper schützt, so daß du, und nur du, wann immer du willst, in deinen Körper zurückkehren kannst. Und jetzt bitte dein erweitertes Bewußtsein, an diesem Prozeß teilzunehmen. Bitte es, dir jenen Kinderaspekt zu offenbaren, der deine Lebenserfahrung am nachdrücklichsten beherrscht. (Pause)

Atme tief durch und sammle dich im Herzen.

Rufe den Kinderaspekt deiner inneren Gemeinschaft, der deine Lebenserfahrung am nachdrücklichsten beherrscht.

1) Wie heißt du, Kleiner/Kleines?

2) Wie alt bist du?

3) Wie findest du das Leben? (Wiederholen)

4) Wie erlebst du Mutter/Mama/Mami? (Wiederholen)

5) Wie erlebst du Vater/Papa/Papi? (Wiederholen)

6) Wovor hast du am meisten Angst? (Wiederholen)

7) Was tust du, wenn du Angst hast? (Wiederholen)

8) Wann fühlst du dich am hilflosesten? (Wiederholen)

9) Was tust du, wenn du dich hilflos fühlst? (Wiederholen)

10) Was ärgert dich am meisten? (Wiederholen)

11) Was tust du, wenn du wütend bist? (Wiederholen)

12) Was tust du, um beachtet zu werden? (Wiederholen)

13) Was tust du, wenn du nicht beachtet wirst? (Wiederholen)

14) Was tust du, um Liebe zu bekommen? (Wiederholen)

15) Was tust du, wenn man dir keine Liebe gibt? (Wiederholen)

16) Was würdest du uns sonst noch gerne über dich wissen lassen? (Wiederholen)

Sammle dich wieder im Herzen und laß den Aspekt los. Hole tief Atem und erlaube diesem Kinderaspekt, in den Hintergrund deiner inneren Gemeinschaft zu treten. Dann rufe aus dem Zustand der Mitte heraus nach einem reifen Aspekt deiner inneren Gemeinschaft, der deine Ganzheit überblickt und Muster erkennen und benennen kann.

Wie würde dieser reife, weise Aspekt jenen Aspekt nennen, den du dir gerade angeschaut hast? Hat das verlassene Kind gesprochen? Oder das zurückgestoßene Kind? Wie würdest du diesen Aspekt bezeichnen, damit du ihn in Zukunft erkennst, wenn er sich wieder meldet?

Hat das Kind den gleichen Namen wie du, der erwachsene Mensch, dann magst du ihm vielleicht einen anderen Namen geben. Wie willst du es nennen?

Jetzt hole tief Luft und bereite dich darauf vor, in den alltäglichen Bewußtseinszustand zurückzukehren. Laß alles los und kehre in dein äußeres Bewußtsein zurück. Wenn du bereit bist, öffne die Augen.

Der Jugendliche

Der nächste Teil der Aspektübungen gibt dir die Möglichkeit, die verschiedenen jugendlichen Aspekte deiner Psyche kennenzulernen. Der erste Teil – Vorbereitung und Entspannung – läuft so ab wie bei der Kinderaspektübung. Solltest du ihn noch nicht gelesen haben, bitten wir dich, dies nachzuholen, bevor du mit der Übung anfängst. Wiederhole die einzelnen Fragen so oft, bis dem Übenden keine Antworten mehr einfallen. Wir geben den Entspannungsprozeß hier noch einmal wieder, damit du nicht blättern mußt und die Übung ungestört verlaufen kann.

Hier ist die Übung:

Schließe die Augen und stelle dir einen Raum vor, in dem du dich ganz sicher, bequem und entspannt fühlst. Schau dich um und sorge dafür, daß alles genau so ist, wie du es haben willst. In diesem Zimmer gibt es etwas, worauf du dich legen kannst. Gehe dorthin, lege dich nieder und fühle dich behaglich und entspannt.

Erlaube deinem Körper mit Hilfe deines Atems, sich immer behaglicher zu fühlen. Spüre beim Einatmen, ob du Spannungen oder Verkrampfungen fühlst, und laß diese beim Ausatmen los. Schau jetzt im Liegen auf deine Füße und stell dir vor, daß eine goldene Flüssigkeit in deine Zehen strömt. Diese goldene Flüssigkeit hinterläßt überall nur

Ruhe, Heilung und Entspannung. Stell dir vor, wie diese goldene Flüssigkeit durch deine Zehen fließt. Spüre, wie sie langsam und entspannend durch die Muskeln deiner Füße fließt, durch die Knöchel bis in deine Unterschenkel. Spüre, wie die goldene Flüssigkeit sanft und entspannend durch deine Knie in die Oberschenkel fließt. Entspanne bewußt die langen Muskeln deiner Oberschenkel und spüre, wie die goldene Flüssigkeit durch beide Beine strömt, spüre die Wellen der Entspannung und Behaglichkeit.

Dann erlaube der goldenen Flüssigkeit, sanft durch deine Hüften in den Unterleib zu fließen. Spüre, wie die goldene Flüssigkeit sanft und entspannend deine Muskeln und Organe umströmt, während sie langsam höhersteigt. Erlaube der goldenen Flüssigkeit, durch dein Zwerchfell in die Brust zu steigen. Hole tief Atem und entspanne beim Ausatmen die Muskeln, die deine Brust umgeben. Stelle dir vor, wie die goldene Flüssigkeit sanft durch deinen Herzmuskel fließt und deinen Herzschlag stärkt und beruhigt. Erlaube der goldenen Flüssigkeit, bis in deine Schultern zu steigen, und lasse sie sanft in deine Oberarme strömen, in die Ellenbogen, in die Unterarme. Hole tief Luft und entspanne dich. Spüre, wie Wellen der Ruhe und Entspannung sanft durch deine Handgelenke in deine Hände bis in die Fingerspitzen fließen. Dann spüre, wie die goldene Flüssigkeit sanft deinen Hals emporsteigt und deinen Kopf mit Wellen der Ruhe und Entspannung füllt. Jetzt ist dein ganzer Körper angefüllt mit ruhiger, entspannender goldener Flüssigkeit.

Spüre in deinen Körper hinein und prüfe, ob du irgendwo noch Spannung oder Verkrampfung fühlst. Wenn das so ist, atme hinein und stell dir vor, daß sich diese Spannung in der goldenen Flüssigkeit auflöst.

Wisse, daß die goldene Flüssigkeit deinen Körper schützt, so daß du, und nur du, wann immer du willst, in deinen Körper zurückkehren kannst. Und jetzt bitte dein erweitertes Bewußtsein, an diesem Prozeß teilzunehmen. Bitte es, dir jenen Jugendlichen-Aspekt zu offenbaren, der deine Lebenserfahrung am nachdrücklichsten beherrscht. (Pause)

Atme tief durch und sammle dich im Herzen.

Rufe den jugendlichen Aspekt deiner inneren Gemeinschaft, der deine Lebenserfahrung am nachdrücklichsten beherrscht.

1) Wie heißt du?

2) Wie alt bist du?

3) Wie findest du dein Leben? (Wiederholen)

4) Wie erlebst du Mutter/Mama? (Wiederholen)

5) Wie erlebst du Vater/Papa? (Wiederholen)

6) Was bringt dich am meisten auf? (Wiederholen)

7) Was tust du, wenn du wütend bist? (Wiederholen)

8) Wann fühlst du dich am hilflosesten? (Wiederholen)

9) Was tust du, wenn du dich hilflos fühlst? (Wiederholen)

10) Wann fühlst du dich am schlimmsten mißverstanden? (Wiederholen)

11) Was tust du, wenn du dich mißverstanden fühlst? (Wiederholen)

12) Was ist dir am peinlichsten? (Wiederholen)

13) Was tust du, wenn du dir etwas peinlich ist? (Wiederholen)

14) Was ist am schmerzhaftesten für dich? (Wiederholen)

15) In Bezug auf Sex, wovor hast du meisten Angst? (Wiederholen)

16) Was tust du im Bezug auf diese Angst vor Sex? (Wiederholen)

17) In welcher Hinsicht hat man dich am schlimmsten mißverstanden? (Wiederholen)

18) Was tust du, wenn du dich mißverstanden fühlst? (Wiederholen)

19) Was tust, um Liebe zu bekommen? (Wiederholen)

20) Was tust du, wenn man dir keine Liebe gibt? (Wiederholen)

21) Was möchtest du der Welt gern sagen? (Wiederholen)

22) Was möchtest du bei dieser Gelegenheit noch loswerden?

Sammle dich wieder im Herzen und laß diesen Aspekt los. Hole tief Atem und erlaube diesem Jugendlichen-Aspekt, in den Hintergrund deiner inneren Gemeinschaft zu treten. Dann rufe aus dem Zustand der Sammlung heraus nach einem reifen Aspekt deiner inneren Gemeinschaft, der deine Ganzheit überblickt und Muster erkennen und benennen kann.

Wie würde dieser reife, weise Aspekt jenen Aspekt nennen, den du dir gerade angeschaut hast? War es der unsichere, der rebellische, der verängstigte Jugendliche? Wie würdest du diesen Aspekt bezeichnen, damit du ihn in Zukunft erkennst, wenn er sich wieder meldet?

Wenn er nicht schon einen Namen hat, der sich von deinem gewöhnlichen Namen unterscheidet, magst du ihm vielleicht nun einen Namen geben.

Jetzt hole tief Luft und bereite dich darauf vor, in den alltäglichen Bewußtseinszustand zurückzukehren. Laß diese Übung los. Wenn du bereit bist, öffne die Augen.

Der junge Erwachsene

Der nächste Teil der Aspektübung gibt dir die Möglichkeit, dir die Jungen-Erwachsenen-Aspekte deiner Psyche bewußtzumachen. Der erste Teil – Vorbereitung und Entspannung – läuft genauso ab wie bei den vorausgegangenen beiden Übungen. Solltest du das alles noch nicht gelesen haben, bitten wir dich, dies nachzuholen, bevor du mit dieser Übung hier beginnst. Wiederhole die einzelnen Fragen wieder so oft, bis dem Übenden keine Antworten mehr einfallen. Wir geben den gesamten Entspannungstext auch hier noch einmal wieder, damit du nicht blättern mußt und die Übung ungestört verlaufen kann.

Hier ist die Übung:

Schließe die Augen und stelle dir einen Raum vor, in dem du dich ganz sicher, bequem und entspannt fühlst. Schau dich um und sorge dafür, daß alles genau so ist, wie du es haben willst. In diesem Zimmer gibt es etwas, worauf du dich legen kannst. Gehe dorthin, lege dich nieder und fühle dich behaglich und entspannt.

Erlaube deinem Körper mit Hilfe deines Atems, sich immer behaglicher zu fühlen. Spüre beim Einatmen, ob du Spannungen oder Verkrampfungen fühlst, und laß diese beim Ausatmen los. Schau jetzt im Liegen auf deine Füße und stell dir vor, daß eine goldene Flüssigkeit in deine Zehen strömt. Diese goldene Flüssigkeit hinterläßt überall nur Ruhe, Heilung und Entspannung. Stell dir vor, wie diese goldene Flüssigkeit durch deine Zehen fließt. Spüre, wie sie langsam und entspannend durch die Muskeln deiner Füße fließt, durch die Knöchel bis in deine Unterschenkel. Spüre, wie die goldene Flüssigkeit sanft und entspannend durch deine Knie in die Oberschenkel fließt. Entspanne bewußt die langen Muskeln deiner Oberschenkel und spüre, wie die goldene Flüssigkeit durch deine beiden Beine strömt, spüre die Wellen der Entspannung und Behaglichkeit.

Dann erlaube der goldenen Flüssigkeit, sanft durch deine Hüften in den Unterleib zu fließen. Spüre, wie die goldene Flüssigkeit sanft und entspannend deine Muskeln und Organe umströmt, während sie langsam höhersteigt. Erlaube der goldenen Flüssigkeit, durch dein Zwerchfell in die Brust zu steigen. Hole tief Atem und entspanne beim Ausatmen die Muskeln, die deine Brust umgeben. Stelle dir vor, wie die goldene Flüssigkeit sanft durch deinen Herzmuskel fließt und deinen Herzschlag stärkt und beruhigt. Erlaube der goldenen Flüssigkeit, bis in deine Schultern zu steigen, und lasse sie sanft in deine Oberarme strömen, in die Ellenbogen, in die Unterarme. Hole tief Luft und entspanne dich. Spüre, wie Wellen der Ruhe und Entspannung sanft durch deine Handgelenke in deine Hände bis in die Fingerspitzen fließen. Dann spüre, wie die goldene Flüssigkeit sanft deinen Hals emporsteigt und deinen Kopf mit Wellen der Ruhe und Entspannung füllt. Jetzt ist dein ganzer Körper angefüllt mit ruhiger, entspannender goldener Flüssigkeit.

Spüre in deinen Körper hinein und prüfe, ob du irgendwo noch Spannung oder Verkrampfung fühlst. Wenn das so ist, atme hinein und stell dir vor, daß sich diese Spannung in der goldenen Flüssigkeit auflöst.

Wisse, daß die goldene Flüssigkeit deinen Körper schützt, so daß du, und nur du, wann immer du willst, in deinen Körper zurückkehren kannst. Und jetzt bitte dein erweitertes Bewußtsein, an diesem Prozeß teilzunehmen. Bitte es, dir jenen Jugendlichen-Erwachsenen-Aspekt zu offenbaren, der deine Lebenserfahrung am nachdrücklichsten beherrscht. (Pause)

Atme tief durch und sammle dich im Herzen.

Rufe den jungen Erwachsenen-Aspekt deiner inneren Gemeinschaft, der deine Lebenserfahrung am nachdrücklichsten beherrscht.

1) Wie heißt du?

2) Wie alt bist du?

3) Wie findest du dein Leben? (Wiederholen)

4) Wie erlebst du die Welt? (Wiederholen)

5) Wie erlebst du deine Mutter? (Wiederholen)

6) Wie erlebst du deinen Vater? (Wiederholen)

7) Was willst du im Leben erreichen? (Wiederholen)

8) Was stört dich an dir selbst am meisten? (Wiederholen)

9) Wie erlebst du die Frauen? (Wiederholen)

10) Was stört dich bei den Frauen am meisten? (Wiederholen)

11) Wie erlebst du die Männer? (Wiederholen)

12) Was stört dich in Bezug auf Männer am meisten? (Wiederholen)

13) Wie erlebst du die Sexualität? (Wiederholen)

14) Was kannst du in Bezug auf deine Sexualität am schwierigsten akzeptieren? (Wiederholen)

15) Wovor hast du am meisten Angst? (Wiederholen)

16) Was tust du, wenn du Angst hast? (Wiederholen)

17) Was bringt dich am meisten auf? (Wiederholen)

18) Was tust du, wenn du wütend bist? (Wiederholen)

19) Was tust, um Liebe zu gewinnen? (Wiederholen)

20) Was tust du, wenn man dir keine Liebe schenkt? (Wiederholen)

21) Was willst du uns sonst noch über dich wissen lassen? (Wiederholen)

Sammle dich wieder im Herzen und laß diesen Aspekt los. Hole tief Atem und erlaube diesem Jungen-Erwachsenen-Aspekt, in den Hintergrund deiner inneren Gemeinschaft zu treten. Dann rufe aus dem Zustand der Sammlung heraus nach einem reifen Aspekt deiner inneren Gemeinschaft, der deine Ganzheit überblickt und Muster erkennen und benennen kann.

Wie würde dieser reife, weise Aspekt jenen Aspekt nennen, den du dir gerade angeschaut hast? Wie würdest du ihn bezeichnen, damit du ihn in Zukunft erkennst, wenn er sich wieder meldet?

Wenn er nicht schon einen Namen hat, der sich von deinem gewöhnlichen Namen unterscheidet, dann magst du ihm vielleicht nun einen Namen geben.

Jetzt bereite dich darauf vor, in den wachen Bewußtseinszustand der äußeren Welt zurückzukehren. Hole tief Luft und kehre in dein äußeres Bewußtsein zurück. Öffne die Augen, wenn du bereit bist.

Du kannst diese Aspektübungen auf vielerlei Art und Weise anwenden. Sie sind ein ausgezeichnetes Werkzeug, mit dem du deine eigene Vielheit erforschen kannst. Wenn du in der Mitte des Herzens ruhst, kannst du weit mehr Dimensionen deines Seins sicher erforschen, als wir hier anführen können. Die ersten drei Lebensstadien – das Kind, der Jugendliche und der junge Erwachsene – sind für die Weiterentwicklung schlechthin entscheidend. (In diesem Fall umfaßt der Kinderaspektprozeß alle Stadien von der Empfängnis über den Embryonal- und den Fötalzustand bis zur Geburt, zum Kleinkindalter und zur Kindheit; die sehr frühen Stadien lassen sich allerdings auch getrennt behandeln.)

Wenn du die ersten drei Entwicklungsphasen deiner inneren Gemeinschaft noch nicht erforscht hast, raten wir dir davon ab, bewußt die überpersönlichen Bewußtseinsbereiche erforschen zu wollen. Es wäre besser, damit zu warten, bis du deine jungen Aspekte besser kennst, dir darüber klar geworden bist, wie sie dein Leben dominieren, und du sie sicher identifizieren kannst. Die überpersönlichen Bereiche sind kein Aufenthaltsort für unsere inneren Kinder, denn Kinder haben keine Mittel, mit den Kräften des kollektiven Bewußtseins umzugehen. Deshalb muß man zuerst die Kinder kennen und mit ihnen umgehen können, bevor man in Bereiche eindringt, die die Mittel unserer reiferen Aspekte erfordern.

Kommunikation

Die folgenden Übungen sollen dir und deinem Partner helfen, euch auf eine Art und Weise zu verständigen, bei der ihr beide auf eure Kosten kommt. Kommunikation, die doch so wichtig ist, kann zuweilen so entnervend sein, daß wir euch einige Grundregeln geben wollen; mit ihnen lassen sich auch schwierige Situationen meistern. Ihr könnt aber auch einfach eine Übung daraus machen, die den gemeinsamen Austausch erleichtert.

Eine Kommunikationssitzung dient dazu, Vorenthaltungen und/oder Übertretungen zu klären, störende Gedanken auszusprechen, auch wenn sie nichts mit der Beziehung zu tun haben. Du kannst sie daher auch als Gelegenheit nutzen, dich deinem Partner zu offenbaren und ihm mitzuteilen, was du an Erkenntnissen über dich gesammelt hast. All dies fällt viel leichter, wenn du sicher sein kannst, daß du nicht mit Reaktionen rechnen mußt, sondern daß man dir nur zuhört. Solch eine Sitzung kann wenige Sekunden dauern oder viele Stunden! In jedem Falle ist es besser, das Gespräch als "Kommunikationssitzung" zu bezeichnen, damit ihr beide wach seid und euch an die Spielregeln haltet.

Wenn ihr euch einen sicheren Raum schafft, in dem ihr euch aussprechen und zuhören könnt, wird die Liebe zwischen euch wachsen. Ihr werdet außerdem die Gelegenheit haben, eure Gedanken von der Wirklichkeit zu trennen. Noch einmal: Wenn wir unsere Gedanken aussprechen, entziehen wir ihnen Energie. Nur zu oft fangen sie uns ein und spielen Karussell in unserem Kopf. Deshalb ist es wunderbar, wenn wir sie endlich loswerden können. Die Möglichkeit, auf offene Ohren zu stoßen, ist so segensreich. Oft reicht bereits das bloße Angehörtwerden, um einen Großteil der Energie, die sonst den Streit aufgeladen hätte (oder bereits hat!), verpuffen zu lassen.

Hier ein paar Ratschläge!

Zuerst einmal bedeutet zuhören nicht zustimmen. Du kannst deinen Partner anhören, ohne seinen Worten zuzustimmen. Du kannst seine Wirklichkeit "mitkriegen", ohne dieselbe Wirklichkeit zu teilen. Das ist die Chance der Kommunikationssitzung: Du kannst die Wirklichkeit deines Partners – zumindest die Wirklichkeit eines seiner Aspekte – kennenlernen. Du weißt natürlich, daß er andere Aspekte in sich hat, die die Wirklichkeit ganz anders erfahren als der, der sich gerade ausdrückt.

Immer sollte sich der Zuhörer daran erinnern, daß der Partner bei allem, worüber er sich äußert, nur von sich selber spricht. Dies ist ganz besonders dann der Fall, wenn er dir für irgend etwas die Schuld zuweist oder ärgerlich auf dich ist. Das bedeutet nicht, daß du keinen Anteil daran hast. Sein Konfliktpunkt ist oft nur eine veränderte Version deines eigenen Konfliktpunktes. Doch wir benutzen uns nun einmal als gegenseitigen Monitor. Gewöhnlich regt uns das beim Partner auf, wofür wir bei uns selbst keine Verantwortung übernommen haben. Auch wenn dein Partner also einen Groll gegen dich hegt, kannst du ihm dennoch entspannt zuhören; du weißt ja, daß dein Partner – ganz abgesehen von deinem eigenen Anteil – sein unbewußtes Material auf den Bildschirm projiziert, den du ihm freundlicherweise zur Verfügung stellst.

Es geht darum, ehrlich mit sich selbst und offen mit dem Partner zu sein. Wir haben schon erwähnt, daß das Ego alles, aber auch alles tut, um sich zu schützen. Es wird die am meisten erleuchtete Technik oder das höchste Bewußtsein gegen einen geliebten Menschen verwenden, wenn es dadurch den Kontrollverlust oder das Leiden abwenden kann. Du kennst jetzt das Wunder der Projektion, doch da lauert schon die nächste Falle: Wenn dein Partner will, daß du dir anhörst, was du getan, gesagt oder nicht getan und nicht gesagt hast, was ihn verletzt oder aufgebracht hat – dann darfst du dich keineswegs damit verteidigen, daß du ihm vorwirfst, er projiziere das alles ja nur. Dies ist eines der vielen Paradoxa im Leben. Es stimmt zwar, daß er projiziert, doch du mußt ehrlich deinen Anteil am Konflikt anschauen und offen genug sein, die Verantwortung dafür zu übernehmen. Es mag durchaus so sein, daß einer deiner Kinderaspekte deinen Partner absichtlich verletzen wollte oder daß einer deiner zerstörerischen Aspekte das Mikrophon für eine Weile an sich gerissen hat. Anderen Aspekten deiner inneren Gemeinschaft tut das Ganze vielleicht längst leid.

Wenn wir etwas mitzuteilen haben, von dem wir annehmen, daß es entweder für uns oder den anderen ungemütlich werden könnte, erwarten wir meistens einen Streit. Bevor wir überhaupt den Mund auftun, haben wir uns körperlich und seelisch schon in Abwehrhaltung versetzt. Wenn du auf solch eine aggressive Haltung (die gewöhnlich der Angst entspringt) reagierst, wirst du mit dem Zuhören nicht weit kommen. Noch einmal: Da du weißt, daß dein Partner immer nur über sich selber spricht, kannst du die Art und Weise, wie er sich darstellt, möglicherweise zulassen und ihm einen Raum bieten, in dem er sich aussprechen kann.

Der Zuhörer wird weniger leicht aktiviert, wenn der Sprechende seine Sätze mit "ich" beginnt und nicht mit "du". Das ist eine Grundregel! Wenn du sagst: "Ich bin verletzt, weil du meinen Geburtstag vergessen hast!", ist das etwas anderes, als wenn du sagen würdest: "Du bist ja so was von egoistisch, denkst immer nur an dich. Jetzt hast du sogar meinen Geburtstag vergessen!" Natürlich sind "Ichsätze" bei den wenigsten beliebt, denn diese Sätze verlangen Offenheit und Verantwortungsgefühl, doch auf Dauer gesehen zahlen sich die Unannehmlichkeiten aus.

Manchmal sind wir so sauer, daß wir die Gefühle einfach abladen müssen. In solch einem Moment wollen wir gar nicht erleuchtet oder wenigstens vernünftig sein, undwir wollen ganz sicher keine "Ichsätze" verwenden. Wenn so etwas ansteht, sagen Gawain und ich (wenn wir genügend Verbindung zu unserer Mitte haben): "Ich muß etwas sagen, und ich will keine Verantwortung dafür übernehmen. Ich will es einfach loswerden!" Der andere ist entweder einverstanden, oder er lehnt ab. Derjenige, der sich alles anhört, muß wirklich in seiner Mitte bleiben und atmen, damit die Energie durch ihn hindurchgeht und nirgendwo hängenbleibt. Dr. Brugh Joy nennt dies eine "Fingerzeig-Sitzung". Es hilft dem, der seinen Schutt ablädt, wenn er sich selbst zuhört, was er dem anderen vorwirft, damit ihm klar wird, was er projiziert. Manchmal halten wir uns zurück und bemühen uns, rational und zivilisiert zu sein, tricksen uns selbst damit aus. Müllabladesitzungen sollten jedoch nur im Notfall abgehalten werden. Wir empfehlen, daß du dich darin übst, dich offen und verantwortungsvoll mitzuteilen. Wenn ihr die Übung die ersten Male macht, nehmt euch mindestens eine Stunde Zeit, in der ihr nicht gestört werdet. Ihr müßt euch verpflichten, jeden zu Wort kommen zu lassen. Wenn ihr die Sitzung beendet, müssen beide zufrieden sein, muß jeder alles gesagt haben, was er zu sagen hatte, und sich verstanden fühlen (was, wie gesagt, nicht unbedingt Zustimmung bedeutet). Wenn dein Partner nicht fertig geworden ist, bist auch du nicht fertig.

Wenn der eine den anderen angehört hat, wechselt ihr die Seiten. Jetzt wird der Zuhörer zum Sprecher und der Sprecher zum Hörer. Die Regeln bleiben die gleichen. Ihr könnt diesen Wechsel so lange fortsetzen, bis jeder alles gesagt hat, was er auf dem Herzen hatte. Ihr müßt vielleicht zwei- oder dreimal wechseln, denn oft fallen einem die Dinge erst beim Zuhören ein. Ihr werdet staunen, wieviele Konflikte oder potentielle Streitigkeiten durch diese einfache Übung beigelegt werden können.

Meditation

Gewöhnlich stellen Beziehungspartner die Verbindung zueinander durch den Verstand her, durch die Fähigkeit, einander Gedanken, Erinnerungen, Erwartungen, Hoffnungen und Ängste mitzuteilen. Es besteht auch die Möglichkeit, sich über den Körper und die Sexualität aufeinander zu beziehen. Viele Menschen geben sich damit zufrieden, ihre Beziehung auf einer weltlichen Ebene auszudrücken. Doch auch unsere spirituelle Natur kann durch eine Beziehung bewußt genährt werden. Ihr könnt über die Angelegenheiten des täglichen Lebens hinaus Erfahrungen sammeln, wenn ihr euch beide auf die überpersönliche Ebene begebt und dort Kontakt aufnehmt.

In der Meditation kann man die transzendente Natur seiner selbst, seines Partners und der Welt erfassen. Dies in der Partnerschaft zu erleben ist ein Segen und erweitert die Erfahrung des eigenen Seins um neue Dimensionen. Wenn man den eigenen Partner als göttliche Manifestation des verkörperten Geistes erfährt, erlebt man tiefen inneren Frieden. Obwohl in jeder engen Beziehung stets tiefe Kräfte im Spiel sind, die wenig mit den weltlichen Ebenen, auf denen sich die Partnerschaft abspielt, zu tun haben, wird das eigene Leben unermeßlich reich, wenn man dieser Kräfte gewahr wird und sie bewußt in die Partnerschaft miteinbezieht. Eine neue Welt eröffnet sich, die über alles, was man kannte, weit hinausgeht, eine Welt des Augenblicks, der unmittelbaren Erfahrung des Hier und Jetzt, wo alle Ideen und Vorstellungen, alle Gedankenmuster und Urteile über den Partner und die eigene Person im Papierkorb landen.

Es wäre gut, wenn die spirituelle Seite des Lebens in jeder Beziehung zum Ausdruck käme. Es ist herrlich, wenn man sich in einer engagierten Beziehung gemeinsam bewußt ist, daß das Leben ein

Mysterienspiel ist, in dem man einen winzigen Part spielt gleich einem Tautropfen in der Morgensonne, der rasch verdunstet. Wie wir schon sagten, enthält jede Liebesbeziehung eine spirituelle Komponente, weil jeder von uns eine spirituelle Seite hat, selbst wenn diese nicht bewußt manifestiert wird. Ihr müßt euch geistig verbunden haben, sonst wärt ihr nicht zusammen. Doch diese Verbindung muß euch nicht bewußt sein. Sie muß auch nicht bewußt genährt werden. Es mag nicht zu deiner ursprünglichen Bestimmung gehören, dich durch deine Beziehung spirituell zu entwickeln. Da du dieses Buch liest, nehmen wir aber an, daß du dich jetzt für die spirituellen Aspekte deiner Beziehung interessierst, ganz gleich, ob du dir der spirituellen Verbindung mit deinem Partner bewußt warst, als ihr euch zueinander hingezogen fühltet. Wenn ihr erst einmal einen Blick auf diese neue Dimension des Zusammenlebens geworfen habt, wird sich eure Beziehung von Grund auf wandeln. Sie wirft gleichsam eine äußere Haut ab, und neue Möglichkeiten in der Qualität des Zusammenseins beginnen sich abzuzeichnen.

Da wir uns in unseren Gruppen mit der spirituellen Seite des Lebens befassen, erhalten wir häufig Einblick in die geistigen Dimensionen des menschlichen Lebens, was uns oft demütig werden läßt. Wir wissen natürlich, daß nicht viele Menschen so wie wir im spirituellen Sektor arbeiten. Doch auch wenn ihr anderen Berufen nachgeht, könnt ihr dennoch ein gemeinsames Leben führen, das sich auf die transzendente Natur des Menschenseins stützt.

Die gemeinsame Meditation kann die spirituelle Dimension in jedem einzelnen und in der Beziehung unterstützen. In der Meditation habt ihr Gelegenheit, euch von den Aktivitäten des Verstandes freizumachen, jetzt wo ihr die ständigen Ansprüche eurer Gedanken, Wünsche, Ideen, Haltungen und Urteile kennengelernt habt. Der Verstand hört nie auf, seine Kommentare abzugeben, und die meisten Menschen bringen ihr Leben zu, ohne sich je von diesem "Affendenken" distanziert zu haben. (Man spricht häufig von "Affendenken", da die Gedanken wie Affen wild umhersausen.) Sie verhalten sich so, als ob das Wenn und Aber des Verstandes tatsächlich etwas mit der Wirklichkeit zu schaffen hätte. Ein undisziplinierter Verstand wirkt sich indes verheerend aus, da er der Meinung ist (und wir stimmen ihm gewöhnlich zu!), daß seine Version die ganze Wahrheit ausmacht. Wir sind viel zu schnell bereit, dem unaufhörlichen Geschnatter in unsern Köpfen Macht einzuräumen, und sind schwer erschüttert, wenn wir erkennen, daß der Verstand entgegen aller landläufigen Meinung keineswegs die höchste Autorität im Universum ist.

Wenn du diesen inneren Non-stop-Monolog durchbrechen kannst, fühlst du dich plötzlich wie neu belebt und betrachtest das Leben mit ganz anderen Augen. In unserer eigenen Beziehung haben wir oft erlebt, daß sich eine potentiell schwierige Situation auflöste, wenn wir gemeinsam meditierten. Nach einer Meditation stehen wir oft in Berührung mit der Essenz unseres Seins, und das ist von größtem Einfluß auf die Wechselwirkungen der Partnerschaft. Meditation schafft Bewußtsein, innere Stille, Raum für den Blick nach innen und Distanz von allem, was dem äußeren Verstand so wichtig scheint. Meditation bewirkt, daß das Ego schrumpft. (Das allein schon ist von Vorteil für jede Partnerschaft!)

Wir empfehlen, täglich miteinander zu meditieren. Ihr könnt wählen zwischen ruhiger Versenkung oder dynamischer Bewegungsmeditation. Vielleicht seht ihr bei der Gestaltung eures Meditationsplans den Wechsel ruhiger und aktiver Formen vor. Meditation ist eine Art innerer Hygiene. Sie ist für unsere psychische Gesundheit und Ausgeglichenheit genauso wichtig wie der rückhaltlose Ausdruck der eigenen Persönlichkeit und die Aufrichtigkeit beim Gespräch. Das gemeinsame Meditieren vertieft unweigerlich die Partnerschaft und hilft euch dabei, immer harmonischer und ausgeglichener mit euch selbst und miteinander umzugehen. Bevor wir den Tag beginnen, meditieren wir (Rhea und ich) mindestens zwanzig Minuten gemeinsam auf dem Bett oder im Meditationsraum unseres Hauses.

Es gibt eine Vielzahl aktiver und passiver Meditationen, und jeder muß herausfinden, welche Form ihm am meisten liegt. Wenn du noch nie meditiert hast, empfehlen wir dir, mit einer aktiven Meditation zu beginnen. Der normale moderne westliche Mensch trägt eine Menge unruhiger Energien in seinem Körper mit sich herum. Da sich unser

Lebensstil in den letzten Jahrhunderten außerordentlich verändert hat, müssen die traditionellen Meditationen abgeändert werden, um der gegenwärtigen Realität gerecht zu werden. Als Buddha vor zweitausendfünfhundert Jahren zum Beispiel empfahl, bei der Meditation ruhig zu sitzen und den Atem zu beobachten, war das Alltagsleben des normalen Menschen von harter körperlicher Arbeit bestimmt. Der Körper reagiert anders auf die Stille, wenn man ihn zehn Stunden täglich kraftvoll eingesetzt hat. Außerdem war das Leben damals nicht so kompliziert, da die Reihenfolge der täglichen Aufgaben einem festen Rhythmus unterlag. Heutzutage verbringen die meisten Menschen ihr Leben im Sitzen. Außerdem werden uns durch die Massenmedien nicht nur die Probleme unseres Landes, sondern die der ganzen Welt vor Augen geführt. Wir sind vielschichtigen Problemen und Kräften ausgesetzt, von denen die Menschen vor nur hundert Jahren keine Ahnung hatten. Der heutige Mensch muß mit starken Energien fertig werden. Einerseits wird die Meditation, die den Verstand zur Ruhe bringt, dadurch nur noch notwendiger, andererseits fällt sie uns umso schwerer.

Wir haben in unseren Gruppen bemerkt, daß es den meisten Menschen fast unmöglich ist, in der traditionellen Art und Weise mit dem Meditieren zu beginnen. Es scheint ihnen schwerzufallen, länger als zehn Minuten einfach still zu sitzen und augenscheinlich nichts zu tun. Vielleicht geht es dir ähnlich. Gerade zu Anfang ist es deshalb leichter, sich durch eine aktive Meditation mit den Vorzügen dieser Disziplin vertraut zu machen.

Aktive Meditationen bestehen gewöhnlich aus verschiedenen Phasen. Zu Anfang hat man oft Gelegenheit, die physischen Energien durch wildes Tanzen, durch die Atmung oder durch andere Formen der Körperarbeit loszuwerden. Die ruhelosen chaotischen Energien, die die meisten Menschen unserer Kultur anzuhäufen pflegen, können so abgegeben werden. Die wilde oder auch Befreiungsphase mündet bei den meisten Meditationen dann in einen Schlußteil, der den Meditierenden zur Ruhe bringt. Wenn man sich kräftig ausgetobt hat, kann man viel leichter still sein und den Blick nach innen richten.

Als Beispiele für diese Meditationsform nennen wir die Fünf-Rhythmen-Meditation (Gabrielle Roth), die dynamische und die Kundalini-Meditation (Osho), die Körperfluß- und die Soma-Meditation (Michael Barnett) und die Kali-Meditation, die wir selbst entwickelt haben. Jede einzelne dieser Meditationen wird dich gut in die Kunst der bewegten Meditation einführen. Es gibt darüberhinaus natürlich noch weitere aktive Meditationsformen; wir haben uns hier indes bewußt auf die beschränkt, die wir durch und durch kennen, weil wir mit ihnen gearbeitet haben. Eine Auswahl daraus stellen wir jetzt vor.

Die Fünf-Rhythmen-Meditation

Die Fünf-Rhythmen-Meditation orientiert sich an der Arbeit von Gabrielle Roth, einer wunderbaren modernen Shamanin, die mit ihrem Mann und Mitarbeiter Robert in New York lebt. Bei ihrer Arbeit mit Menschen entdeckte Gabrielle, daß alle menschlichen Bewegungen mehr oder weniger fünf Grundrhythmen zugeordnet werden können. Die erste dieser Bewegungsformen ist rund und fließend, verläuft gleichmäßig und wellenförmig und wirkt eher weiblich. Die zweite Form folgt dem Stakkato-Rhythmus; dieses Bewegungsmuster, das sich aus einem Anfangs –, einem Mittel- und einem Schlußteil zusammensetzt, wirkt eher männlich. Das nächste Bewegungsmuster ist chaotisch entfesselt. (Manche von uns glauben, daß Chaos unweigerlich dann entsteht, wenn Weibliches und Männliches aufeinanderprallen.) Gabrielle nennt das darauf folgende Bewegungsmuster lyrisch. Nachdem im Chaos alte Strukturen zerbrochen worden sind, stellt die lyrische Bewegung eine neue Ordnung dar, die Ruhe einer neuen Form. Darauf folgt ganz natürlich nun die Stille. Gabrielle weist darauf hin, daß diese Reihenfolge bei den meisten Grundaktivitäten der Menschen anzutreffen ist, zum Beispiel bei der Sexualität und der Geburt. Auch wir haben die Erfahrung gemacht, daß etwas Grundsätzliches in unserem Menschsein angerührt wird, wenn man sich nach den fünf Rhythmen bewegt. (Wir benutzen Gabrielles Arbeit als Meditation, während sie die fünf Rhythmen als künstlerische Ausdrucksform verwendet: *"art in motion"*. Doch wir finden ihre Arbeit vom meditativen Gesichtspunkt aus sehr wirksam.

Gabrielle und Robert haben für diese Arbeit eine wunderbare Musik geschaffen. Die Kassette heißt "Initiation" und kann über die meisten spirituellen Bücherläden bezogen werden. Wir verwenden diese Meditation sehr oft und können sie sehr empfehlen. Außerdem hat Gabrielle ein Buch geschrieben, das *"Maps to Ecstasy" (Das befreite Herz)* heißt.

Die Kali-Meditation

Kali ist die Gefährtin Shivas, des Hindugottes der Zerstörung. Wir haben die Kali-Meditation entwickelt, weil wir es wichtig fanden, eine Struktur zu schaffen, in der die Kräfte der Zerstörung bewußt geehrt werden. Für die Hindus hat Gott drei Gesichter: Brahma, der Schöpfer oder Erzeuger *(**G**enerator)*, Vishnu, der Erhalter oder der Wirkende *(**O**perator)*, und Shiva, der Zerstörer *(**D**estroyer)*. Im Englischen ergeben die Anfangsbuchstaben dieser drei Worte wunderbarerweise das Wort *"God"* (Gott).

In unserer Gesellschaft mit ihrem jüdisch-christlichen Hintergrund haben wir wenig Verständnis für die Kräfte der Zerstörung. Man schreibt diese Kräfte gewöhnlich dunklen Mächten zu, wodurch sie entweder verdrängt oder dämonisiert werden. Da wir diese Kräfte bewußt verleugnen, müssen sie sich in Form von Straßenkämpfen, von Gewalt und selbstgerechten Kriegen ins Bewußtsein rufen. Die alten Schöpfer der Hindureligion und des tibetanischen Buddhismus waren viel weiser als wir, da sie die schrecklichen Aspekte der Gottheit anerkannten und darstellten.

Da wir spüren, daß die weiblichen Kräfte aktiv an die Oberfläche drängen, um Ausgleich zu schaffen und eine neue Synthese zwischen dem Männlichen und dem Weiblichen zu ermöglichen, ehren wir in dieser Meditation die zerstörerischen Kräfte des Weiblichen. Wir glauben, daß der wilde, zerstörerische Aspekt des Weiblichen in unserer Kultur viel zu lange unterdrückt wurde. Diese Energie manifestiert sich jetzt in der Menschheit. Wenn du sie bewußt anerkennst und ihr durch den Ritus der Meditation in deinem Leben Raum gibst, mußt du die zerstörerische Kraft nicht unbewußt in deinem täglichen Leben manifestieren.

Bei dieser Meditation beschwören wir zuerst diese Kräfte. In den ersten zehn Minuten danach atmen wir wild und rhythmisch, um die chaotischen und zerstörerischen inneren Kräfte an die Oberfläche zu drängen. In den nächsten fünfzehn Minuten besteht Gelegenheit, all die destruktiven Energien, die sich aufgestaut haben, loszuwerden. Du kannst diese unterdrückten zerstörerischen Handlungen und Gedanken zum Ausdruck bringen. Wenn du die Stimme miteinbeziehen willst, dann drücke dich in Lauten aus und nicht in Worten, die nur den Verstand ansprechen würden. Dann verändert sich die Musik. In den nächsten zehn Minuten stehst du einfach still und schaust nach innen. In den letzten zehn Minuten liegst du schweigend auf dem Boden.

Wenn du die zerstörerischen Kräfte bewußt mit deinem Körper ausdrücken willst, hast du bei dieser Meditation Gelegenheit dazu. Es ist wirklich eine große Erleichterung, daß solch eine Möglichkeit existiert. Besonders in der Partnerschaft kann es ein großes Geschenk sein, wenn man die destruktiven Kräfte anerkennt, ohne sie aufeinander loslassen zu müssen. Versuch es einfach!

Weitere Meditationen

Von den ruhigen Meditationen im Sitzen empfehlen wir die Sammlung im Herzen, die wir zu Beginn des zweiten Teils beschrieben haben. Du erfährst große Unterstützung auf deiner spirituellen Reise, wenn du den Tag damit beginnst, daß du dich auf die Eigenschaften des Herzzentrums besinnst. Auch das bequeme ruhige Sitzen mit geradem Rücken und konzentriertem Atem ist ein machtvolles Instrument der Selbsterfahrung.

Energie

Die Energiemeditationen bieten ebenfalls großartige Möglichkeiten, um meditativ miteinander zu arbeiten. Es ist schwierig, über das energetische Wesen der Wirklichkeit zu sprechen. Hier gibt es nur Erfahrungswissen, und alle Versuche, einen begrifflichen Rahmen für diese Arbeit zu schaffen, sind begrenzt. Wir versuchen, das Wesen der Energiearbeit so zu beschreiben, wie wir es verstehen. Für dieses Phänomen existieren auch andere Ansatzpunkte. Energiearbeit gehört zu jenen Dingen im Leben, die man nicht erklären kann. Nur die Erfahrung wird dir – wie bei der Sexualität – einen befriedigenden Einblick in diesen Aspekt des Mysteriums unseres Seins erlauben.

Es gibt einen Aspekt unserer Ganzheit, der das Leben auf einer ganz anderen Ebene erfährt, als wir gewöhnt sind. Wir nennen diesen Aspekt den Energieaspekt des Bewußtseins. Wenn du in diesem Aspekt deiner Ganzheit bist, wirst du das Leben wie aus einer anderen Dimension erfahren. Von diesem Aspekt aus siehst oder fühlst du, daß wir von einem unsichtbaren Energiefeld umgeben sind. Dieses Energiefeld, das man oft als "Aura" bezeichnet, umgibt den Körper wie ein leuchtendes Ei, strahlt unablässig in alle Richtungen Energie ab und nimmt gleichzeitig Energie aus seiner Umgebung auf.

Die Energien, die der Körper aussendet, gleichen feinen Tentakeln oder Energiefäden, die vom Körper ausgehen. Diese Tentakel nehmen mit allem, was ihnen in den Weg tritt, Kontakt auf. Man kann sich das Ganze als Spinnennetz vorstellen: Was einem Teil widerfährt, hat immer Auswirkungen aufs Ganze. Dieses Kraftfeld oder Energienetz zwischen deinen Körperströmen und der Umgebung ist für alle nur möglichen Gefühle und gleichzeitig für eine gewisse Form der Intuition verantwortlich. Dieser Energiebereich ist wirklich eine faszinierende

Bewußtseinsdimension. Wenn du dich in diesem Zustand befindest, bist du den Nöten des täglichen Lebens enthoben und befindest dich in Verbindung mit einem wesentlichen Teil deines Seins. Außerdem gerätst du augenblicklich in einen meditativen Zustand, der durch das Erleben deiner eigenen essentiellen Energie ausgelöst wird.

Vielleicht hast du mitbekommen, daß unsere Physiker herausgefunden haben, daß wir grundsätzlich aus bestimmten Schwingungsformen bestehen und daß die Wirklichkeit aus einem Wirrwarr unzähliger Wellen verschiedener Länge und Schwingungszahl besteht. Wenn wir uns selbst als Energiewesen wahrnehmen, erleben wir uns am ehesten als Welle oder Schwingung. Durch diese Erfahrung erhalten wir eine einzigartige Verbindung zum Leben, welche die Probleme und Ansprüche des Verstandes schlicht überflüssig macht. Deshalb ist sie auch so nützlich! Energiemeditationen können nicht nur die Art und Weise erweitern, wie du deinen Partner erfährst, sondern sie erweitern die Erfahrung von Allem, Was Ist. Viele Menschen haben keine Ahnung, daß man sich so erleben kann. In der Sexualität kommen sie diesem Erleben noch am nächsten. Doch in jenem Energiefeld kannst du dich eins mit allem fühlen, was dich umgibt, sei es ein Baum, eine Mauer, Wasser oder der Gesichtsausdruck deines Partners.

Wir haben eine unglaublich eingeschränkte Wahrnehmung von uns selbst. Da unsere Kultur hauptsächlich von den männlichen Aspekten der Psyche dominiert wird, lernen Männer und Frauen, sich auf die Kräfte des Rationalen zu verlassen. Unsere Kultur hat sich selbst der Erfahrung des Lebensmysteriums beraubt, das gespürt und erfahren werden muß und sich nicht distanzierten Überlegungen und analytischen Gedankengängen preisgibt. Deswegen stehen den Beziehungen oft auch nur begrenzte Möglichkeiten zur Verfügung. Wir versagen uns die geistige Wiederbelebung, die für ein gesundes Leben absolut notwendig ist.

Wenn ihr beide euch die Möglichkeit eröffnet, neue Erfahrungsbereiche zu erschließen, dann schafft ihr zwischen euch eine neue Verbindung auf einer neuen Ebene. Gewohnheit und Monotonie sind für eine Beziehung Gift. Wenn ihr das Leben auf der Energiebene erfahrt, könnt ihr euch neue Wirklichkeitsebenen erschließen, wodurch eure Lebendigkeit angeregt und die Erfahrung eures innersten Seins erweitert wird.

Blick in den Abgrund

Hier ist ein Weg, auf dem ihr eure Forschungsreise in die Energieebenen der Wirklichkeit beginnen könnt: Ihr sitzt auf Stühlen oder auf dem Boden so dicht einander gegenüber, daß sich eure Knie fast berühren. Haltet euch an den Händen und schließt die Augen. Sammelt euch im Herzen. Wenn du dich bereit fühlst, öffne die Augen. Es spielt keine Rolle, wenn der eine die Augen früher als der andere öffnet. Laß die Hände deines Partners los und schaue ihm in die Augen, wobei du dich auf die Stelle zwischen den Augen an der Nasenwurzel konzentrierst. Entspanne deinen Blick und schaue zwanzig Minuten lang auf diesen Punkt – ohne zu blinzeln (das ist nicht einfach!). Obwohl du einen starken Drang dazu verspüren wirst, versuche das Blinzeln zu vermeiden. Mach dir keine Sorgen; diese Übung wird deinen Augen nicht schaden! (Wir haben sie schon oft gemacht und sehen immer noch sehr gut.) Vielleicht stellt ihr einen Wecker, damit ihr nicht auf die Uhr sehen müßt. Wenn die zwanzig Minuten um sind, schließt eure Augen und haltet euch an den Händen. Kehrt nach einer kurzen Zeitspanne in euer Alltagsbewußtsein zurück und tauscht miteinander aus, was die Übung in euch bewirkt hat.

Diese Übung ist von bemerkenswerter Einfachheit und gibt euch die Möglichkeit, euch der nicht-festen Seite der physischen Wirklichkeit zu öffnen. Darüberhinaus kann sie einen unglaublich tiefen Blick in das Mysterium des Lebens, das der Partner darstellt, zulassen. Wir denken so oft, daß wir im Bilde sind, wer und wie der andere ist. Doch oft sind wir schockiert, wenn wir erkennen müssen, daß wir keine Ahnung davon haben, was sich wirklich in uns abspielt. Wenn du *"Die Reise nach Ixtlan"* von Carlos Castaneda gelesen hast, kannst du vielleicht nachvollziehen, wovon wir sprechen. Wir denken an die Szene, in der Carlos von seinem Schamanenlehrer Don Juan gestoßen wird. Plötzlich ist er ganz allein auf der Welt, umgeben von substanzlosen Bildern, von Illusionen. Er macht auf seine Weise die Erfahrung, daß wir selbst die Schöpfer unserer Umwelt sind. Wenn du dich den verschiedenen Aspekten deiner Psyche, den verschiedenen Bewußtseinsebenen, die deiner Wahrnehmung zugänglich sind, weit öffnest, ändert sich dein Erleben radikal, und du kannst nur noch staunen.

Auf den Energieebenen oder in den Energieaspekten deines Bewußtseins gelten andere Regeln als bei anderen Aspekten. Wir sind der Überzeugung, daß unsere äußere Ausdrucksform – der Mensch, für den wir uns halten, mit seinen Emotionen, Gedanken, Körpergefühlen, Haltungen, Ideen und inneren Bildern –, daß all dies auf Energiestrukturen beruht. Vielleicht vergegenwärtigst du dir das alte Atommodell, das uns lehrte, daß unsere äußere Wirklichkeit aus kleineren Teilchen (Atomen) zusammengesetzt ist. Alles, was wir in der äußeren Welt wahrnehmen, formt sich aus diesen winzigen Partikeln. Wir glauben, daß für die Energieebenen des Bewußtseins dasselbe zutrifft. Hinter jedem Gedanken, jeder Emotion, jedem Körpergefühl und jeder Haltung steht eine Energie, pulst eine Kraft.

Stell dir vor, du hast gerade ein Gefühl. Du bist zum Beispiel eifersüchtig, weil sich dein Partner zu einem anderen Menschen hingezogen fühlt. Wenn du diese Erfahrung auf der Ebene des Verstandes behandelst, wenn du nachdenkst, dich sorgst und all die Gedanken, Ideen und Vorstellungen wälzt, die mit solchen Gedanken und Ängsten einhergehen, wirst du dich schließlich vor den Gefühlen und dem damit verbundenen Schmerz schützen, indem du in deiner äußeren Realität ein Drama inszenierst. Vielleicht schnauzt du deinen Partner an oder wendest dich von ihm ab, versuchst ihn zu verletzen oder ihm Schuldgefühle zu machen. Wie wäre es, wenn du dich statt dessen auf deine Energieebene begäbest und dich in den Teil deiner selbst versetztest, der deine Reaktion in Form einer Energieschwingung wahrnimmt? Dadurch könntest du dich auf einer viel tieferen Ebene mit dir verbinden, als wenn du auf der Ebene der Gedanken und Emotionen bliebest.

Auf der Energieebene mag deine Reaktion vielleicht bewirken, daß sich dein Körper schüttelt oder auf dem Boden zusammenkrümmt, vielleicht sitzt du aber auch ganz still da und spürst innerlich den reinen Segen. All dies ist möglich. Auf der Energieebene gibt es keine Schuld, keine verletzenden Worte und keine Rückwirkungen darauf. Wir können alle Phänomene des äußeren Verstandes auf der Energiebene erfahren. Auch auf dieser Ebene existieren unsere Muster als Energiephänomene. Wenn du die Energie, die in diesen Mustern steckt, loslassen willst, kannst du das durch Energiearbeit erreichen.

Eifersucht beispielsweise scheint zu den Erfahrungen zu gehören, mit denen jeder etwas anfangen kann. Was aber geschieht wirklich, wenn das Gefühl, das wir Eifersucht nennen, in uns aufsteigt? Nehmen wir noch einmal an, daß dein Partner plötzlich auf einen anderen fliegt. Wir wissen alle, was geschieht, wenn man diese Erfahrung in der üblichen Weise durchmacht. Wir kennen die Körpergefühle, die Emotionen, die Gedanken, Einstellungen und Blickwinkel, dazu die Geschichten aus der Vergangenheit, die dieses Gefühlsdrama gewöhnlich begleiten. Dabei ist es möglich, Eifersucht auch auf der Energieebene zu erfahren. Statt den oben beschriebenen Reaktionen auf den Leim zu gehen, kann man sich auch unmittelbar mit den eigenen Schwingungen verbinden. Statt die Eifersucht durch Verstandesprozesse wahrzunehmen, kannst du dich selbst als Schwingung, als bewegte Energie wahrnehmen. Du kannst unmittelbar erfahren, was dir zustößt. Du kannst den Schmerz spüren, ohne die mit ihm verbundenen Gedanken zu denken. Das bedeutet, daß du die energetische Ursache der Erfahrung aufsuchst, statt dich mit den Verteidigungsmechanismen des Verstandes zu befassen, die dich vor der Erfahrung abschirmen wollen. Meist besteht unsere Reaktion aus bloßen Verteidigungsstrategien gegen das aktuelle Schmerzempfinden. In diesem Kapitel zeigen wir dir Wege auf, wie du dich diesem neuen Energieraum öffnen kannst, damit du die Gelegenheit erhältst, mit deinen Emotionen und Mustern auf einer Energieebene umzugehen.

Wenn du dir deines Energiekörpers bewußt bist und dich in den Bewußtseinszustand versetzen kannst, der zu deinem Energiekörper gehört, kannst du die Intrigen des Verstandes ganz bewußt durchkreuzen.

Du hast Gelegenheit, dich viel tiefer zu erfahren, als es der Verstand erlaubt. Wenn man in einer Partnerschaft lebt, kann dies besonders hilfreich sein, da so viele Konflikte lediglich Verteidigungsstrategien zur Vermeidung des eigenen Schmerzes sind. Statt auf das äußere Erlebnis zu reagieren, kannst du dich entscheiden, das Ganze unmittelbar auf einer inneren Energieebene zu erleben, ohne dich den Strategien deines Verstandes oder deiner Psyche auszuliefern. Du begibst dich so dicht wie möglich an die Erfahrung heran und erlebst nur Schwingungen und den Fluß der Energien.

Natürlich ist es nicht ganz einfach, zu diesen Ebenen vorzudringen. In der traditionellen Praxis mußt du durch einen Menschen, der auf diesen Bewußtseinsebenen arbeitet, eingeführt werden. Du kannst aber auch die Übungen dieses Buches zu Experimenten nutzen, um festzustellen, daß die Energieebene durchaus real ist, und herauszufinden, was hier vor sich geht. Es scheint Menschen zu geben, denen der Zugang leichter fällt als anderen. Wir machen in unseren Gruppen oft Energiearbeit und führen die Leute auf jene Ebenen, doch immer wieder gibt es Menschen, die selbst nach Jahren keine Verbindung zustandekriegen. Ganz gleich, ob du nun einen natürlichen Zugang hast oder nicht, empfehlen wir dir sehr, die Energiearbeit auszuprobieren und herauszufinden, wohin sie dich führt.

Die Übung, dem anderen ohne Blinzeln in die Augen zu schauen, ist ein erster Schritt. Als nächstes lernst du, deine Augen so zu gebrauchen, daß sie Energiefelder wahrnehmen können. Von Kindheit an werden wir auf eine bestimmte Art des Sehens programmiert. Oft haben kleine Kinder, die die Wirklichkeit noch nicht so sehen, "wie sie sein sollte", alle möglichen visuellen Erfahrungen, die den Erwachsenen entgehen. Sie sehen häufig Gestalten oder andere Energieformen. Einer unserer jungen Freunde, der noch nicht richtig sprechen konnte, war mit seinen Eltern bei Mac Donalds. Er freute sich über seine Cola und bot sie großzügig reihum an, erst seiner Mutter, dann dem Vater, und dann – dem leeren Raum zwischen den Eltern! Es war ganz offensichtlich, daß es jemanden dort sitzen sah. Kinder erzählen oft, daß sie in ihrem Zimmer eine Gestalt wahrnehmen, die sie tröstet oder ihnen zuredet, und daß ihr "Freund" durch Wände gehen kann. Wenn ein Kind seinen Eltern staunend von derartigen Erscheinungen berichtet, sagt man ihm gewöhnlich, daß es Unsinn rede und so etwas gar nicht möglich sei. Manche Eltern konsultieren gar besorgt den Kinderpsychologen, weil sie fürchten, daß mit ihrem Kinde etwas nicht in Ordnung ist. Der elterliche Druck, die natürliche Abhängigkeit des Kindes und seine sich hieraus ergebende Furcht, den Eltern zu mißfallen, veranlaßt die Kinder dann, diese Aspekte der Wirklichkeit buchstäblich aus den Augen zu verlieren. Sie bringen ihren Augen dazu, gewisse Dinge, die nicht in das allgemein anerkannte Wirklichkeitskonzept des Erwachsenendenkens passen, einfach nicht mehr wahrzunehmen.

Du kannst deine Augen jedoch trainieren, jene so lange übersehenen Aspekte der Realität wieder zu sehen. Je entspannter deine Augen beim Betrachten sind, umso mehr Energien, die gewöhnlich durch den Filtermechanismus des Verstandes abgeschottet sind, wirst du wahrnehmen. Die Kirlian-Fotografie hat nachgewiesen, daß Gegenstände Energie abstrahlen, die das Auge normalerweise nicht sieht. Oft kann man diese Energie wieder sehen lernen, wenn man die Augen – wie bei der nächsten Übung beschrieben – schult.

Drachenaugen*

Hier ist sie: Setze dich deinem Partner so gegenüber, daß sich eure Knie fast berühren. Haltet euch bei den Händen und schließt die Augen. Stimme dich durch die Hände deines Partners auf seine Energie ein, als ob deine eigenen Hände hochempfindliche Instrumente wären, die deinen Partner auf vielen Ebenen erfahren können, ohne auf den Gedankenaustausch angewiesen zu sein. Laß seine Hände nach einer Weile los und öffne die Augen. Schaue deinem Partner auf den Punkt zwischen der Nase und der Oberlippe. Laß deinen Blick auf diesem Punkte ruhen und fasse ihn so scharf und konzentriert ins Auge, als ob dein Blick ein Pfeil wäre, der dort eindringt. Halte diesen konzentrierten Blick etwa eine halbe Minute lang aufrecht. Dann entspanne langsam deine Augen, blicke immer noch auf diesen Energiepunkt, doch lasse immer mehr los.

Nach einer Weile wirst du immer mehr vom Gesicht wahrnehmen, vom Körper deines Partners und vom Raum, der ihn umgibt. Wenn deine Augen vollkommen entspannt und weit offen sind, wirst du sogar Teile deiner selbst wahrnehmen. Bleibe auf den Energiepunkt unter der Nase konzentriert und behalte den weitgeöffneten, entspannten Blick bei. Nach zwei oder drei Minuten lasse den Fokus deines Blickes den Körper deines Partners abwärtswandern, bis du seinen Schritt erreicht hast. Dann gehe mit dem Blick zurück nach oben und halte ungefähr zehn Zentimeter über seinem Kopfe an. Senke bewußt den Blick allmählich wieder hinunter bis zum Schritt. Achte darauf, daß dein Blick die ganze Zeit so entspannt und offen wie eben möglich bleibt, ohne die Augen angestrengt zusammenzuziehen.

Wenn dein Blick das nächstemal langsam wieder über den Körper nach oben wandert, spüre, wie deine Augen unwiderstehlich von einer bestimmten Stelle angezogen werden. Diese Stelle kann sich irgendwo am Körper oder in Körpernähe in der Aura deines Partners befinden. Laß nicht zu, daß der Verstand mit seinen Vorlieben und Widersprüchen eingreift. Laß deine Augen wählen, von welchem Punkt sie angezogen werden, und verweile dort. Denke daran, entspannt zu bleiben und den Blick nicht zu konzentrieren. Übe im gleichen Rhythmus wie dein Partner.

Wenn du den Punkt anschaust, den deine Augen ausgewählt haben, öffne dich noch mehr durch deine Augen, indem du dich noch mehr entspannst. Hebe nun ganz sanft den Finger einer Hand. Spüre, welche Hand und welcher Finger dieser Anweisung gehorchen. Es spielt keine Rolle, welcher Finger antwortet. Hebe Hand und Finger ganz allmählich und bewußt vor dir in die Höhe. Deine Hand befindet sich dicht vor dir, und deine Augen blicken immer noch auf deinen Partner. Spüre, wie der Finger von der Kraft, die in dir ist und dich umgibt, energetisiert wird. Führe diese Bewegung gleichzeitig mit deinem Partner aus. Dann deute ganz langsam auf den Punkt, auf den deine Augen blicken. Wenn es sich richtig anfühlt, bewege den Finger langsam auf die Stelle zu, bis er sie fast berührt. Berühre dann den Punkt und schließe die Augen. Laß alles zu, was aus dieser Berührung entsteht, ohne deinen Verstand einzuschalten. Vielleicht erlebst du Bewegungen, Emotionen oder – Stille. Laß einfach alles zu, was für dich und deinen Partner vor sich geht. Bleibe bei deinen Emotionen und Körpergefühlen. Wenn du nach einer Weile spürst, daß die Übung rund ist, löse die Berührung und kehre langsam in dein Alltagsbewußtsein zurück.

Oft ermöglicht diese Art von Übung, daß du dich mit deinem Partner auf einer tieferen Ebene triffst, als die Persönlichkeitsebene der gesellschaftlichen Wirklichkeit und die Realität des denkenden, bewertenden Verstandes zugelassen hätten.

Energiearbeit eröffnet dir innere Ebenen, auf denen du wirklich Nahrung findest. Hier ist eine Verständigung möglich, die die Qualität des normalen Austausches bei weitem übertrifft. Das heißt nicht, daß die gewöhnlichen Ebenen normaler Verständigung nicht wichtig wären. Sie sind wichtig! Es ist notwendig, daß man sich auf den Ebenen des äußeren Verstandes bewegen und sich von diesen Ebenen aus verständlich machen kann. Deshalb beziehen wir die Kommunikationsübungen ja auch mit ein. Da wir nach Ganzheit streben, versuchen wir, alle Ebenen unserer Ganzheit zu erkennen und zu würdigen. Wer nur die äußeren Ebenen in Betracht zieht, wer den Ausdruck seiner Psyche nur auf diese Ebene beschränkt, macht sein Leben sehr viel ärmer.

Auf Messers Schneide *oder* Das Gehen auf Energielinien*

Diese Übung baut auf der vorigen auf. Wie wir schon sagten, können Menschen auf vielerlei Art und Weise miteinander umgehen. Das hängt vom Bewußtseinszustand ab, in dem sie sich befinden. Du kannst dich mit jemandem auf der emotionalen Ebene austauschen und ihm von deiner Liebe, deiner Wut, deinem Ärger, deiner Anerkennung und so fort berichten. Du kannst dich anderen durch Berührung nähern. Du kannst dich schweigend durch die Augen ausdrücken; wir alle haben zuweilen die Augen dazu eingesetzt, um Aufmerksamkeit ("Du siehst das eine Gesicht in einem überfüllten Raum...") oder Wut ("Wenn Blicke töten könnten ...!") auszudrücken. Und nun kannst du lernen, dich auch auf den Energieebenen auszutauschen.

Das gemeinsame Gehen auf den Energielinien hat die Kraft, dich augenblicklich an den Mechanismen des Verstandes vorbeizulotsen und zu deiner Essenz zu führen.

Stelle dich etwa zehn Meter vor deinen Partner hin. Der Raum zwischen euch muß frei sein. Es ist am besten, wenn ihr barfuß seid und bequeme Kleidung tragt. Eure Knie, Schultern und Kiefer sind entspannt. Die Arme hängen herab, die Handflächen zeigen nach außen. Auch in dieser Übung werden wir – wie in der vorhergehenden – mit den Augen arbeiten.

Schaut auf die Stelle am Boden, die sich ungefähr in der Mitte zwischen euch befindet. Schaut konzentriert etwa eine halbe Minute lang auf diese Stelle. Dann entspannt eure Augen, während ihr weiter auf die Stelle am Boden blickt.

Erlaubt euren Augen auch bei dieser Übung, sich zu entspannen, so daß ihr allmählich den Raum um euch und Teile eures Körpers wahrnehmt. Bleibt eine Weile in diesem entspannten Zustand. (Es ist schwer, eine bestimmte Dauer anzugeben, da sich die Zeit in diesem Bewußtseinszustand dehnt. Außerdem lenkt es ab, wenn man an Minuten oder Sekunden denken muß. Ihr müßt einfach spüren, was sich richtig für euch anfühlt. Schon das ist eine gute Übung!)

Laßt nach einer Weile diesen entspannten Blick von der Mitte bis zu der Stelle gehen, wo die Füße eures Partners den Boden berühren. Konzentriert dann euren Blick, bis ihr nur diese Füße und den Boden, auf dem sie stehen, wahrnehmt. Entspannt nach einer Weile die Augen und öffnet sie, so wie sich eine Blüte in der Morgensonne öffnet. Laßt den Blick wie in der letzten Übung langsam und bewußt den Körper des Partners auf- und niederwandern. Wenn die Augen zum zweitenmal den Körper nach oben hin abgetastet haben, erlaubt ihnen, an einer Stelle zu verweilen, die sie aussuchen. Erlaubt den Augen einfach, an jener Stelle, von der sie sich angezogen fühlen, innezuhalten. Entspannt den Blick noch mehr.

Du stehst dort und schaust auf die Stelle, die deine Augen ausgesucht haben, doch du mußt wissen, daß das, was du betrachtest, den Blick zurückgibt. Der Punkt, den du ins Auge faßt, hält möglicherweise etwas für dich in Bereitschaft, was deine eigene Energie bereichern kann. Deine Augen haben sich den Punkt nicht zufällig ausgesucht. Deine Intuition, die durch deine Augen arbeitet, hat diese Stelle ausgewählt. Beginne deshalb, dich dieser Stelle zu öffnen, als ob du durch ein Energieband mit ihr verbunden wärst. Spüre, wie dieses Energieband immer stärker wird, je länger du es in dieser entspannten, offenen Weise anschaust. Wenn es sich richtig anfühlt, beginne sehr langsam auf deinen Partner zuzugehen und spüre dabei die Energie, die euch beide jetzt verbindet. Dein Partner bewegt sich gleichzeitig auf dich zu.

Du wirst schnell merken, daß es sich hier nicht um normales Gehen handelt. Öffne dich deinem Körper. Er mag zittern oder sich krümmen. Vielleicht hast du das Bedürfnis, laute Töne von dir zu geben. Erlaube deinem Körper, auf jede ihm gemäße Art zu reagieren, während du langsam auf deinen Partner zugehst. Wenn sich eure Körper begegnen, öffne dich der Berührung. Lasse alles zu, was immer geschehen will, was immer es auch sein mag. Erlaube dir, den Verstand herauszuhalten, und traue deiner Erfahrung.

Wir alle benutzen – selbst gegenüber unseren nächsten Freunden – bestimmte Verhaltensweisen, die durch unsere Muster, unsere Erziehung, unsere Haltung und unseren Verstand geprägt sind. Energieübungen wie die eben beschriebene erlauben dir, mit Menschen auf einer Seelenebene zusammenzutreffen, auf einer Ebene tiefer Energie, wo die Ernte der Berührung weit reicher ausfällt als auf den äußeren Ebenen der gesellschaftlichen Realität.

Was erwarten wir wirklich von unserem Partner? Wir haben die Erfahrung gemacht, daß wir uns alle nach wirklicher Berührung sehnen, nach einer tiefen Verbindung mit der Essenz des anderen. Gewöhnlich führen unsere alltäglichen Handlungen selten zu diesem Ergebnis. Wir werden meist vom Labyrinth des rationalen Denkens abgelenkt und verwirken so die tiefe Verbindung, nach der wir uns alle sehnen. Durch diese Übung kannst du das Labyrinth links liegenlassen und den tiefen Kern deiner Essenz und der Essenz des Partners unmittelbar berühren. Konflikte in der Partnerschaft? Wenn du so geistesgegenwärtig bist, trotz des emotionalen Aufruhrs in deiner Mitte zu bleiben, kann dich diese Übung erneut mit dem verbinden, was dir in der Beziehung wichtig ist.

* Übungen nach Michael Barnett

Letzte Worte

Wenn du viele Erfahrungsebenen mit deinem Partner teilen kannst, wirst du deiner Beziehung ständig neue Anregungen vermitteln. Durch die gemeinsame Forschungsarbeit bei den in diesem Anhang beschriebenen Energieübungen wirst du erkennen, daß dein Partner weit mehr verkörpert, als du je geglaubt hast. Das gemeinsame Erleben der verschiedenen Aspekte deines Partners vom Banalen bis zum Transzendentalen ist eine Erfahrung, die tief verbindet. Wenn du dich den persönlichen und überpersönlichen Aspekten in dir und deinem Partner öffnest, wirst du der Vielfältigkeit der menschlichen Natur gerecht und – entdeckst dich selbst!

Informationen über Rhea Powers und Gawains Arbeit sind bei der *Kumara Connection Association, Waltikon 14, CH-8126 Zumikon, Switzerland,* zu erhalten.

Von dort oder vom Verlag können Sie auch die im Buch erwähnte *Kali-Meditation* als CD oder MC sowie ein Ton-Kasetten-Album zu diesem Buch (unter dem gleichen Titel *Durch's Feuer*) beziehen.

Weitere Bücher von Rhea Powers

Aufruf an die Lichtarbeiter
Zeit zur Freude
Heimkehren ins Licht
Reinkarnation
Erde im Wandel

und Kassetten

Rückführung in "vergangene Leben"
Der Sinn deines Lebens

erschienen im

ch. falk verlag, ischl 11, 83370 seeon